김종삼 시 연구

김화순

도서출판 월인

• 머리말 •

여기에 실린 글은 박사학위 논문으로 쓰인 것이다. 이 논문을 완성하고 나서야 힘겨운 대학원 생활은 하나의 논문을 완성하기 위한 것이었다는 것을 알았다. 시를 업으로 쓰는 나에게 시를 읽고 분석하는 문제는 오래전부터 고통스런 것이었다. 왜냐하면 시인들은 자신만의 언어로 시를 제작하기 때문에 층위를 따져 꼼꼼히 뜯어 읽는 일은 쉬운 일이 아니기 때문이다. 시를 해석하고 분석하는 일은 감동적인 시상을 느끼기에 앞서 시적 언술을 해체하는 작업이기에 어렵고 힘든 작업이다. 그러나 문학을 하는 사람으로서 시를 뜯어 읽고 해석하는 일은 피해갈 수 없는 일이다.

모더니스트 김종삼(1921～1983)은 우리 현대시사에서 가장 개성적인 시인의 한 사람으로 평가되어 왔다. 그의 절창은 현대시가 자랑할 만한 감동을 지니고 있다. 그러나 그에 대한 연구는 그의 업적에 비해 미미한 것이 아닐 수 없다. 그의 시는 하나의 의미로 풀어내기에는 너무 많은 의미를 내포하고 있어서 다양한 접근이 필요했다. 여기에 실린 글은 그의 시에 대한 난해성과 특이성을 해명하기 위해서 '언술구조'와 '수사법'을 검토하여 그의 시를 새로운 시각에서 조명해 보고자 한 시도이다.

시를 분석하는 일은 매우 힘든 작업이었으나 김종삼의 실험적이고 개성적인 시들과의 대화는 즐거운 일이었다. 그에 대한 관찰과 대화를 통해 풀어간 기록들이 그를 널리 알린다는 점에서 이 글의 보람을 찾고 싶다. 김종삼의 시가 지금까지 지속적으로 읽혀지고 있는 까닭은 그의 시에 묻어난 시인됨의 진정성과 새로움에 대한 다양한 시도 때문이었다.

김종삼은 그의 시세계가 지닌 정신적 깊이와 실험적인 기법, 언어적 감각을 바탕으로 미적 자율성을 확보하였고 예술언어로서의 시적 가능성을 극대화한 시인이었다.

2장 '언술구조의 특이성'에서는 김종삼 텍스트에 주기적으로 나타난 형식적 구조를 바탕으로 살펴본다. 언술구조는 표층구성 요소들, 즉 우리가 듣는 실제 낱말들이 서로 연관되는 방식인 문법적 의존 관계를 살펴보는 것이다. 시인들은 자신만의 문체를 가지며 언술구조는 그의 정형화된 글쓰기 습관을 반영한다. 김종삼의 언술구조에 나타난 특이성은 '회기법', '생략법', '불연속적 시제와 의도적인 행갈이', '서술적 성향'이다. 이런 언술구조를 분석하여 그의 시에 나타난 문체의 개성과 난해성을 짚어본다. 김종삼의 언술구조에 나타난 특이성은 독자들에게 난해성과 공백을 부여하려는 의도적인 방법이다. 독자들은 차단된 정보의 공백을 메우기 위해 시 해석에 적극적으로 가담하게 되고, 자신들의 상상력을 펼치게 된다. 그의 시에 나타난 다양한 표층구조는 그의 시를 난해하다고 평가하는 주된 원인이 된다.

3장 '수사적 특이성'에서는 김종삼의 텍스트에 나타난 '은유', '환유', '상징', '인유적 수사법'을 분석하여 시인의 경험적 표현이 어떻게 구조화하여 개성적인 시세계를 형성하는지 살펴본다. '은유적 의미변용의 세계'는 사물에 구체성을 부여하고, 표층적으로는 문법의 일탈을 통하여 텍스트에 긴장감과 난해성을 배가한다. '환유적 인접성의 세계'는 시간과 공간을 인접성으로 하여 자동 연상되는 이미지들을 객관 서술하여 환상성을 유도한다. '상징적 다의성'의 세계에서는 개인상징과 원형상징으로 나누어 그의 시세계가 추구하는 영원성을 살펴본다. 특히 '라산스카' 시편은 김종삼이 궁극적으로 추구하는 영원의 세계를 대신하는 것으로, 그의 이루어질 수 없는 절대적 심상을 표출한다. '인유적 이중화의 세계'에서는 어휘적 특성을 중심으로 해서 나타난 '인명', '지명', '음악용어'에 대해서 살펴본다. 김종삼의 인유적 수사법은 과거의 문맥에서 가지는 의미와 시 속에 새로 도입된 문맥에서 가지는 새로운 의미와의 병치적 융합이라는 의미론적 이중화를 획득한다.

끝으로 한동안 나누었던 김종삼과의 대화를 책으로 엮어 세상으로 내보낸다. 이 글을 통해 김종삼의 현대시가 지닌 난해성과 개성을 해명하는 새로운 가능성을 발견할 수 있기를 바란다. 그동안 언제나 힘이 되어주었던 여러 은사님들과 나의 가족들에게 고맙다는 말을 전하고 싶다. 부족한 원고를 엮어주신 월인 가족들에게 감사의 마음을 전한다.

2011년 봄, 반포에서

김화순

목차

I 서론

1. 문제제기와 연구 목적

김종삼[1)]은 한국시의 아름다움과 개성을 대표하는 시인이다. 그는 한국시사에서는 보기 드문 시 창작 방법을 선보였다. 그가 세상을 뜬 지 25년이 지났지만 그의 시의 진정한 개성이 어디서 오는지는 확연히 밝혀지지 않았다. 김종삼에 대한 연구는 여전히 시선집의 해설과 평자들의 短評에 의지하고 있다. 현재 64편의 석·박사논문이 발표되었음에도 불구하고 그의 시세계를 깊이 있게 파악한 체계적이고 총체적인 연구는 이루어지지 않고 있다. 이미 발표된 해설, 단평들, 연구논문들은 단편적 논의에 그치고 있다.

김종삼은 역사적 소용돌이를 몸소 체험하였다. 그는 실향과 가난, 인간적 모멸을 겪었지만 끝까지 초월적인 이상과 아름다움에 대한 꿈을 잃지 않았다. 김종삼은 1950년대 전후(戰後) 현대시의 특질 중 순수시[2)]

---

1) 김종삼(1921-1983): 황해도 은율에서 출생 후 유년기와 청소년기를 평양에서 보냈다. 그 후 광성보통학교, 숭실중학교를 거쳐 형이 유학하고 있는 일본으로 건너가 도쿄의 도요시마 상업학교에 다녔다. 1942년에는 동경문화원에서 문학을 공부하다 1944년 6월 중퇴했다. 김종삼은 7년간 일본에 체류했다. 시인은 27세에 월남한 후 1953년 국군고위직에 있었던 형의 배려로 다이제스트사 편집부에 입사했고 같은 해 등단했다. 1955년 12월 국방부 정훈국 방송과 음악 담당으로 근무를 시작했고 1956년 정귀례 여사와 결혼했다. 1963년 2월 동아방송(오늘의 KBS 제2방송) 입사 후 1976년 퇴사했다. 그 후 음주과잉으로 시달리다 1984년 12월 8일 63세를 일기로 유명을 달리했다. 월남 이후 시인은 가난과 소외 속에서 살았다.
1953년 『신세계』에 「園丁」을 발표하면서 작품 활동을 시작하여 1984년 작고할 때까지 3인 시집 『戰爭과 音樂과 希望과』(자유세계사 1957), 2인시집 『本籍地』(성문각 1968) 등의 앤솔로지와 『十二音階』(삼애사 1969), 『詩人學校』(신현실사 1977), 『누군가 나에게 물었다』(민음사 1982) 등의 개인시집과 『북치는 소년』(민음사 1979), 『평화롭게』(고려원 1984) 등의 시선집을 상재하였다. 사후에 『그리운 안니·로·리』(문학과비평사 1989), 『스와니江 이랑 요단강이랑』(미래사 1992) 등의 시선집과 『金宗三 全集』이 간행되었다. 산문으로는 「의미의 백서」(『한국전후문제시집』 1961)와 「이 공백을」(『52인 시집』 1967)이 있다.

로서의 성취와 언어에 대한 실험 정신을 누구보다도 잘 보여주는 모더니즘 시인이다. 김종삼은 작품 속에서 빈번한 외래어와 인명의 차용, 시제의 불일치, 의도적 행갈이, 문장성분의 생략 등 전후 현대시의 특징적인 난해성을 보여준다. 대부분의 전후 시인들은 전쟁의 기억이나 상처를 직접적으로 드러내어 고발하고 있으나 그는 동시대 시인들과 차별화된 실험적 기법과 모던한 미의식, 개성적 세계관을 보여준다.

우리 시사에서는 김종삼의 시세계를 모더니즘 시나 순수시로 분류한다. 왜냐하면 그의 시편들은 의미가 정치하게 해독되지는 않지만 음악적이고 회화적인 이미지를 가지고 있기 때문이다. 김종삼은 1950년대의 전통주의와 모더니즘, 1960년대의 순수시와 참여시로 양분된 시단의 경향으로부터 일정한 거리를 지키며 자신의 독특한 시세계를 구축했다. 우리 시사에서는 드물게 절제된 묘사와 낯선 이미지의 병치, 여백의 미 등으로 전후 시단에 개성적인 영역을 구축했지만 그러한 성과에 대한 구체적인 해명은 없었다. 그 이유는 그의 시가 보여주는 애매성 때문에 정치한 분석이 어려웠기 때문이다. 이 논문에서는 그 애매성 해명의 열쇠

---

2) 순수시(純粹詩, pure poetry)라는 개념은 1850년 미국 시인 앨런 포우가 발표한 평론 「시적 원리」에 자극 받아 프랑스의 보들레르가 발전시킨 시의 이론으로 말라르메를 거쳐 발레리에 이르기까지 프랑스 상징주의의 기본이 되었다. 그 가장 중요한 주장은 시에서 웅변, 교훈, 관념 등 산문으로 해설될 수 있는 일체의 요소를 제거하고, 음악처럼 언어적 의미와 관계없는 효과를 내어야만 진정한 시, 즉 순수한 시가 된다는 것이다. 이것은 시의 영역을 독립시키려는 여러 근대적 노력의 하나로 볼 수도 있으나, 시의 언어의 의미를 최소한도로 축소시키든가 교란시킴으로서 시의 자율성을 기하려고 했다고 보는 것이 옳다. 순수한 시가 암시하는 세계는 말의 의미로 설명할 수 있는 세계가 아니라 음악의 여운처럼 직접적이면서도 형언할 수 없는 세계이다.
여기서 순수시는 산문적인 요소를 유발하는 개념이나 낱말을 제외하고 청각적 자극(음악성) 또는 시각적 자극(회화성, 즉 심상)에 주력하는 시를 의미하는 용어로 사용한다. 또 60년대 참여시나 현실시와 일정한 거리를 두고 있는 시들을 일컫는다. 김종삼을 순수시 계열로 분류한 사람들은 황동규, 「잔상의 미학」, 『김종삼 전집』, 청하, 1988, 254쪽(미학주의자의 극치, 순수시의 극단적 표본); 최동호, 「1950년대의 시적 흐름과 정신사적 의의」, 김윤식 외, 『한국현대문학』, 현대문학, 1989, 317쪽(주지적 서정주의); 김주연, 「비세속적 시」, 『김종삼 전집』, 청하, 1988(비세속적 시) 등이 있다.

인 언술구조와 수사법을 중심으로 김종삼의 시세계를 체계적으로 규명하고자 한다.

그의 시를 시기적으로 나누어 살펴보면 초기 시는 주로 묘사시의 형식을 띠고 있으며 후기로 올수록 직접적 진술의 시들이 많아진다.[3] 폐쇄적이고 관념적이었던 초기 시에 비해 후기 시들이 진술적인 것은 자신의 병상체험과 더불어 낮은 일상으로 돌아가 죄의식을 극복하려는 시세계가 주류를 이루고 있기 때문이다. 그러나 전반적으로 그의 시세계는 처음부터 끝까지 큰 변화가 없다는 평도 있다.[4] 이 논문은 김종삼의 시세계가 크게 보아 변화가 없다는 판단 아래 전체를 포괄적으로 고찰할 것이다.

근대 시문학사에서는 한국전쟁 이후 이전과는 다른 시적 경향[5]이 나

---

3) 김종삼은 30여 년의 시력을 보여주지만 그의 시에 대한 시기 구분은 획기적인 변모가 보이지 않는다. 논자들은 다음과 같이 구분하고 있다.
이영희는 1950-1960년대 시들을 전기시로, 1960년대 말-1970년대 말까지의 시를 중기시로, 1980년대의 시를 말기시로 구분한다. 작품의 전반적인 경향이 비슷하고 초기의 작품 속에 후기 작품이 보여주는 인식의 내용이 잠재되어 있으며 초기와 중기의 경계점이 불분명함으로 도식적인 시 구분은 의미가 없다고 본다.
신현락은 등단 이후 첫 시집 『십이음계』를 상재할 때까지를 전기로, 그 이후부터 『시인학교』를 발간하던 시기를 중기로, 그 이후부터 시집 『누군가 나에게 물었다』를 발간하고 1984년 임종할 때까지를 후기로 설정하였다.
이승훈은 초기를 '내용없는 아름다움'의 시로, 중기를 '라벨, 세잔느, 파운드에의 작용'의 시로, 후기는 '시란 무엇인가 누군가 나에게 물었다'의 중심어로 시기를 구분하였다. 이승훈은 김종삼의 초기와 중기시를 묘사중심의 시로, 후기시를 진술의 시라고 언급했다.
이숭원은 고집스럽게 자기 세계를 일관해 온 시인이어서 시의 변화를 단적으로 말하기 어려울 뿐더러 중기시에 보이는 개재된 삶의 모습은 초기에 이미 은밀히 잠재되어 있었던 것으로 이해했다.
백인덕은 이숭원의 견해에 동의하면서 시의 변화가 드러나지 않았다고 볼 수는 없다고 말하면서 전기와 후기로 구분하였다. 그 전환점은 시집 『누군가 나에게 물었다』가 마련해 주었다. 1979년 발표된 「앞날을 향하여」를 전후로 하는 시로 구분하였다. 그 근거로는 김종삼 시가 묘사 중심에서 서술중심으로 바뀌어진 점을 들고 있다.
지금까지의 논의는 대체로 '묘사'중심에서 '서술'중심으로 바뀌는 시기를 기준으로 전·후기를 구분하는 경향이 지배적이었다. 이 논문은 전체적으로 보아 김종삼의 시세계에 커다란 변화가 없는 것으로 보고 특별히 시기 구분은 하지 않을 것이다.

4) 황동규, 「잔상의 미학」, 『김종삼 전집』, 청하, 1988.
이숭원, 「김종삼 시에 나타난 죽음과 삶」, 『현대시』, 1991. 1.

타나게 되고 시적 양상이 다양해진다. 전후세대인 김종삼은 다른 시인들처럼 구세대로부터 물려받은 것이 아무 것도 없으며, 전쟁이 끝난 황폐한 현실에서 모든 것을 새롭게 만들어야 했다. '전후 현대시'[6]의 새로운 언어실험을 보여준 모더니스트 김종삼에게 다양한 경험의 확대(특히 전쟁과 죽음에 대한 체험)는 차별화된 시적 표현에 많은 영향을 끼쳤다. 넓은 의미에서 시의 개성이란 자신만의 시선으로 시대의 흐름을 투시하는 것이며, 그것은 자기만의 독자적인 언어로 표현한다는 뜻이다. 시적 계기란 실제로 지극히 개인적인 차원에서 촉발된다. 개인적 차원에서 시작하여 사회적 보편성을 확인하고, 민족적 공감의 차원에 이르는 것이 자연스러운 것이다.[7]

김종삼은 전쟁과 분단으로 고향을 상실하고 가난에 시달리면서도 영원지향적인 순수시와 실험적 기법의 시세계를 견지해 왔는데, 이것은 현실을 견디기 위한 방편으로 선택된 시적 문장이라 할 수 있다.[8] 그는 몸

---

5) 이 시적 경향은 1930년대 이후 꾸준히 이어져오던 서구 모더니즘에 대한 반성과 전통의 구체화로 김종삼이 속한 모더니즘 계열의 시와 맥을 같이 한다. 이전에 나타난 1930년대의 모더니즘은 순수서정시 계열의 리리시즘과 이념의 퇴조와 함께 온 현실주의 시와 함께 등장했다. 특히 문명비판과 언어실험을 겸한 모더니즘과 아방가르드 계열의 시들은 1930년대 들어와 본격적으로 시에 대한 장르적 관점과 언어의식의 혁신을 도모했다. 이러한 시적 실천은 물론 식민지 근대화에 대한 미적 반응의 하나로 볼 수 있다(남기혁, 「현대시의 형성기」, 『한국현대시사』, 민음사, 2007, 151-159쪽).

6) '전후 현대시'는 6·25 이후 십여 년에 걸쳐 쓰인 시들을 말하며 특히 전쟁체험을 바탕으로 그것을 고발하거나 극복하려는 의지를 보여주는 시를 가리킨다(문혜원, 「전후시의 실존의식」, 『한국 현대시와 모더니즘』, 신구문화사, 1996. 8, 11쪽).

7) 김명인, 『시어의 풍경』, 고려대학교 출판부, 2000, 16쪽.

8) 김종삼의 시에 나타난 환상성은 현실시와 달리 순수시로 평가된다. 이런 논의들은 아래와 같다.
김춘수는 김종삼의 시세계를 하이덱거의 존재론에 근거해서 설명했다. 그의 시세계는 환상과 꿈의 세계가 존재자의 일상적 우상성을 드러내면서 비애미를 자아낸다고 평가했다(김춘수, 「김종삼 시의 비애」, 『의미와 무의미』, 문학과 지성사, 1976, 146쪽).
김주연은 김종삼 시의 환상성은 유년시절의 체험이 투영된 동화적 성격으로 평가했다(김주연, 「비세속적 시」, 『김종삼 전집』, 청하, 1988).
김시태는 김종삼의 현실과 꿈의 세계를 방황하는 고독한 순례자의 포즈가 '환상적 초월의식으로 나타난다고 지적했다(김시태, 「50년대 시와 60년대 시의 차이」, 『상황문학론』, 동아출판공사, 1974).

소 겪은 전쟁의 비극적 경험을 육화하여 삶의 진정성이 깃든 시들을 정밀하게 '제작'했으며 세상에 대한 죄의식과 타인에 대한 연민을 육화하여 인간성 회복과 초월적 영원성을 추구했다.

김종삼이 활동을 시작한 1950년대는 한국 전쟁 직후이기에 문학사적으로도 매우 중요한 시기다. 이 시기에 1930년대에 온건한 실험에 주력하였던 이미지스트들의 후예들은 한국전쟁 이후 1950년대에 들어서 전쟁의 상실감과 현실에 대한 자각으로 서정시의 자각과 실험적인 시, 현실참여의 시들을 다시 한 번 다양하게 표출한다.

1950년대부터 활동한 김종삼은 후반기 동인들의 모더니즘 경향을 가장 많이 지니면서 언어의 실험정신을 누구보다도 잘 보여준다. 그는 전후에 팽배했던 고립감과 고독, 좌절감, 잃어버린 세계를 향한 열망과 음악적 정조를 환상적으로 처리하여 전후의 현실인식과 부재상황을 표현했다. 그는 환상적이고 몽환적인 요소들을 개성적인 언술구조인 생략과 반복을 통한 의미론적 공백, 비논리적 어법, 다양한 외래어 사용, 인명, 지명, 음악용어의 활용, 형태의 다양한 실험 등을 통하여 보여준다. 또 이미지 중심의 개성적인 수사법은 그의 시의 난해성과 실험적 기법을 잘 보여준다.

김종삼의 텍스트에는 우리가 흔히 볼 수 있는 시적 수사나 유머 등은 찾아보기 힘들다. 절제미가 돋보이는 그의 압축적인 텍스트는 독자들의 자발적 참여를 촉구해 다양한 해석과 새로운 긴장감을 만든다. 그래서 그의 작품은 시적 울림의 프리즘이 넓고 다양하다. 그의 시는 해석적 어려움에도 불구하고 절제된 언어 묘사와 반복적 강조, 자유연상에 의한 이미지 조형 등의 개성적인 스타일로 수용자에게 반복하여 읽도록 유도한다. 그는 작품과의 객관적 거리를 유지하여 절제미가 돋보이는 서정시

백은주는 김종삼의 시세계에 나타난 환상은 현실에 대한 절망과 소외를 간접적으로 드러낸 것이라고 했다(백은주, 「김종삼 시 연구: 환상의 구조와 의미를 중심으로」, 고려대 석사학위논문, 1995).

를 제작하고, 텍스트에 함의된 다양한 중심 이미지들을 통해 구체적이고 회화적인 모더니티를 확보한다. 김종삼의 시세계는 전체적으로 비극적 세계관을 가지고 있는 반면 생명에 대한 강한 집착과 타인에 대한 연민, 영원지향적인 세계를 동시에 보여준다. 이런 개성이 김종삼의 시가 지금까지 꾸준히 읽히고 있는 진정한 이유이다.

"객관 현실에 대한 미적 반영은 다름 아닌 삶 자체에서 자신의 토대를 발견하고 궁극적으로 충족된다."[9] 이 말은 텍스트에 구조화되어 나타나는 언술구조나 수사적 특이성은 한 시인의 총체적인 삶의 미적 반영을 가장 효율적으로 보여준다는 것이다. 그러나 김종삼에 대한 기존의 연구는 주로 작품에 나타난 주제적 측면이나 이미지를 연구하는 것들로 부분적인 측면에 편중되어 있었다. 김종삼의 텍스트는 언술구조와 수사적 측면에서 매우 독특한 위치를 차지하고 있음에도 개성의 큰 축을 이루는 텍스트의 언술구조와 수사적 특이성에 대해 본격적인 연구가 이루어지지 않았다. 지배적인 언술구조와 수사방법의 특이성 연구는 김종삼의 시세계가 지닌 미적 반영을 살펴보기 위한 방법으로 필수적인 것이다. 본고는 그동안 논의되어온 김종삼에 대한 연구를 기초자료로 삼아 언술구조와 수사적 특이성을 체계화할 것이다. 이는 그의 시세계에 구조적으로 나타난 시적 성과를 규명하여 난해한 시세계를 해명하고, 그의 비극적·미학적 세계인식이 시적 언어와 형식에 어떻게 기여하여 독특한 시적 표현에 구조화되는지 알아보기 위한 것이다. 시적 문장은 그 안에 형식과 내용의 확연한 구분이 나타나지 않는다. 텍스트에 나타난 시인의 언술구조가 차별화된 창작 형식이라면 수사적 특이성은 텍스트 기저에 깔린 시인의 개성적인 표현이다. 이를 통해 김종삼의 텍스트에 드러난 개성적인 긴장언어의 울림을 고찰하고 해독의 난해성을 동시에 규명할 수 있을 것이다.

---

9) 게오르크 루카치, 『루카치 미학 1』, 이주영 옮김, 미술문화, 2000, 37쪽.

2. 연구사 검토

김종삼에 대한 연구는 그가 작고한 1984년 이후부터 이루어졌다. 초기 연구사를 검토해보면 작품집을 중심으로 한 작품해설과 논평들이 주를 이룬다. 그에 대한 본격적인 연구는 1988년 도서출판 '청하'에서 발간한『김종삼 전집』이후부터 시작되었다. 현재 김종삼에 대한 학위논문은 총 64편이며 그 중 석사학위 논문은 55편, 박사학위 논문은 9편이다. 박사학위 논문들도 다른 시인과 함께 연구된 것[10]을 제외하면 김종삼만 연구한 것은 4편에 불과하다.[11] 이 연구결과는 50년대 활동한 다른 시인에 비해 약소한 것이며 김종삼에 대한 문학적 평가에 비해서도 적은 편이다. 이는 그가 작고한 지 25년이 넘은 현재까지 연구된 양으로는 미미한 것이 아닐 수 없다.

김종삼에 대한 연구사를 검토해 보면 대체로 시의 형식적, 기법적인 면을 연구한 것,[12] 주요 이미지를 분석한 것,[13] 시의 공간을 분석한 것,[14]

10) 정한용,「한국 현대시의 초월지향성 연구: 김종삼 · 박용래 · 천상병을 중심으로」, 경희대 박사학위논문, 1996.
남진우,「미적 근대성과 순간의 시학: 김수영 · 김종삼 시의 시간의식」, 중앙대 박사학위논문, 2000.
이민호,「현대시의 담화론적 연구: 김수영 · 김춘수 · 김종삼의 시를 중심으로」, 서강대 박사학위논문, 2001.
박은희,「김종삼 · 김춘수 시의 모더니티 연구: 시간의식을 중심으로」, 성신여대 박사학위논문, 2003.
최종환,「현대시에 나타난 기독교 죄의식의 심리학적 연구: 윤동주 · 김종삼 · 마종기의 시를 중심으로」, 경희대 박사학위논문, 2004.

11) 한이각,「김종삼 시 연구」, 서울여대 박사학위논문, 1996.
류명심,「김종삼 시 연구: 담화체계 및 은유를 중심으로」, 동아대 박사학위논문, 1999.
허금주,「김종삼 시 연구」, 한양대 박사학위논문, 2002.
송경호,「김종삼 시 연구: 죄의식과 죽음의식을 중심으로」, 서울시립대 박사학위논문, 2007.

12) 김주연,「비세속적 시」,『김종삼 전집』, 청하, 1988.
김준오,「완전주의 그 절제의 미학」,『스와니 강이랑 요단강이랑』, 미래사, 1991.
김 현,「김종삼을 찾아서」,『김종삼 전집』, 문학과지성사, 1991.
이숭원,「김종삼 시의 내면구조」,『근대시의 내면구조』, 새문사, 1988.

시 의식에 나타난 세계인식을 분석한 것[15] 등으로 분류할 수 있다. 이밖에 김종삼의 시에 나타난 모더니티와 음악적 상상력, 심미주의적 환상구조로 시인의 언어관을 살펴본 것[16]들이 있다. 그러나 이런 논문들은 전

황동규, 「殘像의 美學」, 『김종삼 전집』, 청하, 1988.
김문영, 「김종삼 시 연구」, 경북대 석사학위논문, 1990.
이민호, 「김종삼 시의 담화론적 연구」, 서강대 석사학위논문, 1998.
류명심, 「김종삼 시 연구: 담화체계 및 은유를 중심으로」, 동아대 박사학위논문, 1999.
신지연, 「김종삼 시 연구: 언술 주체를 중심으로」, 고려대 석사학위논문, 2000.
박민규, 「김종삼 시의 병치적 특성 연구」, 고려대 석사학위논문, 2005.
김은희, 「김종삼 시의 불연속성 연구: 불연속적 세계관과 병치기법의 상관관계를 중심으로」, 중앙대 석사학위논문, 2008.

13) 김성춘, 「김종삼 시 연구-이미지 유형을 중심으로」, 부산대 석사학위논문, 1987.
진경희, 「김종삼 시 연구-물의 이미지를 중심으로」, 동아대 석사학위논문, 1992.
이지영, 「김종삼 시의 상상력 연구」, 이화여대 석사학위논문, 1993.
이승훈, 「평화의 시학」, 『김종삼 전집』, 청하, 1988.
한이각, 「김종삼 시 연구」, 서울여대 박사학위논문, 1996.
이혜주, 「김종삼 시의 이미지 연구」, 숭실대 석사학위논문, 1998.
허금주, 「김종삼 시 연구」, 한양대 박사학위논문, 2002.
김정란, 「김종삼 시 연구: 소리 이미지와 환상성을 중심으로」, 한양대 석사학위논문, 2006.
김미희, 「김종삼 시의 의미구조 연구: 상승과 하강의 이미지를 중심으로」, 수원대 석사학위논문, 2006.
최수연, 「김종삼 시의 동·식물 이미지 연구」, 대진대 교육대학원 석사학위논문, 2006.

14) 신현락, 「김종삼 시의 공간 구조에 관한 연구」, 한국교원대 석사학위논문, 1992.
김지홍, 「김종삼 시의 현상학적 연구」, 국민대 석사학위논문, 1993.
최미정, 「김종삼 시에 나타난 願望空間 연구」, 숭실대 석사학위논문, 1998.
박혜진, 「김종삼 시 연구: 공간·시간 연구를 중심으로」, 강원대 석사학위논문, 2000.

15) 이영희, 「김종삼 시연구: 구조의 특징과 내면의 지향성을 중심으로」, 경희대 교육대학원 학위논문, 1992.
최민성, 「김종삼 시 연구: 방황의 정서를 중심으로」, 한양대 석사학위논문, 1996.
하희정, 「1950년대 시에 나타난 '부재의식'의 형상화 양상 연구: 김춘수와 김종삼을 중심으로」, 서울대 석사학위논문, 1995.
박은희, 「김종삼 시 연구」, 성신여대 석사학위논문, 1997.
박성현, 「한국 전후시의 죽음의식 연구: 김종삼·박인환·전봉건을 중심으로」, 건국대 석사학위논문, 1998.
이한열, 「김종삼 시의 죽음의식에 관한 연구」, 한국교원대 석사학위논문, 1997.
송경호, 「김종삼 시 연구: 죄의식과 죽음의식을 중심으로」, 서울시립대 박사학위논문, 2007.
최창현, 「1850년대 존재탐구 시 연구」, 세종대 석사학위논문, 2002.

반적으로 주제나 형식에 대한 연구에 그치고 있어 김종삼 시의 개성인 난해성을 해명하는 것과는 거리가 멀다. 여기서는 김종삼에 대한 중요한 논의들과 주요 경향들을 일괄하여 이 논문의 주제와 관련되는 연구 성과를 집중적으로 살펴보려고 한다.

본고의 연구 주제인 텍스트의 언술구조 연구는 넓은 의미에서 텍스트의 형식적인 측면을 포함한다. 따라서 김종삼에 대한 형식적인 연구부터 살펴볼 것이다. 김종삼의 시에 나타난 형식적 기법에 대해 최초로 언급한 사람은 김광림이다. 그는 김종삼의 텍스트에 드러난 절제미를 주목했으며 설명과 의미의 배제, 표현의 단절과 비약을 주된 특징으로 제시했다.[17] 형식적인 측면의 논의로는 김현, 김주연, 김준오, 황동규, 신규호, 이숭원, 김주연, 이경수, 오형엽, 이승훈, 하현식의 견해가 주목된다.

김현은 김종삼 시의 형태상 특징을 묘사의 과거체이며, 절제된 언어를 통해 이야기시의 산문성을 배제하고 있어 김종삼의 시야말로 단일적인 해석을 부인하게 하는 암시력을 그 구체성 뒤에 숨기고 있다고 언급했다. 김현은 김종삼은 묘사의 과거체를 사용하여 과거의 시간을 현재에서 체험하는 것처럼 생생하게 부각시키며 서사적 기법에 묘사의 과거체를 사용하여 산문성을 배제하고 동화적인 상상력을 보여준다고 말했다.[18]

---

16) 권정순, 「김종삼 시의 심미주의적 특징」, 연세대 석사학위논문, 1984.
백은주, 「김종삼 시 연구-환상의 구조와 의미를 중심으로」, 고려대 석사학위논문, 1994.
남진우, 「미적 근대성과 순간의 시학: 김수영 · 김종삼 시의 시간의식」, 중앙대 박사학위논문, 2000.
노미진, 「김종삼 시의 음악적 상상력 연구」, 동국대 문화예술대학원 석사학위논문, 2003.
유애숙, 「김종삼 시 연구: 시와 음악의 상호작용을 중심으로」, 중앙대 예술대학원 석사학위논문, 2005.
이성민, 「김종삼 시의 기독교적 상상력」, 조선대 석사학위논문, 2007.
박이도, 「투시와 관조의 세계」, 『심상』, 1980, 6월호.
조남익, 「장미와 음악의 시적 변용」, 『현대시학』, 1987. 2: 김종삼 시의 음악적 특성을 지적했지만 소재확인에 그침.

17) 김광림, 「김종삼 시집 "십이음계"」, 『월간문학』, 1969. 9.

18) 김 현, 앞의 글, 327쪽.

김종삼은 텍스트의 서술적 경향인 묘사의 과거체를 사용하여 비극적 분위기의 시세계로부터 유년의 순수함을 동시에 보여주는 이야기시를 구축한다.

김준오는 김종삼의 시를 모더니즘의 계열로 자리매김하는 데 어느 정도 동의하면서 시인이 일관되게 견지하고 있는 절제된 언어관을 고전주의 미학적 태도로 보았다.[19] 이 절제된 언어관은 시인의 언술 구조상 생략법을 의도적으로 사용하는 것에 기인한다. 그러나 김종삼의 고전주의적 절제된 언어관을 지적한 것은 김현의 논의를 반복한 것이다.

신규호는 김종삼의 형식적 기법을 자유 연상적 이미지의 병치, 생략과 도치를 통한 일상적 문맥의 파괴, 외국어 사용, 인간 부재의 공간 창출 등으로 인한 난해성을 지적했다. 그의 시의식은 현실적 인간상의 철저한 배제를 보이고 그의 시는 종교적 탈속성을 바탕으로 성속일여(成俗一如)의 기독교적 시세계를 지향하고 있다고 말했다.[20] 신규호는 김종삼의 작품에 나타나는 기법적 특징 등을 자세히 분류하여 주목된다. 이는 김종삼의 詩作 기법의 난해성을 언급하고 있어 주목할 만한 것이나 본격적인 분석에는 미치지 못하는 한계를 가진다.

황동규는 김종삼 시에 자주 나타나는 생략이나 공백이 의도적이며 그가 노리는 것은 '잔상의 효과'라고 풀이했다. '잔상효과'란 언어습관이나 일상 생활면으로 보면 꼭 있어야 할 것을 꼭 있을 자리에서 빼버리고 그 빈자리에 앞서 나온 시행들의 울림을 있게 하는 것이며 그것은 감각의 관성을 이용한 것으로 그 누구보다도 김종삼은 이 관성의 특징을 이용하고 있다고 말했다.[21] 황동규는 김종삼 텍스트의 난해성 요인을 '잔상효과'로 보았다. 또 김종삼의 시세계에 나타난 환상성에 대해 "환상으로 현실을 견디어 내는 의지"로 평한 것은 매우 탁월한 지적이다. 황동

19) 김준오, 앞의 글, 141쪽.
20) 신규호, 「무의미의 의미」, 『시문학』, 1983, 3-4월호 참조.
21) 황동규, 앞의 글, 244쪽.

규는 형식적인 기법을 심리적인 의지로 해석하여 주목된다.

김주연은 김종삼의 시를 단적으로 "묘사의 시"라고 표현했다. 이때 묘사란 자신의 주관적 감정이나 사상을 직접 진술하지 않고 일정 거리에서 이미지화하여 독자 앞에 그림처럼 보여주는 것이다. 그것은 사물을 객관화시키는 놀라운 힘이 있는데, 묘사를 사실적으로 할수록 그 환상성은 높아지면서 우리는 현실세계에서 맛볼 수 없는 낯선 체험을 하게 되며 김종삼의 시가 지닌 묘사적 성격은 그의 시에 나타나는 회화적 이미지와도 걸맞는다고 밝혔다.[22] 이러한 지적은 모더니스트인 김종삼의 회화적 기법과 환상성에 대한 적절한 지적이다. 김종삼의 텍스트에 나타나는 환상성을 '묘사'에 의한 기법이라고 지적한 것은 그의 모더니즘적 경향을 잘 파악한 것이다.

이경수는 김종삼의 불안스러운 문체의 흐름과 구문의 불완전함은 김종삼의 시세계가 정다운 화해의 세계가 아니라 불완전하고 서먹서먹한 낯선 세계를 보여주는 기이함을 초래한다고 지적했다. 그는 김종삼의 시들이 구문을 파격으로 바꿔놓은 의도적 오류라고 보았으며 단상 위주의 표현 등을 통해서 그가 노리는 것은 이 세상에 존재하지 않는 부재의 세계라고 단정했다. 그의 시가 초기부터 이국의 정취가 깃든 외국의 인명이나 지명에 의존했던 것도 현실에서 멀리 떨어진 형상을 만들어 내려는 시인의 취향이라고 언급했다.[23] 이경수는 김종삼 시의 형식적 특징을 '부정의 시학'으로 명명하고, 그의 작품에 나타난 시제의 불일치를 현실과의 불연속적인 세계를 드러낸 것으로 보았다. 이경수는 이와 같은 시도를 구문들의 의도적인 오류로 보아 주목된다. 이것은 김종삼의 특징적인 언술구조를 제대로 지적한 것이다.

이승원은 김종삼이 명암과 정동의 대위법적 형식에서 받은 영향과 환상성, 이미지의 교호작용이 음악적 연상성과 결합된 양상을 보인다고 지

22) 김주연, 앞의 글, 296쪽.
23) 이경수, 「부정의 시학」, 『김종삼 전집』, 청하, 1988, 259-260쪽.

적했다. 이숭원은 김종삼이 시행 사이에 고도의 생략과 여운, 고도의 비약을 통하여 자신의 생각이나 감정을 이미지로 제시하고 있다고 평가했다. 이숭원은 '절묘한 아름다움'을 느끼게 하는 김종삼 특유의 시작법은 바로 그가 깊이 이해한 음악의 형식에서 영향 받은 것이라고 밝혔다.[24] 보통 음악과 시의 연결은 언어의 음악성과 결부된 운율의 문제로 보는 경우가 많은데 김종삼의 경우는 특이하게 환상과 이미지의 교호작용이 음악의 연상성과 결합된 형식을 보인다고 주장한 이숭원의 견해가 주목된다.

이승훈은 김종삼의 시를 초기나 중기에는 묘사 중심, 후기에는 진술 중심으로 형성되어 있으며 묘사 중심의 시는 또한 대체로 병치의 기법을 드러낸다고 언급했다. 여기서 병치의 기법은 단순히 서로 대조되는 두 사물을 나란히 놓는 방법이 아니라 서로 대조되는 두 사물을 나란히 놓음으로서, 두 사물에 대한 종합적이고 변증법적인 시각을 불러온다고 말했다.[25] 김종삼 시의 중요한 수사법인 병치적 특성이 사물에 대한 변증법적 시각을 불러온다고 본 이승훈의 견해는 기존의 논의에 비해 진전된 것이다. 변증법적 시각을 다르게 표현하면 김종삼의 수사적 특징인 의미의 변용으로 볼 수 있다.

오형엽은 김종삼의 시가 회화적 상상력을 가지고 있으며 시적 화자가 말하는 진술의 방식이 아니라 풍경의 일면을 시각적으로 제시하는 묘사의 방식을 취한다고 보았다. 그에 의하면 시의 장면 제시가 불연속적이어서 독자는 풍경의 부분과 부분만을 엿보게 되며 그 사이에 소리 없는 배경음악이 흐르고 있어 독자로 하여금 상상 공간에서 미완성의 그림을 메우게 한다는 것이다. 이때 일어나는 연상 작용을 통해 독자는 시의 풍경에 참여하게 되어 의미를 감지하게 된다.[26] 오형엽이 지적한 "장면 제

24) 이숭원, 앞의 글, 194-196쪽.
25) 이승훈, 「평화의 시학」, 『김종삼 전집』, 청하, 1988, 314쪽.
26) 오형엽, 「풍경의 배음과 존재의 감춤」, 『1950년대 시인들』, 나남, 1994, 317-318쪽.

시의 불연속"은 김종삼의 개성적인 언술구조인 시제의 혼용에 기인한다. 김종삼의 시를 읽는 일이 시의 풍경에 참여한다고 본 오형엽의 견해는 모더니스트인 김종삼의 묘사적 이미지를 적절하게 지적한 것이다.

하현식은 김종삼이 언어파 시인 가운데서도 언어의 미감과 의미망을 융화시킨 시인이며, 그의 언어가 언어로서의 효용성을 양적으로 절제한다거나 질적인 면에서 활용을 유보하는 특성을 가진다고 지적했다. 하현식은 김종삼 시의 양식을 개인의 '방법론적인 삶'의 관심이 '사물과 현상의 실재'를 파악하기 위한 '묘사'에 우선한다는 점과 '묘사시'로서의 미적 의향보다는 존재의 적막한 삶을 표출하는 데 경도되어 있다는 점을 포착했다.27) 하현식은 김종삼의 시세계를 "방법론적인 삶"과 "사물과 현상의 실재"로 파악하고 이것은 삶의 적막함을 표출하는 '묘사'에 의한 것으로 지적해서 주목된다.

다음은 본고의 주제인 김종삼 시의 언술구조와 관련되는 김종삼의 담화구조와 화자의 유형을 선행 연구하여 주목되는 류명심과 이민호의 것이다.

류명심은 담론으로서의 시적 특성과 언어예술로서의 시적 특성이라는 측면에서 논의를 전개하였다. 모든 시는 담론이라는 전제하에 담화체계로서의 시적 특성을 '화자유형'과 '어조유형'의 분석으로 살펴보았다. 김종삼 시에서 나타나는 화자의 유형을 '묵시적 화자-묵시적 청자' 유형과 '명시적 화자-묵시적 청자'로 나누고, 다시 '묵시적 화자-묵시적 청자' 유형은 '관찰자적 화자'와 '자아개입적 화자'로 나누어 살펴보았다. '명시적 화자-묵시적 청자'는 '현실인식적 화자'와 '이상지향적 화자'로 세분화하여 살펴보았다. 김종삼의 담화체계에는 청자의 설명이 거의 발견되지 않는데 이것을 그의 시세계가 가진 불화의 세계와 자폐적인 성향의 근거로 보았다. 류명심은 이러한 어법적 특성을 '반복을 통한 의미강

27) 하현식, 「김종삼론」, 『한국시인론』, 백산출판사, 1990.

조'와 '생략을 통한 의미함축'으로 보았다. 아울러 류명심은 김종삼의 언어예술작품으로서의 시적 특성을 '은유의 분석'을 통해 살펴보았다. 류명심은 김종삼이 시적 언어의 조형성과 음악성으로 미적 울림을 극대화하고, 미적으로는 거리두기를 통해 미적 자율성을 확보하며, 은유의 다양화된 개념화로 시적 가능성을 극대화한다고 밝혔다.[28] 류명심은 청자에 대한 설명이 없는 김종삼 시의 화자 유형을 밝혀 그의 시세계에 나타난 자폐적인 경향을 분석하고 은유에 나타난 시적 특성을 검토하여 김종삼 시의 종합적인 연구 성과를 보여주었다.

이민호는 김종삼의 텍스트에 나타난 담화론적 연구를 시도했다. 이민호는 김종삼의 텍스트의 구조적 측면에서 나타나는 결속구조를 밝히고 그 중에서 시제의 불연속과 기능적 문장투시법을 김종삼 시를 이해하는 열쇠로 보았다. 김종삼 시의 의미적 결속성은 상황성이 강화된 텍스트에서는 '분단 · 전쟁 · 가난 · 불우'로 나타난다고 밝혔다. 한편 텍스트의 처리과정에 있어, 정보성 측면에서 상황성이 강화된 텍스트로 텍스트 통화에서 기준치가 되는 2차 발화성 정보체가 많은 것으로 파악하고 이것이 시적 효과를 높이려는 메시지 전달목표라고 지적했다. 상황성 측면에서 상황성이 강화된 대부분의 텍스트가 현실모델의 상황을 점검하는 단계에 머무르고 있어 텍스트의 발화체들이 은유적이고 맥락적 함축을 지니고 있다고 파악했다. 이상과 같은 텍스트 구조와 처리과정은 김종삼이 독자들에게 전달하려는 목표를 의도하기 위한 산물이며 그 목표는 휴머니즘과 존재의 지향이라고 지적했다.[29] 이민호의 논의는 김종삼의 시적 담화를 연구하여 텍스트에 나타난 메시지를 밝혀내는 새로운 작업으로 기존의 논의에서 많은 진전을 보여주었다. 이 논문에서는 이민호의 연구와 변별적으로 텍스트에 구조화되어 나타나는 시적 언술과 수사적 특이성을 고찰해서 김종삼의 텍스트에 나타난 개성적인 언술구조를 살펴볼

28) 류명심, 앞의 논문.
29) 이민호, 「김종삼 시의 담화론적 연구」, 서강대 석사학위논문, 1996.

것이다.

다음은 이 논문에서 다루는 김종삼의 수사적 특이성과 관련된 비유법을 다룬 연구들이다.

박민규는 김종삼의 중요한 형식적 기법인 비유체계를 병치로 보고 그의 시세계를 조명하였다. 박민규는 병치의 유형을 대조, 이질, 점층으로 분류하고, 각각의 병치들의 작동 장식을 점검하면서 개별 텍스트에 내재된 의미들을 추적하여 시의식을 조명하였다. 대조적 병치는 형태상, 의미상으로 대조적인 대응을 발생시키는 요소들의 배열로 일상적 현실과 불화하면서 타현실계를 지향하고, 이질적 병치는 요소들이 어떤 의미 관계에 따라 유기적으로 연결되지 않은 채 비유기적으로 텍스트 문면에 배열된 상태라고 보았다. 또 점층적 병치는 동일 혹은 유사성의 관계에 따라 배열된 문법적 표지들의 형태적 반복으로 이런 경우는 현실과의 화해의식을 담아낸 것으로 보았다.[30] 박민규는 김종삼에 대한 그 간의 병치기법 연구를 종합하는 성과를 보여주었다. 김종삼에 대한 병치적 연구는 수사적 연구의 일부이기에 그의 시세계의 총체적 점검에는 미치지 못했다.

박현수는 김종삼의 시에 나타난 수사학이 단순한 문자적 차원의 비유법의 문제가 아니라 세계관의 발현과 관련된다고 보고 김종삼의 독자적 시형식인 "불완전한 구문, 자주 급격히 끊어지는 리듬, 논리적 유추를 거부하는 생략과 비약, 뜻 모를 여백"이 논리적 사유 이전의 세계를 보여주는 아방가르드적 기법이라고 평가했다.[31] 박현수는 김종삼 시의 수사학적 측면을 정치하게 살펴보는 일이야말로 김종삼을 해명하는 데 가장 적절한 방법이라고 보았다. 박현수의 논의는 김종삼의 시세계를 모더니즘에서 한 발 더 나아간 포스트모더니즘의 수사학으로 보았다. 박현수

30) 박민규, 「김종삼 시의 병치적 특성 연구」, 고려대 석사학위논문, 2005.

31) 박현수, 「난유, 포스트모더니즘의 수사학」, 『한국모더니즘 시학』, 신구문화사, 2007, 320-322쪽.

는 김종삼의 수사적 방법을 더 이상의 적절한 용어가 존재하지 않을 때, 한 장소(문맥)에서 다른 장소로의 전환인 "난유"로 보았는데 이는 김종삼의 일탈적인 문장에 나타난 폭력적인 은유에 한정되는 것으로 수사방법 전체를 평가하는 데는 한계가 있다. 그러나 김종삼의 개성인 난해성을 일정부분 해명하는 데 도움이 되었다.

김은희는 「김종삼 시에 나타난 병치구조의 제 양상들」을 통해 공간, 시간, 존재의 병치가 나타나는 양상을 분석해 김종삼의 시세계를 고찰하였다.[32] 김은희는 병치구조를 형식적인 면에서 다뤄왔던 기존의 논문들과 달리 공간, 시간, 존재의 병치를 고찰하여 시인의 세계가 거느린 시의식을 면밀히 살펴보았다는 점에서 주목할 만하다.

김종삼에 대한 그간의 연구가 주로 기법과 이미지 분야로 편중되어 연구되어 온 것을 비판하고 다각적 연구로 그의 시세계를 종합하려고 시도한 한이각, 박은희, 허금주의 연구가 있다.

한이각은 김종삼 시의 의미의 층위를 되짚어 시인의 미학적 특질과 전체적인 모습을 조망했다. 한이각은 작품분석을 중심으로 김종삼 시의 구조적 특징과 시인의 내면의식, 현실 인식 태도와 지향성을 밝히고자 했다.[33] 한이각은 김종삼의 시에 대한 총체적인 연구의 필요성을 제기하면서 타당한 측면에서 그의 시에 접근하려고 노력하였지만 이 논문 역시 김종삼 시의 구조적 특질을 형태와 기법, 내용과 의식의 이원적 내용 구조로 밝히고 있어서 김종삼의 시사적 의의에 대한 고찰은 과제로 남겨졌으며 자신이 표방한 총체적 연구에는 도달하지 못했다. 그러나 김종삼을 순수서정시의 본질을 지니고 있으면서 모더니즘의 면모와 사실적인 시각까지 아우르고 있다고 본 것은 텍스트가 지닌 다양성을 인정하는 적절한 시각이다.

---

32) 김은희, 「김종삼 시의 불연속적 세계관과 병치기법의 상관관계를 중심으로」, 중앙대 석사학위논문, 2008.

33) 한이각, 「김종삼 시 연구」, 서울여대 박사학위논문, 1996.

박은희는 김종삼 시의 세계인식을 허무, 비극적, 초월성으로 보았다. 박은희는 김종삼 시의 표현적 특수성으로 주도적 이미지의 활용, 묘사의 은유, 시형식의 실험성, 시어영역의 확장 등으로 규정하여 시적 표현이 기교의 차원을 넘어서 세계인식의 필수요소로 형상화 되어 있음을 증명했다. 나아가 박은희는 김종삼과 김춘수 시의 모더니티를 연구하여 두 시인이 허무의식을 기반으로 근대적 불모성과 고착성을 극복함으로써 세계에 대면한 자아의 결핍을 해소하는 방향으로 나아갔다고 밝혔다. 이 과정에서 김종삼은 죽음과 자아정립을 통해 시간의 통일성과 개방성을 구현했다고 밝혔다.34) 박은희는 이들의 시적 여정을 미적 모더니티의 시간의식을 구현한 것으로 밝혀 가치를 획득한다.

허금주는 김종삼 시의 존재론적 의미를 규정하기 위해 시세계의 미학적 특성인 중심이미지의 정치한 분석을 시도했다. 허금주는 김종삼 시의 출발을 죽음의식이며 현실과 조화를 이루지 못하는 자아를 치유할 대상을 모색했다고 밝혔다.35) 허금주는 김종삼의 시세계를 대표하는 중심이미지로 물, 돌, 나무, 소리로 나누어 살펴보았다. 이는 김종삼의 시세계에 나타난 존재론적 의미를 규정하여 주목된다. 허금주는 이미지 중심의 연구에 머물러 김종삼의 시세계가 드러낸 다각적인 연구에는 미치지 못했다.

이밖에 김종삼의 텍스트에 나타난 언어의 추상성에 대한 논의 등도 일정한 성과를 보여준다.36)

이상에서 이 논문의 연구 주제인 김종삼의 언술구조와 수사법에 관련된 중심 논의들에 대한 연구사를 자세하게 검토해보았다. 기존의 연구들

---

34) 박은희, 「김종삼 시 연구」, 성신여대 석사학위논문, 1997.
　　______, 「김종삼 · 김춘수 시의 모더니티 연구」, 성신여대 박사학위논문, 2006.

35) 허금주, 「김종삼 시 연구」, 한양대 박사학위논문, 2002.

36) 이기철, 「말과 조형」, 『현대시학』, 1978. 11.
　　홍신선, 「50년대의 세 시인」, 『현대시학』, 1980. 2.
　　강계숙, 「김종삼 시 연구」, 연세대 석사학위논문, 1999.
　　권명옥, 「추상성 시학」, 『한양어문』 제17집, 1999.

은 그 나름대로의 성과에도 불구하고 다양한 각도에서 조망되지 못하였고 주제의식, 시어와 이미지의 분석 등으로 치우쳐 있었다. 한편 김종삼의 시세계를 환상세계/현실세계, 聖/俗 등 이원론적 관점에서 규정함으로서 그가 지니고 있는 다양한 층위의 관심에서 고개를 돌릴 수도 있다는 문제점을 안고 있었다. 또 김종삼의 시가 난해하다는 이유로 텍스트의 정치한 분석보다는 표면적인 의미나 주제, 기법상의 특징에 대한 단편적 언급에 편중되었으며 본격적인 언술구조와 수사적 특이성을 연구한 것은 드물었다. 김종삼의 시의 언술구조와 수사법을 중점적으로 검토하는 것은 텍스트의 형식적인 면과 내용까지도 체계화하여 시인의 시세계에 드러난 난해성을 해명하는 일이 될 것이다. 이 연구는 시인의 세계관이나 시적 언어의 형식을 규명하기 위해서 꼭 필요하며 특히 창작자들에게 실질적인 도움이 될 것이다.

이 논문은 그동안 집중적으로 연구되어온 작품 내용 분석에서 벗어나 김종삼이 어떤 구성방식을 활용하여 지배적인 언술구조를 만들며, 그가 어떤 개성적 수사법을 사용하여 시적 효과를 극대화하는지 살펴보고자 한다. 한 시인의 텍스트에 자주 나타나는 언술구조나 수사적 표현들은 단순한 표현을 넘어서 자신만의 독자적인 것이다. 시인은 개성적인 상상력을 텍스트에 투영하여 자신만의 구조화된 시를 짓는다. 지금부터 김종삼의 텍스트에 나타난 實在 언어를 살펴서 그의 시적 표현과 대상의 접근을 시도해볼 것이다.

3. 연구방법과 범위

연구방법으로는 언술구조에 포괄적인 이해를 도모하는 이론을 참조하여 김종삼의 텍스트에 나타난 '언술구조의 특이성'과 '수사적 특이성'을 살펴보려고 한다. 우선 시인이 어떤 구성방식을 활용하여 시를 만드느냐를 검토하기 위해 '언술구조의 특이성'을 고찰하여 텍스트에 의도적으로 사용한 시적 구조를 규명할 것이다. 왜냐하면 시적 구조와 표현은 일상적 담화를 일탈한 특유의 표현과 미적 구조를 가지고 의미를 전달하기 때문이다. 김종삼의 텍스트에 지배적으로 나타나는 언술구조를 자세히 분석하기 위해 '회기법', '생략법', '불연속적 시제 사용과 의도적인 행갈이', '서술적 성향'으로 나누어 살펴볼 것이다. 생략법의 언술구조에서 층위가 다른 원관념의 생략을 함께 다루려는 것은 그것이 수사적인 것일지라도 비유적 특성이 약해서이다. 이 네 가지를 김종삼의 텍스트에 구조화되어 나타나는 언술구조로 보고 표층적으로 드러나는 문법적 통사구문의 특징을 알아볼 것이다. 텍스트에 주기적으로 나타나는 언술구조는 시인만의 개성적 창작방법이며 시적 효과를 극대화하려는 시인의 차별화된 전략이다. 이런 개성적인 기법은 시인 자신이 지향하는 시세계를 효과적으로 형상화하려는 의도를 가진다.

한 시인의 작품세계는 개개 시편의 흐름과 관련이 있다. 개개의 작품들은 서로 떨어져 존재할 수도 있지만 전체 작품세계에 하나의 명백한 흐름을 형성하기도 한다. 시인의 시세계는 시인의 체험에 기인하며 그 체험들은 시인의 시세계를 형성하는 데 기본적인 요인이 된다. 한 시인의 시를 연구하기 위해서는 그의 문학적 특징을 드러내는 다양한 층위들을 살펴보아야 하겠지만 텍스트 표층으로 드러난 의미의 변용을 주도하는 '수사적 특이성'을 살펴본다면 시인의 시적 언술방식이 어떻게 구조화되어 있는지 알 수 있다. '수사적 특이성'에서는 김종삼의 텍스트에 나타난 은유, 환유, 상징, 인유적 표현을 자세히 살펴볼 것이다.

'언술구조의 특이성'을 연구하기 위한 방법으로 우리의 논의와 관련지어 텍스트 언어학을 참조할 것이다. 텍스트 언어학은 텍스트를 단지 언어 표현을 이루는 언어적 구성체, 즉 표현의 언어(language of expression)로 보기보다는 통화자가 주체적으로 활용하는 인지적 구성체, 즉 사고의 언어(language of thought)로 보는 것이다. 텍스트 안의 표현들은 청/독자의 지식체계나 예측 내용 밖에서 선택되면, 텍스트 체계는 조정적 통합

작용, 즉 추론(inference)를 통해서 이해과정에 균형을 잃었던 안정성을 회복시킨다. 따라서 텍스트는 통화상 하나의 미완성 체계이므로 텍스트 자체만으로는 의사전달의 완성을 기하기는 어렵다. 수용자의 머리에 비축된 경험 및 사용지식과의 관련 속에서 이해되어 하나의 이미지가 수용자에게 실현되는 것이다.[37] 텍스트성은 시적 언어를 유형화하고 구조화하는 데 유용하다. 따라서 텍스트 언어학 이론은 김종삼의 작품에 구조화되어 나타나는 시적 형식을 고찰하는 데 적합하다. 이에 대한 주목할 만한 이론가를 살펴보면 보그란데 R. de Beaugrande와 드레슬러 W. Dressler를 들 수 있다. 이 논문에서는 이들의 이론을 참조하여 언술구조를 분석할 것이다.

'수사적 특이성'에서는 '언술구조의 특이성'에서 다루지 못한 김종삼의 개성적 표현과 난해성이 어떻게 생성되었는지 알아볼 것이다. 시 텍스트란 단순한 문장의 집합이 아니라 유기적인 상관성으로 짜인 총체적인 것이다. '수사적 특이성'에서는 비유가 낱말이 아닌 언술의 차원에서 의미 창조 작용인 인식의 변화를 가져오는 것으로 본다. 따라서 비유적 개념을 텍스트 전체의 차원으로 보고 비유의 인식론적 특성이 텍스트에 어떻게 기여하는지 살펴볼 것이다. 우선 비유론의 흐름을 간단하게 일괄하고 김종삼이 구사하는 수사방법이 시적 메시지나 이미지를 어떻게 형상화하는지 알아볼 것이다. 예술가의 창작행위는 상상력의 작용에 의해 이루어지는 것이며 이것의 연장선상에서 비유적 능력은 창조성의 표현으로 인식된다. 상상적인 비유표현은 언어개념과 더불어 시인의 생각을 포착할 수 있어서 시인만의 개성적인 시적 표현을 살펴보는 데 필수적이다. 여기서는 비유어의 구조 원리에 주목하여 비유어를 수사적 장식의 차원을 벗어나 시인의 상상력을 구조화하는 언어로 보고 접근한다. 김종삼의 독특한 시세계에 나타난 이미지를 구체적으로 드러낸 '수사적 특

---

37) Beaugrande · Dressler, 『텍스트 언어학 입문』, 김태옥 · 이현호 공역, 한신문화사, 1995 참조.

이성'에서는 '은유적 의미변용의 세계', '환유적 인접성의 세계', '상징적 다의성의 세계', '인유적 이중화의 세계'를 살펴볼 것이다. '상징적 다의성의 세계'에서는 일반 상징과 더불어 김종삼이 지향하는 궁극적인 시 세계를 나타낸 '라산스카' 시편도 함께 살펴볼 것이다. 김종삼 텍스트의 특징이랄 수 있는 외래어, 인명, 지명, 음악 관련용어가 많이 나타나는 '인유적 이중화의 세계'는 시인의 개성적인 시적 언술인 상호텍스트성을 가진다. 상호텍스트성은 한 텍스트가 다른 텍스트와 맺고 있는 상호 관련성으로 독자가 인식할 수 있는 다른 텍스트와의 연관 속에서 텍스트의 의미가 형성되는 개념으로, 시의 시쓰기인 메타시에 적용하여 살펴볼 것이다. 상호텍스트성의 이해를 위해서는 상호텍스트성의 범위를 가장 넓게 본 줄리아 크리스테바J. Kristeva와 롤랑 바르트Roland Barthes의 이론을 참조할 것이다.

본고의 연구 범위는 김종삼의 작품 전체를 대상으로 한다. 이 논문은 169편의 시편들과 그간의 김종삼론이 실린 1988년 청하에서 나온 『김종삼 전집』과 이후 새롭게 발견된 47편의 시와 김종삼의 산문, 관련 기사가 수록된 2005년 나남 출판의 『김종삼 전집』을 기본 판본으로 삼는다. 이 논문에서는 그동안 누구도 언급하지 않은, 새로 수록된 47편의 작품들을 추가하여 김종삼의 시세계를 보다 폭넓게 살펴보겠다.[38)]

38) 앞으로는 1988년 청하에서 나온 『김종삼 전집』에 수록된 시는 '전집1'로, 2005년 나남에서 출간된 『김종삼 전집』에 새로 수록된 시는 '전집2'로 표시한다.

II 언술구조의 특이성

언술구조는 한 시인의 시적 형식에 일정한 패턴을 부여한다. 따라서 김종삼의 언술구조에 나타난 특이성을 연구하는 것은 언술의 단위인 텍스트에 나타난 구조화된 형식이 그의 시세계를 얼마나 효율적으로 보여주는지를 알아보는 것이다. 김종삼의 시를 언술구조의 측면에서 연구하려는 이유는 시를 문장이나 단어의 차원이 아니라 텍스트로 보아 그 속에 연속적으로 나타나는 표층텍스트(제시된 낱말들의 구성체)에 패턴을 부과하는 통사구조의 언어체계인 문법적 의존관계(grammatical dependencies)를 알아보기 위한 것이다.

인간의 통화단위는 문장이 아니라 '텍스트'이다.[39] 우리가 흔히 말의

---

39) 텍스트는 텍스트성(textuality)의 일곱 가지 기준(standard)에 부합되는 통화성 발화체(communicative occurrences)라고 정의된다. 이 기준들 가운데 어느것 하나라도 만족되지 않으면 그 텍스트는 통화성이 결여된 것이다.

1. 결속구조(cohesion): 텍스트 표층의 구성요소들, 즉 우리가 보고 듣는 실제 낱말들이 그 연쇄 속에서 서로 연관되는 방식에 관여한다. 표층 구성소들은 문법 형식과 규칙에 따라 서로 의존하므로, 결속구조는 문법적 의존 관계(grammatical dependencies)를 바탕으로 한다.
2. 의미의 결속성(coherence): 텍스트 세계의 구성 성분들, 표층 텍스트의 기저에 깔려있는 각 개념과 그들 관계의 구성체가 서로 수용 가능하고 적합해지는 방식에 관여한다.
3. 의도성(intentionality): 텍스트 생산자의 태도에 관여하는데, 결속구조와 결속성이 구비된 일련의 발화체는 텍스트 생산자의 의도를 달성하기 위한 도구로써 구성되어야 한다.
4. 용인성(acceptability): 텍스트 수용자의 태도에 관한 것으로, 일련의 발화체는 텍스트 수용자에게 유용하고 적합하면서 결속구조의 결속성을 구비한 텍스트라야 한다.
5. 정보성(infomativity): 제시된 텍스트 자료가 수용자에 의해서 예측되었거나 수용자에게 알려진 정도에 관여한다.
6. 상황성(situationality): 한 텍스트를 그 발화의 상환에 적합한 것으로 만드는 요인들에 관여한다.
7. 상호텍스트성(intertextuality): 어떤 텍스트를 사용함에 있어서, 사전에 경험한 하나 또는 그 이상의 텍스트 지식에 의존하도록 만드는 요인에 관여한다.

   Beaugrande · Dressler, 『텍스트 언어학 입문』, 김태옥 · 이현호 공역, 한신문화사, 1995, 6-21쪽.

단위라고 생각하는 '문장'은 아직 실현되지 않은, 앞으로 활용되어야할 추상적, 잠재적(virtual) 체계에 속하며 주로 문법성(grammaticality)에 의존하지만, '텍스트'는 현실적 시간 안에서 의사전달을 목적으로 한 통화행위 속에서 실현되는 언술의 단위다. 텍스트는 수용자의 머릿속에 비축된 경험 및 사전 지식과의 상호관련 속에서 이해되며, 이때 관찰되고 이해된 현실을 모델화한 하나의 이미지가 수용자에게 실현된다고 보는 것이다. 그러므로 텍스트 언어학에서 낱말은 텍스트 속에 갇혀있는 단순한 기호가 아니라 언어처리 과정에서 필요한 것으로 스스로 적응할 수 있는 여러 자질들의 한 구성체(configuration of feature)라는 개념을 가진다. 이 자질들은 문맥(co-text) 속에서 선택되고, 영향을 받는 일련의 매개변수(parameter)로 그 기능과 가치가 교차된다.[40] 이 말은 텍스트가 생성되고 이해되는 과정이란 청/화자가 상호 주체적으로 관여하는 텍스트 행위의 창조과정이라는 뜻이다. 이처럼 인간의 통화행위 속에서 발휘되는 텍스트성의 여러 국면은 언어, 인간정신, 현실이 모두 개입된 통합된 창조과정이다. 이 이론은 말, 단어, 문장을 중심으로 하는 것이 아니라 텍스트를 중심으로 하여 그 문맥 전체를 살핀다는 점에서 시 텍스트를 분석하기에 적합하다.

이 논문에서 사용하는 언술구조는 보그란데와 드레슬러의 '결속구조' 개념에서 시 텍스트에 합당한 이론을 추출한 것이다. 결속구조(cohesion, 서로 응집됨)[41]는 구나 절 문장들을 문법적 의존관계로 적절히 배열함으로써 강화되는 것이다. 결속구조는 텍스트의 표층 구성요소들, 즉 우

---

40) Beaugrande · Dressler, 위의 책 참조.

41) '결속구조'라는 용어는 Halliday와 그 후에 그의 아내인 Hasan에 의해서 널리 통용되는 용어가 되었다. 표층적 의존관계를 표시하는 모든 수단들을 포함해서 지극히 넓은 의미로 이 용어를 사용한다. 여기서는 언술구조와 같은 의미로 사용한다.
'결속성'(coherence): 텍스트 세계의 구성 성분들. 즉 표층 텍스트의 기저에 깔려있는 각 개념과 그들 관계를 구성체가 서로 수용 가능하고 적합해지는 방식에 관여한다. 의미의 '결속성'은 '결속구조'와 혼동되는 경우가 많았으나, 표층체의 연결성과 기저 내용의 연결성을 구분하는 것이 필요하다(Halliday 1964: 303 참조).
Beaugrande · Dressler, 위의 책, 7-8쪽.

리가 듣는 실제 낱말들이 서로 연관되는 방식을 말한다. 결속구조는 표층 텍스트에서 발견되는 통사구조라는 언어체계다. 즉 결속구조는 통화 상에서 통사구조가 갖는 연속성 기능을 말하며, 보그란데는 결속성으로 인하여 표층 텍스트에 중의성(ambiguities)이 나타날 수 있다고 한다. 그러므로 통화를 효율적으로 하기 위해서는 결속구조와 텍스트성의 여타 기준들은 반드시 상호작용해야 한다.

결속성이란 단순히 텍스트가 지니는 하나의 자질이 아니라 텍스트의 인지적 처리 과정(cognitive processes)에서 오는 결과이며 텍스트 상에서 사상이나 상황 등을 병치시키면 그에 따른 결속성 관계를 복원 또는 창조하는 인지적 조작 과정들이 활성화된다. 결속구조는 각 텍스트의 표층구조들이 공유되거나 서로에게 빌려온 것일 때 영향을 받으며 결속성은 그 텍스트가 구성하는 담화전체의 관점에서 볼 때 더욱 분명해질 수 있다. 텍스트의 결속구조와 결속성은 텍스트 자료에 부과되는 인지적 조작들을 지칭하는 텍스트의 중심개념이다. 즉 일련의 발화체에서 나타나는 결속구조와 결속성은 지식을 나눈다든가, 한 플랜의 특정 목적을 달성하는 등 텍스트 생산자의 의도를 달성하기 위한 도구로 구성된다.

이 논문은 이러한 결속구조를 참조하여 보편적인 개념인 언술구조의 이해에 활용할 것이다. 김종삼의 언술구조를 해명하기 위해 텍스트성의 일곱 가지 특성 중에서 시 텍스트 분석에 적합한 이론을 일부 추출할 것이다. 언술구조는 텍스트 내에서 반복, 대입, 생략, 관계표시를 통해서 간결하고 일정한 패턴으로 나타나는 통사구조로 텍스트에 구조화되어 나타나는 문법적 체계이다. 텍스트에 나타나는 의도적인 구조는 한 시인의 텍스트에 개성적인 형식을 부여하므로 시 연구에 적합하다. 텍스트를 생산할 때 생산자가 많은 가능 선택항들(option) 중에서 한 가지만을 선택하는 결과로 문체가 생겨난다고 볼 때 한 시인의 텍스트에 의도적으로 사용되는 언술구조는 작품을 차별화하고 개성화하는 방법이 된다.

김종삼의 시는 1950년대 이후 나타나기 시작한 시적 언술[42] 방식의 다양한 실험적 기법과 모던한 이미지의 사용이 두드러지며 텍스트를 소통하는 데 난해함을 지니고 있다고 평가되어 왔다. 이 말은 김종삼의 텍스트를 이해하기 위해 청/화자 간의 주체적 행위인 창조과정이 타 시인의 텍스트에 비해 많이 필요하다는 뜻이다. 이 같은 평가는 시인이 텍스트를 전략적으로 '제작'했다는 말이다. 어차피 인간적 현실이란 인간 언어와 관계가 되며, 나타나는 현실도 다양한 현실로 창조된다는 텍스트성을 바탕으로 한다. 이 논문은 김종삼의 시에 지배적으로 나타나는 언술구조를 회기법과 문장성분의 생략, 불연속적 시제, 의도적인 행갈이, 서술적 성향으로 나누어 살펴보고 이런 언술구조들이 김종삼의 개성적인 詩作法 형성에 어떻게 기여하고 있는지 알아볼 것이다.

1. 회기법

텍스트 언술구조에 지배적으로 나타나는 문장성분의 반복은 언어요소들을 반복해서 사용하는 것을 말한다. 회기법(recurrence)은 말을 계획하는 시간이 짧고 표층 텍스트가 순식간에 사라지는 결과로 어떤 내용을 다시 언급할 필요가 있을 때 사용한다. 김종삼의 텍스트는 문장 성분을 반복하는 회기법을 의도적으로 사용하여 시적 메시지나 이미지를 강조하고 시의 리듬감을 살린다. 문장성분의 반복은 시의 외형에 도상성을 부여하기도 한다. 같은 어휘가 반복되는 것으로 문장성분의 반복, 어휘적 회기(recurrence)는 구성요소나 그 패턴을 반복 사용하는 것을 말한다.

---

42) 시적 언술(poetic discourse)이란 시적 메시지를 이루는 체계에 대한 논의이다. 즉 시인이 표현한 시가 규칙이나 질서를 이루어 텍스트로 형상화되면서 시적 메시지를 생산하는 방식으로, 시학의 연구에 있어서 본질적인 부분이라 할 수 있다. 즉 '어떤 원리들이 모여 텍스트를 이루었는가' 혹은 역으로 '한 시인의 텍스트가 갖는 문학성이 어떤 조직망에서 생산되는가'를 밝히는 논의이다. 일상적 언어에 비해 '낯설은', '비자동적인' 문학적 언어의 체계, 즉 내적인 의사소통(intea-communication)이라는 시적 형식의 원리를 밝히는 것이다. Jacque Dubois 외, 『일반수사학』, 용경식 역, 한길사, 1989, 25-30쪽.

이런 회기법은 단순히 반복하는 경우와 이미 사용한 구성요소들을 다른 품사나 부류(가령 명사에서 동사로)로 전환해서 사용하는 부분 회기법, 하나의 구조를 반복하되 그 구조에 새로운 구성요소를 넣어 사용하는 병행구문(parallelism), 같은 내용을 반복하면서 다른 표현을 사용하는 환언(paraphrase) 등이 있다.[43)]

1.1. 어휘적 회기법(recurrence)

회기법(recurrence)은 언어요소들을 반복해서 사용하는 것을 뜻한다. 회기법은 시 텍스트에 리듬감을 줄 뿐만 아니라 말을 계획하는 시간이 짧고 표층 텍스트가 순식간에 사라지는 결과로 어떤 내용을 다시 언급할 필요가 있을 때 사용하는 언술구조다. 김종삼은 문장 성분을 반복하는 회기법을 텍스트에 효율적으로 사용하여 시적 메시지나 이미지를 강조하고 리듬감을 살린다. 같은 어휘가 반복되는 문장성분의 반복, 어휘적 회기(recurrence)는 구성요소나 그 패턴을 반복 사용한다.

김종삼은 텍스트에 지배적으로 나타나는 회기법을 통해 텍스트의 언술구조를 지향하고 시의 도상성이나 운율, 시의 주제를 강조하여 시적 효과를 배가시킨다. 또 그는 회기법을 적절히 사용하여 자신이 드러내고자 하는 의미를 강조하여 독자들에게 시의 의미를 다시 한 번 생각하게 만든다. 회기 작용이 지나치게 빈번하게 일어나면 그 때문에 정보성이 저하되므로 시적 긴장감이 사라지고 느슨해 질 수 있으나 김종삼은 감정을 절제한 객관적 묘사와 시적 거리를 일정하게 유지하여 이와 같은 단점을 극복한다.

바로크 시대 음악 들을 때마다
팔레스트리나 들을 때마다
그 시대 풍경 다가올 때마다

---

43) Beaugrande · Dressler, 앞의 책, 71쪽.

맑은 물가 다가올 때마다
나 지은 죄 많아
죽어서도
영혼이
없으리

–「라산스카」 전문(전집1)

이 텍스트는 하나의 패턴을 단순히 반복 사용하는 경우로 "들을 때마다"와 "다가올 때마다"라는 어구를 반복 회기하여 '라산스카'라는 순결한 영혼을 강조한다. 화자는 현실에서 언제나 '지은 죄'를 의식하며 산다. 그래서 자신은 '라산스카'라는 순수하고 이상적 영혼에 다가설 수 없으며 구원의 대상이 되지 못한다고 생각한다. "라산스카는 단순하고 순수하나 그녀를 그리워하는 나는 단순하지도 않고 순수하지도 않다. 나에게는 영혼이 없다. 하늘나라와 맑은 물가는 은총처럼 아주 드문 순간에게만 잠시 다가올 뿐이다. '라산스카'는 김종삼의 영혼에 찾아와 끊임없이 죄를 확인시켜 준다."[44] 김종삼의 이런 원죄의식은 텍스트 전체에 깊이 깔려있다. 그는 이런 비극성을 어휘적 회기를 통해 거듭 강조한다. 결국 화자는 "죽어서도" 영혼이 없을 것이라는 끔찍한 죄의식에 사로잡힌다. 김춘수는 김종삼의 시가 존재자로서의 무상성, 존재자의 근원적 슬픔을 노래하고 있다고 언급했는데 이 말은 김종삼의 이런 원죄의식을 지적한 것이다.[45] 「라산스카」는 어휘적 회기법을 사용하여 시인됨의 원죄의식을 잘 드러내고 있을 뿐만 아니라 무거운 주제에 리듬감을 실어 지루하지 않게 한다. 회기법은 회기과정을 수행하게 되는 또 다른 맥락 요인으로서 화제와 관계없이 방해받는 것을 극복하고 자신의 이야기를 계속하려는 화자의 욕구를 나타내는 데 효과적이다. 이 텍스트는 1982

44) 김인환, 앞의 책, 107쪽.
45) 김춘수, 앞의 책, 439-440쪽.

년에 상재한 시집 『누군가 나에게 물었다』(민음사)에 수록된 그의 세 번째 「라산스카」이다. 김종삼은 '라산스카'라는 개인 상징어를 한두 번의 언급으로는 표현할 수 없어서 그곳에 대한 정보를 거듭 반복, 회기하는 언술구조를 택한다. 그는 1차적으로 이 텍스트의 주제이며 메시지인 '라산스카'를 강조하기 위해서, 2차적으로는 비극적이고 무거운 주제에 리듬감을 실어주기 위해 회기법의 언술구조를 사용한다.

다음의 텍스트도 김종삼의 지배적 언술구조인 회기법을 보여준다. 화자는 아들이 죽고 없는데 자신은 살아있다는 것에 대해 깊은 죄의식을 느낀다. 「音樂-마라의 '죽은 아이를 追慕하는 노래'에 부쳐서」에서는 삶/죽음을 대조적으로 보아 살아있는 지상의 모든 것은 죄가 있는 것에, 어린아이와 은피리로 대표되는 음악에 관한 것은 천상적인 것에 비유한다.

日月은 가느니라
아비는 石工노릇을 하느니라
낮이면 大地에 피어난
만발한 뭉개구름도 우리로다
가깝고도 머언
검푸른
산줄기도 사철도 우리로다
만물이 소생하는 철도 우리로다
이 하루를 보내는 아비의 술잔도 늬 엄마가 다루는 그릇 소리도 우리로다
밤이면 大海를 가는 물거품도
흘러가는 化石도 우리로다
불현듯 돌 쫗는 소리가 나느니라 아비의 귓전을 스치는 찬바람이 솟아나느니라
늬 관 속에 넣었던 악기로다
넣어 주었던 늬 피리로다

잔잔한 온 누리
늬 어린 모습이로다 아비가 애통하는 늬 신비로다

늬 소릴 찾으려 하면 검은 구름이 뇌성이 비 바람이 일었느니라
아비가 가졌던 기인 칼로 하늘을 수없이 쳐서 갈랐느니라
그것들도 나중에 기진하였느니라
아비의 노망기가 가시어지느니라
돌 쫓는 소리가
간혹 나느니라

맑은 아침이로다

맑은 아침은 내려 앉고

늬가 노닐던 뜰 위에
어린 草木들 사이에
神器와 같이 반짝이는
늬 피리 위에
나비가
나래를 폈느니라

하늘 나라에선
자라나면 죄 짓는다고
자라나기 전에 데려간다 하느니라
죄 많은 아비는 따 우에
남아야 하느니라
방울 달린 은피리 둘을
만들었느니라
정성 드렸느니라
하나는

뇌 관속에
하나는 간직하였느니라
아미가 살아가는 동안
만지작거리느니라

–「音樂」 부분

이 텍스트는 1, 2행에서 '~니라'라는 서술어미가 두 번 회기되고 3~16행까지는 '~로다'라는 서술어가 완전 회기되고 있으며, 나머지 행에서는 '~니라'라는 서술어 어미가 반복적으로 나타난다. 화자는 순수한 영혼인 죽은 아이를 회상하면서 자신은(아비) 여전히 살고 있다는 것에 대해 죄의식을 느낀다. 김종삼은 이와 같은 비극적 정황을 어휘적 회기를 통해 반복, 강조하여 시적 메시지에 대한 정보를 강조한다. 이 시의 1연에서 사용된 '~로다'는 삶의 모든 살아있는 것들을 지칭하는 서술어다. 이 시를 읽는 독자들은 아이를 잃은 부모의 심정이 되어 텍스트 속의 '아비'가 미쳤다가 정상인으로 돌아오는 과정을 함께 겪는다. 김종삼은 텍스트에 반복적인 정보를 배치하여 말하고자 하는 심층의 의도를 강조하고, 메시지를 수용자가 함께 공유하도록 유도한다. 이 텍스트에서 "어린 아이", "악기", "피리"는 순결한 천상의 이미지를, "日月", "대지에 피어난 만발한 뭉개구름" 등의 자연현상과 "석공인 아비"는 지상의 죄 많은 영혼을 의미한다. 이 텍스트에 나타난 시인 특유의 이분법적 사유는 다른 시에도 지속적으로 나타난다. 즉 '어린이, 음악'과 관련된 것은 순수하고 평화로운 천상의 것으로, 시인 자신이나 현실적 삶에 해당되는 것들은 비극적이고 죄 많은 영혼을 대표한다. 화자가 추구하는 아름다운 것은 '아이'와 '악기' 등 순수한 영혼으로 이 세상에 오래 머물지 못하는 것들로 규정된다. 「音樂-마라의 '죽은 아이를 追慕하는 노래'에 부쳐서」는 텍스트 언술구조의 하나인 의도적인 회기를 활용하고 있다. 김종삼은 회기법을 사용하여 시적 이미지를 강조하고 메시지를 강조하려는 의도를 보여준다. 김종삼은 텍스트에 어휘적 회기를 사용하여 표층적으로 시의 리듬감을 살리고 시적 긴장감을 유지하며 자신의 의도를 구체적으로 형상화하는 언술구조를 지향한다.

> 뿔과 뿔 사이의 처량한 박치기다 서로 몇 군데
> 명중되었다 명중될 때마다 산 속에서 아름드리
> 나무 밑둥에 박히는 도끼의 소리다.
> 도끼 소리가 날 때마다 구경꾼들이 하나씩
> 나자빠졌다.
> 연거푸 나무 밑둥에 박히는 도끼 소리
>
> -「피카소의 낙서」 전문

「피카소의 낙서」는 이미 사용한 구성요소들인 "도끼 소리"를 다른 품사나 부류로 전환해서 사용하는 부분 회기법의 텍스트다. 세 개의 "도끼 소리"는 서술어→주어→서술어로 문장 성분이 바뀌면서 회기된다. "도끼 소리"의 반복은 "처량한 박치기"를 강조하여 구경꾼들에게 충격적인 모습을 구체적으로 암시한다. 이 텍스트는 김종삼의 시론을 살펴볼 수 있는 메타시로 그의 산문인 '의미의 白書'에서 그 내용을 확인할 수 있다.[46] 그는 울창한 정신의 수림에서 진정한 언어를 찾아 끊임없이 도끼질하는 자신의 모습을 암시하여 치밀하고 진정한 詩作 태도가 어떤 것인지를 보여준다. 「피카소의 낙서」는 "도끼소리"를 반복 회기하여 한 편의 시를 '제작'하는 일이 얼마나 힘겨운 일인가를 구체적으로 보여준다. 화자는 그것을 "뿔과 뿔 사이의 처량한 박치기"라고 단정적으로 말한다. 김종삼은 텍스트 내에서 하나의 구성요소를 다양한 품사로 전환하

46) 나는 릴케가 말한-새로운 언어개념에 대해서 경건히 머리를 수그리는 기쁨을 오늘에 이르기까지도 잊어버리지는 않고 있다. 그는 말하기를 새로운 언어란 언어의 도끼가 아직도 들어가 보지 못한 깊은 樹林 속에서 홀로 숨쉬고 있다고 말했다. 말하자면 함부로 지껄이는 언어들은 대개가 아름다운 정신을 찍어서 불태워 버리는 이른바 언어의 도끼와 같은 수단에 지나지 않음으로 그와 같은 언어 속에는 새로운 말이라는 것이 없다는 게 우리들의 라이너 마리아 릴케의 持論이다.
김종삼, 「의미의 백서」, 『김종삼 전집』, 나남출판, 2005, 297쪽.

면서 부분 회기하여 시적 메시지를 강조한다. 이 텍스트의 특징은 표층 내용과는 전혀 관계없어 보이는 제목을 달아 시의 의미를 쉽게 파악하기 힘들다는 것이다. 그러나 이 텍스트는 내용과는 이질적인 제목을 달아 그 의미를 유추하게 만드는 이중적 기능을 가진다. 이 텍스트에서 화자는 새로운 화풍으로 충격적이고 선구적이었던 피카소의 畵法을 닮은 시를 쓰고 싶다는 정보를 암시한다. 즉 이 시의 화자가 닮고 싶은 것은 그 시대에 선구적이었던 피카소와 같은 열정적이고 새로운 시작법이다. 이런 해석은 1연 4, 5행의 "구경꾼들이 하나씩 나자빠졌다"는 진술을 통해 유추가능하다. 왜냐하면 텍스트의 화자가 독자들에게 충격적인 반응을 얻을 수 있는 작품을 쓰고 싶다는 강한 열망을 감지할 수 있기 때문이다. 이와 같은 부분적 회기법은 한 표현의 존재는 다른 표현을 진기하게 하거나 전적으로 새로운 것을 만드는데[47] 이 텍스트에서 활용한 부분 회기법에 대한 적절한 언급이다. 김종삼은 세 개의 "도끼소리"를 부분적으로 회기 하는 언술구조로 자신의 詩作에 대한 처절한 노력을 구체적으로 형상화한다.

김종삼은 어휘적 회기를 이용한 언술구조를 사용하여 시의 리듬감과 도상적 효과를 만들고 시적 이미지를 형상화한다. 즉 하나의 구성요소를 다양한 품사로 변환하여 자신의 메시지에 구체성을 준다. 「피키소의 낙서」처럼 다소 난해한 김종삼의 시들은 제목과 언술구조의 관계를 유추하여 해석 가능하다.

1.2. 병행구문(paralleism)

병행구문은 회기 과정이 정보를 반복함으로써 텍스트의 정보성을 감소시키는 단점을 보완하여 동일한 형식에 좀 다른 의미내용을 담거나 동일한 의미 내용을 다른 형식에 실어 반복 표현하는 것이다. 병행구문

---

47) Beaugrande · Dressler, 앞의 책, 85쪽.

은 동일한 표층 표현 형식에 다른 의미 내용을 채워서 다시 사용하는 것이다. 김종삼의 텍스트에 나타나는 병행구문의 양상은 반복되는 정보를 통해 시적 의미를 구체화하여 시적 메시지를 확고히 한다.

내용 없는 아름다움처럼

가난한 아희에게 온
서양 나라에서 온
아름다운 크리스마스 카드처럼

어린 羊들의 등성이에 반짝이는
진눈깨비처럼

-「북치는 소년」 전문

이 텍스트의 굵게 처리한 부분이 병행구문의 언술구조다. 이 시의 제목에서 연상되는 북소리는 시인의 회상에 들어있는 심상이지만 그것은 "내용 없는 아름다움"이며 "어린 양들의 등성이에서 반짝이는 진눈깨비처럼" 곧 사라져버리는 것으로 화자에게는 이미 가치를 상실한 것이다. 이미 가치를 상실했기에 화자에게는 손에 닿을 수 없는 더욱 소중하고 아름다운 것으로 남는다. 이 텍스트는 '~처럼'을 완전 회기하고 있으며 동일한 의미 내용을 다른 형식에 실어서 "내용 없는 아름다움"의 존재를 강조한다. 이것은 서술어가 생략된 미완결 시행의 텍스트이지만 「북치는 소년」이라는 제목을 생략된 부분에 채워 넣으면 전체적 의미를 유추할 수 있다. 이 텍스트는 「피카소의 낙서」처럼 제목으로 전체적 내용을 유추하게 제작된 것으로, 이와 같은 방법은 김종삼의 특징적인 시작법 중의 하나다. 그는 동일한 형식에 좀 다른 의미내용을 담거나 동일한 의미 내용을 다른 형식에 실어 반복 표현하는 병행구문(paralleism)을 활용하여 텍스트의 언술구조를 확고히 하고 하나의 메시지를 다양하게 강조하며, 시의 리듬감은 물론 도상적인 모던함을 보여준다.

> 온 終日 비는 내리고
> 가까이 사랑스러운 멜로디,
> 트럼펫이 울린다
>
> 二十八년전
> 善竹橋가 있는
> 비 내리던
> 開城,
> 호수돈 女高生에게
> 첫사랑이 번지어졌을 때
> 버림 받았을 때
>
> 비옷을 빌어 입고 다닐 때
> 寄宿舍에 있을 때
>
> 기와 담장 덩굴이 우거져
> 온 終日 비는 내리고
> 사랑스러운 멜로디 트럼펫이
> 울릴 때
>
> —「비옷을 빌어 입고」 전문

> 한 귀퉁이
>
> 꿈나라의 나라
> 한 귀퉁이
>
> 나도향
> 한하운씨가

꿈 속의 나라에서

뜬 구름 위에선
꽃들이 만발한 한 귀퉁이에선

지그문트 프로이트가
구스타프 말러가
말을 주고받다가
부서지다가
영롱한 달빛으로 바뀌어지다가

–「꿈속의 나라」 전문

위의 텍스트들은 동일한 형식에 좀 다른 의미내용을 담은 병행구문을 보여준다. 첫 번째 텍스트 「비옷을 빌어 입고」는 '~ㄹ 때'가 완전 회기되어 독자의 관심을 불러일으킨다. 이 시는 첫사랑의 애틋한 감정에 대한 기억을 병행구문으로 환기하여 그 의미를 확산시킨다. 세 번의 반복된 병행구문이 독자들과 함께 '첫사랑'의 감정을 체험하도록 유도하여 서로 다른 시간 속에서도 통일된 정서를 느끼게 한다. '첫사랑/ 이별', '비옷을 입었을 때/ 기숙사에 있을 때', '트럼펫/ 트럼펫이 울릴 때' 등 상반되는 짝패를 통해 화자의 사랑이야기를 지루하지 않게 풀어놓는다. 이 시에서는 서술어가 보이지 않는데, 김종삼은 의도적인 생략을 통해 독자들의 자발작인 상상력을 유도하고 그 내용을 유추하게 만든다. 이런 방법으로 김종삼은 독자들을 시 해석에 참여시켜 시적 효과와 울림의 파장을 극대화한다.

두 번째 텍스트 「꿈속의 나라」는 "한 귀퉁이"라는 어휘가 같은 의미내용을 담아서 '한 귀퉁이 → 꿈나라의 나라 한 귀퉁이 → 꽃들이 만발한 한 귀퉁이'로 점차 그 의미가 확대되고 구체화 되어 반복되는 병행구문을 이룬다. 이 같이 심화되고 확산되는 이미지는 5연의 정보를 강조하려는 의도로, 화자가 현실에서 가장 위안 받는 음악가들의 나라를 묘사하기 위해 초점이 모아진다. 김종삼은 병행구문이 나타나는 언술구조를 독자들의 시선을 한 곳으로 집중시키고, 주제를 심화하기 위한 시적 장치로 사용한다.

이 밖에도 표층표현과 의미내용과의 유사성을 표현하려는 의도로 그 도상성(iconicity)을 확실히 보여주는 텍스트가 있다. 특히 도상성을 보여주는 시적 언술구조는 시의 묘사성이나 외적인 모습을 중요시하는 모더니스트 김종삼에게 매우 적합한 기법이다.

빗방울이 제법 굵어진다
길바닥에 주저앉아
먼 산 너머 솟아오르는
나의 영원을 바라보다가
구멍가게에 기어들어가
소주 한 병을 도둑질했다
마누라한테 덜미를 잡혔다
주머니에 들어 있던 토큰 몇 개와
반쯤 남은 술병도 몰수당했다
비는 왕창 쏟아지고
몇 줄기 光彩와 함께
벼락이 친다
强打
强打

－「極刑」 전문

이 텍스트에서는 김종삼에게 금지된 술(말년엔 시인을 치명적인 죽음으로 몰고 간 술을 금지시킨 상태였다)을 "마누라" 몰래 훔쳐 마시다가 호되게 덜미를 잡히는 과정을 여과없이 볼 수 있다. 화자는 자신에게 닥친 매우 무섭고 위급한 상황을 천둥 번개가 치고 벼락이 치는 모습으로 표현한다. 이 시는 벼락이 치는 모습이 반복된 "强打"의 회화적인 도상성이 잘 나타나 있다. 1행에서는 비오는 날씨를 서술하고, 4행은 "나의 영혼을 바라보다가" 결국 화자는 더 이상 현실을 견딜 수 없다는 생각이 들자 술을 먹고 싶다는 생각을 떨쳐버리지 못한다. 왜냐하면 화자에게 이 순간 술은 구원으로 여겨지기 때문이다. 결국 도둑질까지 해서 얻은 소주 한 병을 몰수당했을 때의 심정이 얼마나 참담했는지 10～14행에 잘 표현되어 있다. 이 텍스트는 마지막 3행에서 벼락이 치는 모습을 한자어의 글자꼴과 병치적으로 사용하여 화자의 마음에도 벼락이 치는 모습을 실감나게 보여주고 동시에 표층적으로 텍스트의 도상성을 만드는 데 성공한다. 김종삼은 한자어인 "强打" 자체가 벼락 치는 글자꼴을 닮은 것에 착안해 마지막 2행의 병행구문으로 벼락 치는 모습을 더욱 실감나게 한다. 이런 도상성은 모더니스트인 김종삼이 자주 사용했던 회화적 이미지와 상통한다. 특히 화자가 마누라에게 벼락을 맞는 상황이 최악의 처벌인 "극형"으로 표현되어 있어 다소 과장스러움을 느낄 수 있다. 하지만 텍스트의 제목은 그때의 상황이 화자에게 얼마나 절절했는지 새삼 느끼게 한다. 김종삼은 이 같은 도상적 기법과 언어의 병치, 반복을 나타내는 언술구조를 적절히 사용하여 이미지의 강조는 물론 텍스트의 회화적 도상성을 유도한다.

1.3. 환언(paraphase)

다음 작품은 표현을 바꾸어 의미내용을 회기하는 환언(paraphase)의 언술구조를 보이는 텍스트다. 환언은 텍스트 내에서 같은 내용을 반복하면서 다른 표현을 사용하는 회기법이다. 이는 비유를 통해 그 이미지를 확산시키고 자신의 의지를 확고히 하려는 김종삼의 의도적인 언술구조이다.

나의 本은 선바위, 山의 얼굴이다.

그 사이
한 그루의 나무이다.
희미한 소릴 가끔 내었던
뻐국새다
稀代의 거미줄이다.

해질 무렵 나타내이는 石家이다.

－「나의 本」 전문(전집2)

「나의 本」은 1964년에 발표한 시이다. 자신의 정체성을 비유한 "나의 本"은 '선바위, 산의 얼굴→한 그루의 나무→뻐국새→稀代의 거미줄→石家'로 표현을 바꾸어 "나의 本"의 의미내용을 회기하는 환언의 구조를 가진다. 화자는 서로 공통점이 없는 단어들을 나열하여 자신의 '本'을 설명하면서 독자들의 호기심과 상상력을 증폭시킨다. 화자는 이 텍스트에서 자신이 추구하는 소중하고 진정한 것들을 자연물로 은유하는데, 그들 하나하나의 뚜렷한 해석은 불가능하지만 그 이미지로 화자가 추구하는 진정한 자아의 모습을 유추, 상상할 수 있다. 환언은 의미 내용은 같으나 다른 표현을 반복 사용하여 주제를 더 구체적으로 드러내고 그 의미를 확산하려는 의도로 사용한다. 결국 위에서 환언된 모든 단어의 내용은 한 가지, "나의 本"을 설명, 보충하여 묘사의 구체성을 확보하려는 의도를 가진다. 이와 같은 언술구조를 지닌 텍스트로는 「나의 본적」[48]이 있다. 이 텍스트들의 주제는 화자 자신의 정체성 찾기이다. "나의 本"은 비유되는 것들 사이의 거리가 너무 멀어 시적 긴장감이 크

48) 「나의 本籍」은 시인이 1968년 『본적지』(성문각)에 발표한 것으로 1964년 『문학춘추』에 발표한 「나의 本」과 창작 방법이 유사하다. 여기서도 "나의 본적"이 '마른잎→거대한 계곡→잎새푸른 눈을 가진 한 여인의 영원히 맑은 거울→독수리→교회당 한 모퉁이→인류의 짚신, 맨발'로 환언된다. 「나의 本」은 「나의 本籍」을 쓰기 위한 습작시로 보는 시선도 있지만, 본고는 김종삼의 작품 가운데 같은 제목으로 여러 편의 시를 제작한 경우가 많은 것으로 미루어 이것도 한 편의 독자적인 시로 볼 것이다.

다. 김종삼은 환언으로 느슨해지기 쉬운 긴장감을 다양한 비유를 유려하게 사용하여 시적 긴장감을 유지한다. 김종삼은 환언을 사용한 언술구조를 적절히 활용하여 그 의미를 확산시키고 주제를 구체화하며 독자들에게 다의적인 해석을 유도한다.

> 마지막 담너머서 총맞은 족제비가 빠르다.
> 집과 마당이 띄엄띄엄, 다듬이 소리가 나던 洞口
> 하늘은 바른 마음을 가진 사람들이 있다고 대낮을 펴고 있었다.
>
> 군데군데 잿더미는 아무렇지도 않았다.
> 못 볼 것을 본 어린 것의 손목을 잡고
> 섰던 할머니의 황혼마저 학살되었던
> 僻地이다.
> 그 곳은 아직까지 빈사의 독수리가 그칠 사이 없이 선회하고 있었다.
> 원한이 뼈무더기로 쌓인 고혼의 이름들과 神의 이름을 빌려
> 號哭하는 것은 洞天江邊의 갈대뿐인가
>
> –「어둠에서 온 소리」 전문

이 텍스트는 화자의 비극적 경험인 전쟁의 참상을 고발한다. 「어둠에서 온 소리」는 화자의 트라우마인 경험적 사실을 구체적으로 표현하기 위해 환언의 언술구조를 사용했다. 화자는 전쟁의 비극을 겪은 한 공간을 '洞口 → 僻地 → 그곳 → 洞天江邊'으로 변환하여 표현한다. 즉 같은 내용을 다르게 표현하는 환언의 언술구조를 사용했다.

"다듬이 소리가 나던 평화스런 동구"와 "할머니의 황혼마저 학살되었던 벽지"와 "호곡하는 것은 동천강변의 갈대"를 환언 회기하여 화자가 겪었던 시대의 아픔과 비극을 환기하는 시적 효과를 배가한다. 결과적으로 "僻地"는 행복했던 공간에서 할머니가 돌아가신 비극적인 공간으로, 슬픔의 극에 달한 화자의 기억을 호곡하는 "갈대"가 펄럭이는 황

폐한 공간인 "동천강변"으로 점층 확대되어 주제를 구체적으로 보충, 강조한다.

> 한 걸음이라도 흠잡히지 않으려고 생존하여 갔다.
>
> 몇 걸음이라도 어느 성현이 이끌어 주는 고되인 삶의 쇠사슬처럼
> 생존되어 갔다.
>
> 아름다운 여인의 눈이 세상 욕심이라곤 없는 불치의 환자처럼
> 생존하여 갔다.
>
> 환멸의 습지에서 가끔 헤어나게 되며는 남다른 햇볕과 푸름이
> 자라고 있으므로 서글펐다.
> 서글퍼서 자리 잡으려는 샘터, 손을 잠그면 어질게 반영되는 것들.
> 그 주변으로 색다른 영원이 벌어지고 있었다.
>
> –「이 짧은 이야기」 전문

이 텍스트의 1~3행 역시 같은 내용의 반복을 통해 다른 표현을 하는 환언의 언술구조를 가진다. 1, 3행은 "생존하여 갔다"라는 수동형 서술어를 사용하여 자발적인 삶이 아닌 타의적 삶을 유지하고 있는 화자의 모습을 표현한다. 1행은 "한 걸음이라도 흠잡히지 않으려고" 애쓰며 타인과 맞추어 살려고 자발적으로 노력한 삶을, 3행은 "아름다운 여인의 눈이" 혼탁한 세상과 유리되어 "불치의 환자처럼" 그냥 살아가고 있었다는 것을 말한다. 1행은 자신이 힘겹게 살아가는 모습을, 3행은 고결한 어머니의 생을 지칭한다. 2행에 쓰인 "생존되어 갔다"는 피동형 서술은 화자가 현실의 무게에 눌려 "고되인 삶의 쇠사슬처럼" 끌려다니는 것을 강조하기 위한 것이다. 「이 짧은 이야기」는 화자가 힘겹게 이어온 비극적 삶에 대한 이야기다. 김종삼은 같은 표현을 수동과 피동으로 변환하

여 시적 의미에 변화를 꾀했다. 즉 환언을 사용하여 지루해지기 쉬운 의미의 반복을 피하고 시적 의미를 명료하게 만든다. 이민호는 이제까지 살펴본 회기법, 부분 회기법, 병행구문, 환언의 사용은 텍스트에 담긴 의미내용소나 그 구성 간의 관계를 강조하기 위해 사용되는 것으로 등가성[49]의 경우가 가장 많다고 보았으며 이들 결속 장치는 의미내용의 안정성과 정확성이 실제적인 측면에서 대단히 중요한 결과를 가져온다고 밝혔다.[50] 이 말은 김종삼의 텍스트에 나타나는 회기법은 시적 메시지 강조와 주제의 구체성을 주는 데 매우 중요한 언술구조라는 것을 뜻한다.

김종삼은 회기법의 언술구조를 사용하여 이미지의 강조는 물론 회화적 묘사성을 돋보이게 하며 자신의 의도를 구체적으로 형상화한다. 김종삼은 회기법의 언술구조로 주제를 구체적으로 보충하고 심화하여 독자들의 시선을 한 곳으로 집중시켜서 시적 긴장감을 유지한다.

이 논문은 실제로 김종삼의 언술구조에 나타나는 이 같은 패턴의 재활용 빈도를 살펴본 결과 그의 시 전체인 217수를 대상으로 살펴보았을 때 회기법 79수, 도상성이 5수, 병행구문이 36수, 환언이 22수임을 발견했다. 김종삼은 텍스트에 나타나는 언어적 회기법과 병행구문, 환언 등의 언술구조를 활용하여 시의 의미를 강조하거나 이미지에 구체성을 주고 있으며 때로는 그 의미를 확산시키고 독자들의 상상력을 유발하기

---

49) '등가성' 개념은 기술언어학의 중심개념이었다. 그러나 우리가 이 개념을 사용할 때는 통상 어느 정도의 근사치를 말한다. 중요한 요인은 발화체들(또는 발화체 집단)이 동일한 일반 유형에 속할 때 그 실현적 체계가 지니는 안정성이다(Beaugrande · Dressler, 앞의 책, 89쪽).
등가의 원리를 배열에 적응해서 생기는 반복성은 시적 메시지의 구성소적 배열뿐 아니라 메시지 전체의 회기를 가능하게 한다. 직각적이든 지연적이든 간에 이러한 회기의 가능성, 시적 메시지와 그 구성성분의 구상화, 메시지가 영속적인 것으로 전환하는 것, 이 모든 것이야말로 시의 본질적이며 실효를 거둘 수 있는 특질들이라고 하겠다(R. Jakobson, 「언어학과 시학」, 『언어과학이란 무엇인가』, 김태옥 역, 문학과지성사, 1977, 173쪽).

50) 이민호, 앞의 논문, 18쪽.

위해 사용한다. 지금까지 살펴본 결과 회기법은 김종삼의 텍스트에 일정한 패턴을 나타내는 언술구조로 시인에게 독특한 개성을 부여하는 시적 장치이다.

2. 생략법

김종삼의 텍스트는 회기법을 사용하여 시적 메시지를 구체화하고 시의 리듬감과 도상적 효과를 준다. 반면 생략법의 언술구조를 보이는 텍스트들은 지나치게 압축적이어서 난해하다. 이와 같은 텍스트들은 지나친 정보의 생략으로 독자들에게 해독의 어려움을 안겨주는 요인이 되기도 하지만 텍스트의 공백에 독자들을 참여시켜 상상력을 극대화시키는 역할을 하기도 한다. 여기서는 김종삼이 자주 사용하는 생략법(ellipsis) 중에서 지배적으로 나타나는 문장성분의 생략과 압축을 의도한 代用形(pro-form)을 살펴볼 것이다. 이 두 가지 방법은 단형의 시 형식에 간결성과 효율성을 높이는 데 공헌하는 것으로 詩作에 필수적이다. 보그란데 R. de Beaugrande는 생략이 허용되는 경우는 많은 논란이 있지만 그 점은 문법적 요구가 서로 다른 데서 기인하며 여기서는 표층 텍스트의 불연속성이 통각적으로 포착될 경우[51]이며 주어진 보기가 정말로 생략을 포함하고 있는지의 문제는 궁극적으로 경험으로 해결해야 한다고 언급했다.[52]

대용형은 효율성을 높이기 위한 것으로 그들이 대신하는 표현들에 비해 짧기 때문에 그것을 처리하는 노력은 줄일 수 있지만, 그들이 지시하는 표현들의 위치나 의미를 결정하는 데 어려움이 있어서 생략했던 노력을 다시 들여야 하는 단점이 있다. 대용형은 주로 대명사나 지시어로 표현되는 경우가 많으며 효율성과 더불어 간결성과 명료성을 높일 수

51) 여기서는 텍스트 사용자가 어떤 표층구조를 불연속적이라고 보는가 하는 문제.
52) Beaugrande · Dressler, 앞의 책, 103쪽.

있는 언술구조이다.

2.1. 주어와 서술어 생략

문장성분을 생략할 때 시인은 독자와의 소통과정에서 독자로 하여금 생략된 부분을 감지하여 그들의 상상력으로 텍스트의 여백을 구성하길 바란다. 문장성분의 생략은 텍스트 상에서는 문법적 일탈이며 통사의 일시적 단절이지만 독자로 하여금 상상력을 유도하는 틈을 마련해주는 것이다. 이 같은 공백 상태를 통해 시인은 독자들을 자발적으로 텍스트에 참여시킨다. 독자들은 다양한 개인적 상상으로 시적 표현을 재창조하고 환기하여 수용미학을 즐긴다. 생략법이나 대용형은 김종삼이 자주 사용하는 언술구조다. 여기서는 김종삼의 텍스트에 가장 많이 나타나는 주어의 생략과 서술어의 생략을 살펴보자.

> 전쟁과 희생과 희망으로 하여 알리어진
> 좁은 구호의 여의치 못한 직분으로서 집없는 아기들의 보모로서
> 어두워지는 어린 마음들을 보살펴 메꾸어 주기 위해
> 역겨움을 모르는 생활인이었습니다.
>
> 그 여인이 쉬일 때이면
> 자비와 현명으로써 가슴 속에 물들이는
> 뜨개질이었습니다.
>
> 그 여인의 속눈썹 그늘은
> 포근히 내리는 눈송이의 색채이고
> 이 우주의 모든 신비의 빛이었습니다.
>
> –「여인」 부분

이 텍스트는 주어가 생략된 언술구조다. 시 텍스트에서는 주어의 생략이 낯설지 않다. 일반적으로 나타나는 주어의 생략은 독자들이 쉽게 유

추할 수 있는 경우다. 그러나 김종삼의 텍스트에 나타난 주어 생략의 언술구조는 일상적인 주어의 생략과 달리 쉽게 유추하기 힘들다. 따라서 텍스트의 정보를 생략하여 의미의 공백을 만드는 언술구조는 김종삼의 의도적인 시적 장치이다. 김종삼의 텍스트에 나타나는 생략법은 "불안스러운 문체" 혹은 "구문의 불완전함" 등 이경수에 의해 이미 지적된 것으로 김종삼의 시세계를 효율적으로 보여주기 위한 의도적인 언술구조다.

이 텍스트의 1연은 묘사된 주체가 누구인지 알 수가 없다. 또 2연의 "뜨개질이었습니다"라는 서술어의 주어는 어디서도 찾을 수가 없다. 3연 1행에서 "그늘은"은 문장 속에서 주어 역할을 하고 있지만 "자비와 현명으로써 가슴 속에 물들이는 뜨개질"이라고 묘사된 대상이 무엇인지 정확하지 않다. 이처럼 정보가 차단된 텍스트에서 독자들은 주어가 사라진 자리를 상상력의 공간으로 메워야하기 때문에 텍스트를 한 번 읽어서는 쉽게 해독하기 힘들다. 다만 김종삼의 텍스트에 나타난 언술구조나 그의 독특한 詩作 방법의 하나인 본문과 제목 사이의 관계를 연상하며 참조할 수밖에 없다. 일단 「여인」이라는 일반적인 제목으로 보아 화자의 가슴에 있는 한 여인의 자화상이라고 유추할 수 있으나 그 여인이 구체적으로 어머니인지 연인인지는 정확히 알 수가 없다. 김종삼의 텍스트에서 '여인(어머니)'이나 '음악', '아이' 등의 단어가 거느린 이미지들은 순수함과 천상의 평화로운 이미지를 가지기 때문에 독자들은 이와 관련된 모든 것을 상상해볼 수밖에 없다. 이처럼 김종삼은 주어의 생략이라는 문법적 일탈의 언술구조를 통해 하나의 단어에 다양한 이미지를 환기시키고 통사의 단절을 불러와 문맥 간의 틈을 만든다. 김종삼의 생략법을 사용한 언술구조는 독자들이 스스로 시 해석에 참여하도록 하여 의미의 다의성을 유도한다. 생략법은 김종삼의 지배적인 언술구조로 짧은 시형의 텍스트에서 효율적으로 주제를 확산시키고 시의 문맥을 풍부하게 만든다.

산마루에서 한참 내려다 보이는
초가집
몇 채

하늘이 너무 멀다

얕은 소릴 내이는
초가집
몇 채
가는 연기들이

지난 일들은 삶을 치르노라고
죽고 사는 일들이
지금은 죽은 듯이
얕은 소릴 내이는
초가집
몇 채
가는 연기들이

-「소리」 전문

이 텍스트는 서술어가 생략된 경우로, "연기들이" 반복되면서 병행구문의 패턴을 이룬다.「소리」에서는 "연기들이"라는 주어와 호응되는 서술어를 찾아볼 수가 없다. 이 텍스트에서 서술어를 볼 수 있는 것은 2행뿐이다. 나머지 3연의 서술어 역시 찾을 수가 없다. 특히 3, 4연의 주어인 "연기들이"의 서술어는 독자들의 상상력에 맡겨야한다. 이 같은 문장성분의 생략은 필히 독자들의 참여를 독려하여 시적 상상력을 확대한다. 과연 시인이 의도한 "가는 연기들이"의 서술어는 무엇일까? 독자들은 이 난해한 여백에 다양한 서술어를 상상하며 여백의 미를 즐길 수 있다.

희미한
風琴 소리가
툭 툭 끊어지고
있었다

그동안 무엇을 하였느냐는 물음에 대해

다름아닌 人間을 찾아다니며 물 몇 桶길어다 준 일밖에 없다고

머나먼 廣野의 한복판 얕은
하늘 밑으로
영롱한 날빛으로
하여금 따우에서

-「물 桶」 전문

이 텍스트는 2, 3연에서 서술어의 생략이, 4연에서는 주어와 서술어의 생략이 동시에 나타난다. 전체적인 의미는 유추 가능하지만 구체적인 뜻은 파악하기 힘들다. 1연은 현재 화자의 정황을 묘사한 것으로, "풍금 소리"로 보아 화자가 추구하는 신성한 곳의 풍경을 뜻한다. 2, 3연은 시인이 의도적으로 연을 구분하여 그 중요성을 부각시킨다. 즉 신성한 곳으로 가기 위한 전단계로 화자는 "인간을 찾아다니며 물 몇 통 길어다" 주는 일을 해야 하는 것이다. 이 두 연의 주어는 생략되어 있지만 유추 가능하다. 그러나 4연의 생략된 주어와 서술어는 상상력을 발휘해야 한다. 4연 1, 2행의 생략된 주어는 위의 연에서 묘사된 "풍금 소리"로, 서술어는 "끊어지고 있었다"를 반복 대입해볼 수 있다. 즉 4연 1, 2행을 완성하여 보면 '희미한 풍금 소리가/ 머나먼 광야의 한복판 얕은/ 하늘 밑으로/ 툭 툭 끊어지고 있었다'로 유추해 볼 수 있다. 4연 3, 4행도 3연을 대입하여 문장을 완성하여 보면 '나는/ 영롱한 날빛으로/ 하여금 따

우에서/ 인간을 찾아다니며 물 몇 통 길어다 준 일밖에 없다'로 유추 가능하다. 즉 화자에게는 이 땅에서 "물 몇 통" 길어다 주는 일이야말로 매우 중요한 임무이며 그것의 의미를 확장하면 시 쓰기에 대한 은유까지 나아간다. 화자는 인간에게 꼭 필요한 물을 배달하는 일이야말로 영혼의 물을 공급하는 시 쓰기와 동일하다고 생각한다. 김종삼은 텍스트에서 주어와 서술어를 수시로 생략하는 언술구조를 이용하여 독자들을 난해하게 만들고 시적 상상력을 독려해서 해석의 다의성을 유도한다. 이경수는 김종삼 시의 형식적 특징을 불안스러운 문체의 흐름과 구문의 불완전함이 불완전하고 서먹서먹한 낯선 세계를 보여준다고 언급했는데[53] 이 말은 김종삼의 텍스트에 자주 나타나는 언술구조인 생략법으로 인한 비문법적 표층구조를 일컫는다.

시적 문장에서는 비문법적인 표층구조를 많이 볼 수 있는데 이것은 시적 문장이 가진 다의성과 주관성, 간결성에 기인하는 것이다. 김종삼의 텍스트에 나타나는 생략적 문장구조는 독자에게 쉽게 정보를 허락하지 않는 전략으로 해독이 난해하다는 평가를 받지만 이런 텍스트 언술구조의 특이성이 그의 시에 개성인 '내용 없는 아름다움'을 부여하는 의도적인 장치로 활용된다.

2.2. 원관념 생략

지금까지 문장의 문법적 성분인 주어와 서술어의 생략법에 대해 살펴보았는데 김종삼은 수사법에서도 비유되는 것의 원관념을 생략하여 해석의 어려움을 초래한다. 해석의 어려움을 겪는다는 것은 독자들의 자발적 참여를 필요로 한다는 것이다. 비유에서 원관념을 생략하는 것은 표층적으로 보아 문법적인 문장 성분이 생략되는 것은 아니지만 맥락상의 단절로 의미 해석의 어려움을 낳는다. 원관념 생략은 표층적인 문장의

53) 이경수, 앞의 책, 259쪽.

문법 성분을 생략하진 않지만 문맥 간의 의미를 생략하므로 지배적인 언술구조로 볼 수 있다. 김종삼의 텍스트에 나타난 수사적 방법들은 원관념의 생략으로 정보가 차단되어 독자들에게 호기심을 유발한다. 독자들은 원관념이 부재한 텍스트를 해석하기 위해 다양한 비유의 언어를 상상하는 즐거움을 얻게 된다. 그 이유는 독자들은 집중적이고 반복적인 해독으로 텍스트에 차단된 정보를 찾아가는 과정을 몸소 체험하기 때문이다. 이런 부분적 공백에 대해 보그란데 R. de Beaugrande와 드레슬러 W. Dressler는 텍스트에 나타나는 중요한 공백(gap)은 갱신(update)을 통해 텍스트의 세계가 어떻게 진전될 것인가를 추론할 수 있다고 했다.[54] 즉 사건이나 상황에 대한 인지적 개념으로 추론할 수 있다는 것이다. 다음은 원관념이 생략된 비유의 언술구조이다.

내용 없는 아름다움처럼

가난한 아희에게 온
서양 나라에서 온
아름다운 크리스마스 카드처럼

어린 羊들의 등성이에 반짝이는
진눈깨비처럼

– 「북치는 소년」 전문

이 텍스트는 '문장성분의 반복'을 보여주는 회기법에서 예시했던 시이다. 김종삼이 자주 사용한 언술구조인 '~처럼'이 완전 회기되고, '~처럼'이 비유하고 있는 원관념이 생략되어 있어서 시의 의미내용을 자세히 분석하기 힘들다. 다만 비유적으로 은유와 환유가 함께 쓰였으며 제

54) Beaugrande · Dressler, 앞의 책, 110쪽.

목으로 원관념을 유추해야만 한다. 여기서 직유법으로 쓰인 "내용 없는 아름다운처럼", "아름다운 크리스마스 카드처럼", "진눈깨비처럼"의 원관념은 제목에 사용된 '북소리'일 가능성이 높다. 「북치는 소년」은 1969년에 발표된 시집 『십이음계』(삼애사)에 수록된 것이다. '북치는 소년'이라는 제목의 노래는 김종삼이 시를 발표한 시기의 크리스마스 때면 거리에서 자주 들을 수 있었던 성탄절 노래의 제목을 그대로 차용한 것이다. 화자는 '북치는 소년'이라는 노래를 들을 때면 평화로운 북소리 뒤편의 쓸쓸함을 회상한다. '북소리'는 과거의 심상으로 화자의 마음에 자리하고 있던 아픈 기억이다. 어릴 적 들었던 그 노래 소리는 성탄절의 축복처럼 신비롭고 아름다웠지만 가난하기만 했던 화자에게는 한갓 "내용 없는 아름다움"이었다. 그것은 3연의 "어린 양들의 등성이에 반짝이는/ 진눈깨비처럼" 바로 녹아버리는 부질없는 아름다움이었지만 화자에게는 쓸쓸한 아름다움으로 남아있다. 수용자는 「북치는 소년」에서 사용한 직유법의 원관념이 생략된 부분 때문에 시 해석의 난해함을 겪는다. 독자들은 시 읽기의 반복을 통해 불연속적인 부분을 유추하려 하지만 불연속적인 부분은 시인만의 개인체험이기에 상상하기 힘들다. 독자들은 이 공백을 자신의 체험으로 메우면서 자연스럽게 시 속에 참여하게 된다. 독자들은 개개의 체험과 상상력을 대입시켜 김종삼의 「북치는 소년」을 해석해야 하기에 다양한 상상이 가능하다.

> 사람은 죽은 다음
> 천국이나 지옥에 간다 하지만
> 나는 틀린다
> 여러 번 죽음을 겪어야 할
> 아무도 가본 일 없는
> 바다이고
> 사막이다

작고한 心友銘
全鳳來 詩
金洙暎 詩
林肯載 文學評論家
鄭 圭 畵家

–「掌篇 · 3」 전문

「掌篇 · 3」 역시 비유의 원관념이 생략되었다. 1연의 6, 7행의 비유는 원관념이 없다. 5~7행의 "아무도 가본 일 없는/ 바다이다/ 사막이다"는 주어도 생략되고 원관념도 생략되어 무엇을 비유한 것인지 모른다. 그러나 앞의 진술을 통해서 그 생략된 원관념은 현재 화자의 삶이라는 것을 추측할 수 있다. 왜냐하면 1연 1~3행의 서술이 그것을 뒷받침 해주기 때문이다. 대부분의 사람들은 죽은 후에나 "천국이나 지옥"을 간다고 믿지만 화자는 현재의 삶이 바로 "죽음이고 지옥"이라고 생각한다. 화자에게 현실은 "바다" 혹은 "사막"이다. '천국/바다', '지옥/사막'은 서로 짝패로 '삶/죽음'에 대한 은유이다. 김종삼의 이런 시적 관점이 그를 현실부재의 시인이라고 평가하게 만들었다. 이렇게 추측할 수 있는 것은 2연의 작고한 친구들의 이름 때문이기도 하다. 1연에 이어 죽은 예술가들을 나열한 것은 화자 자신의 현실이 죽음과 다르지 않음을 실감하기 때문이다. 2연은 작고한 친구들을 나열하여 자신의 현실이 "바다/사막"이라는 것을 나타내기 위한 의도적인 장치이다.

김종삼의 생략법은 주로 텍스트의 문장성분과 비유의 원관념을 생략하고 있지만 시 의미의 난해성을 초래하는 정보의 생략도 많이 나타난다. 다음은 텍스트의 정보를 생략한 경우다.

새 한 마리 날마다 그맘때
한 나무에서만 지저귀고 있었다.

어제처럼
세 개의 가시덤불이 찬연하다.
하나는
어머니의 무덤
하나는
아우의 무덤
새 한 마리 날마다 그맘때
한 나무에서만 지저귀고 있었다.

-「새 한 마리」 전문

「새 한 마리」는 1연과 3연이 반복 회기되는 언술구조를 가진다. 이 텍스트는 주어, 서술어, 원관념의 생략이 아닌 정보의 생략을 보여준다. 2연의 "세 개의 가시덤블이 찬연하다"는 진술에 대해서 "하나는 어머니, 하나는 아우"라고 명시하지만 나머지 하나의 무덤에 대해서는 정보가 생략되어 있다. 그렇다면 여기서 나머지 하나의 무덤이 누구의 것인지에 대한 다양한 추측은 독자의 몫이다. 시의 내용으로 보아서는 이 시 1연에 서술된 "새 한 마리"의 무덤이라고 보는 것이 타당하다. 그 "새 한 마리"가 화자를 은유한 것으로 볼 수 있는 것은 삶이 곧 죽음이라고 생각하는 김종삼의 비극적 세계관 때문이다. 김종삼은 주어와 서술어의 생략과 비유적 생략, 정보의 생략을 통해 일탈적인 문장을 구사하여 독자들에게 다양한 상상력을 촉발한다. 김종삼의 시가 난해한 이유는 텍스트가 표층 구조상 정보를 단절시키는 언술 구조와 정보의 공백화를 가져오는 의미론적 구조를 갖기 때문이다. 이 말은 김종삼의 언술구조가 의도적으로 정보를 차단하여 독자들을 난해하게 만들며, 이와 같은 난해성은 김종삼이 부조리한 현실에서 탈출하여 환상적인 세계나 내면세계를 추구하고 있다는 것을 의미하기도 한다. 김종삼은 주어와 서술어의 생략에 이어 비유되는 것들을 생략하고 정보까지 생략하여 시적 모호성과 난해성의 원인을 제공한다. 이처럼 생략을 통한 지나친 텍스트의 압축은 표층구조상 시 해석의 불연속성을 제시하여 독자들의 자발적 참여를 요구한다. 이것은 비문법적인 구문을 만들어서 독자들의 다양한 상상력을 촉구하고 시의 문맥을 넓히며 텍스트의 주제를 확산한다.

2.3. 대용형(pro-form)

대용형(pro-form)의 경우는 표층 텍스트에서 명확한 의미내용이 들어갈 자리에 특정한 의미가 없는 경제적이고 짧은 낱말이나 표현을 넣는 언술구조를 말한다. 김종삼은 대용형을 사용하여 모든 것을 다시 언급하지 않고서도 그 의미내용을 기억하게 한다. 대용형은 단형의 시적 문장에서 주제를 효율적으로 전달하고 강조하기에 적절한 방법이다. 대용형의 언술구조에서 가장 대표적으로 사용되는 것은 명사나 대명사로, 이것은 명사나 명사구를 대신해서 의미기능을 발휘한다.

> 군데군데 잿더미는 아무렇지도 않았다.
> 못 볼 것을 본 어린 것의 손목을 잡고
> 섰던 할머니의 황혼마저 학살되었던 僻地이다.
> 그 곳은 아직까지 빈사의 독수리가 그칠 사이 없이 선회하고 있었다.
>
> -「어둠에서 온 소리」 부분

> 나는 입원하여도 곧 죽을 줄 알았다
> 십여 일 여러 갈래의 사경을 헤매이다가 살아나 있었다
> 현기증이 심했다.
> 마실을 다니기 시작했다.
>
> … (생략) …
>
> 중환자실 후문인 철문이 덜커덩 소리를 내이며 열리면 모두 후다닥
> 몰려 나가는 곳이 중환자 보호실 대기실이었다.

한 아낙과 어린 것을 안은 여인이 나를 유심히 보고 있었다. 나는 냉큼 손짓으로 인사하였다.
그들은 차츰 웃음을 짓고 있었다 말벗이 되었다.
그인 살아나야만 한다고 하였고 오래된 저혈압인데 친구분들과 술추렴하다가 쓰러졌다.

– 「앞날을 향하여」 부분

첫 번째 텍스트 「어둠에서 온 소리」의 2연 5행의 굵게 표시된 "그 곳은" 앞에서 제시한 명확한 의미내용이 들어갈 자리에 특정한 의미가 없는 경제적이고 짧은 낱말이나 표현인 대명사가 대신 사용되었다. 대용형으로 사용된 "그 곳은"이 지시하는 내용은 "동구" 또는 "벽지"이나 앞에서 진술한 내용을 다시 언급하지 않고서도 그곳이 지시하는 내용을 알 수 있다. 독자들은 시인이 지시한 문제의 핵심을 다시 한 번 짚어보게 된다. "그 곳은" 처음에는 평화로운 곳이었으나 전쟁을 겪은 후 "할머니의 황혼마저 학살되었던 벽지"로 변했으며 결국에는 호곡하는 갈대들이 있는 "동천강변"으로 바뀌어 나타난다. 대용형으로 사용된 "그 곳은"은 점층적으로 구체화된 정보를 재확인하게 해준다. 대용형의 언술구조는 동일한 공간에 대한 기억을 구체적으로 묘사하여 독자들에게 그때의 상황을 정확히 알려준다. 위의 텍스트 「어둠에서 온 소리」에 사용한 대용형의 언술구조는 전조응(anaphora)이며 지시대상 뒤에 주로 사용한다. 전조응은 이미 알려준 정보를 다시 언급하여 텍스트 안에서 '그 곳'을 다시 구체화하고 강조하는 역할을 한다.

두 번째 텍스트의 "그들도" 앞에서 제시한 내용인 "한 아낙과 어린 것을 안은 여인"을 대신하여 사용한 대용형이다. 이 시는 김종삼의 후기시로 그의 병세가 악화되어 병상생활을 할 때 병원의 다양한 곳(시체실, 특별치료병동, 중환자 대기실 등)을 두루 다니며 인간 군상들을 스케치한 것이다. 여기서 대용형으로 쓴 "그들은" 남편이 중환자실에 있는 여인과 그의 아이 모두를 지칭한다. 또 "그"는 텍스트의 뒤에서도 거듭 사용하여 여인의 남편에 대한 사실들을 부연하지 않기 위한 대용형으로 쓰였다. 김종삼은 「어둠에서 온 소리」, 「앞날을 향하여」에서 전조응의 대용형을 사용한 언술구조로 독자들에게 시의 내용을 효율적으로 알려준다.

> 그해엔 눈이 많이 나리었다. 나이 어린
> 소년은 초가집에서 살고 있었다.
> 스와니江이랑 요단이랑 어디메 있다는
> 이야길 들은 적이 있었다.
> 눈이 많이 나려 쌓이었다.
> 바람이 일면 심심하여지면 먼 고장만을
> 생각하게 되었던 눈더미 눈더미 앞으로
> 한 사람이 그림처럼 앞질러 갔다.
>
> – 「스와니江이랑 요단江이랑」 전문

이 텍스트는 첫 행부터 대용형을 사용했다. 첫 행에 사용한 "그해"의 '그'는 "나이 어린 소년이 살던 때"를 지칭한다. 시적 화자인 소년은 "스와니강이랑 요단강"에 대한 이야기를 들으며 살았던 어린 시기를 회상한다. 이와 같은 대용형은 앞에 나오고 지시하는 내용을 뒤에 배치해서 독자들의 궁금증을 유발시키는 후조응(cataphora)의 경우이다. 독자들은 '그'가 지시하는 내용이 나타날 때까지 공백상태에 머물게 되어 호기심과 상상력을 자극하게 한다. 「스와니江이랑 요단江이랑」은 표층 텍스트에서 대용형을 먼저 제시하고 정보를 나중에 알려주어 시적 긴장감을 유지한다. 후조응은 불확실성을 생성하여 수용자의 관심을 고조시키기 위해 사용하는데, 표층 텍스트에 일시적인 문제를 일으켜서 수용자로 하여금 그 이야기 속에 몰입하게 하는 효과를 가진다. 후조응의 대용형은 의미내용의 일부에 주의를 집중시키는 효과를 주려고 할 때 사용하는 시적 장치이다. 김종삼은 전조응과 후조응의 대용형을 적절히 사용하는 언술구조를 이용하여 텍스트의 정보를 구체화하고 독자들에게 궁금증을 유발시킨다.

머지 않아 나는 죽을 거야
산에서건
고원지대에서건
어디메에서건
모차르트의 플루트 가락이 되어
죽을 거야
나는 이 세상에 맞지 아니하므로
병들어 있으므로

－「그 날이 오며는」 부분

이 시도 후조응의 대용형을 사용했다. 텍스트의 문장에는 사용하지 않았지만 제목에서 "그 날"을 사용하여 앞으로 일어날 일을 미리 알려주고 있다. 과연 "그 날"에 무슨 일이 일어날 것인지 독자들의 궁금증을 유발한다. 이 텍스트의 대용형은 독자들에게 이 시를 끝까지 읽게 유도하여 시적 긴장감을 늦추지 않는 효과를 준다. 앞의 생략법들이 문장성분을 지나치게 압축하여 시의 내용을 난해하게 만든다면 대용형은 앞의 내용이나 사실을 다시 설명하는 효과를 주어 시 해석의 어려움은 전혀 없다. 대용형은 단형의 시 텍스트에 효율적인 언술구조다.

지금까지 김종삼의 텍스트에 나타난 생략법과 대용형의 언술구조를 살펴보았다. 이 언술구조의 쓰임을 살펴보면 생략보다 대용형을 많이 사용한 것을 알 수 있다. 김종삼의 시 217편을 대상으로 살펴보았을 때 생략은 28수, 대용형은 64수로 파악됐다. 생략과 압축의 언술구조 사용은 반복법 다음으로 많은 것으로 김종삼의 텍스트에 개성적인 언술구조임을 확인할 수 있다. 김종삼은 생략과 대용형을 적절히 사용하여 시의 간결성과 효율성을 높여주는 것과 동시에 독자들에게 공백을 마련해주어 시 해석에 함께 참여하도록 유도한다. 그러나 지나친 생략과 압축으로 시의 의미가 모호해져 시 해석의 어려움이 있다는 지적을 받는다. 이와 같은 텍스트들은 김종삼의 시가 난해하다는 평가를 받기도 하지만 텍스트에 다의적인 의미를 산출하고 상상력을 높이는 장점이 되기도 한다. 생략법과 대용형은 김종삼의 개성적인 텍스트를 형성하는 매우 중요한 언술구조이다.

3. 불연속적 시제와 의도적인 행갈이

시제는 시인의 시간의식과 미의식이 결합된 수사적 형태로서 시 속에 나타나는 시간은 시적 효과를 만들기 위한 상상적인 시간이다. 대부분의 서정시는 순간의 문학으로 현재 시제를 주로 사용한다. 왜냐하면 서정시는 순간에 그 본질이 있기 때문이다. 서정시인은 현재시제를 사용하여 한 편의 시를 완성하지만 김종삼은 하나의 텍스트에 의도적으로 시제를 혼용한다. 이것은 그의 개성적인 시적 전략의 하나이므로 살펴볼 필요가 있다.

시의 리듬은 시의 행을 통해 수행된다. 따라서 시를 시답게 하는 것은 행을 배치하는 방법에 기인한다고 할 수 있다. 시인들은 행이나 연을 의도적으로 행갈이 하여 작품의 주제를 강조하거나 시적 사실을 실감나게 한다. 김종삼은 의도적인 행갈이를 통해 어떻게 시적 발화를 효율적으로 전달하는지 살펴보자.

3.1. 시제의 혼용

김종삼의 텍스트는 시제[55]의 혼용을 보여준다. 한 개의 텍스트 속에

55) 시제는 담화 행위와 관련된 시간을 나타내기 위한 동사의 굴절을 가리킨다.

현재와 과거의 시제가 혼재한다. 김종삼의 텍스트에 나타나는 시간의 불연속은 과거와 현재가 맞물려 있는 상황을 보여주어 그의 시세계를 파악하는 데 매우 중요하다. 김종삼은 시제의 불연속을 활용하여 텍스트 세계에서 시간적 구성에 개재되는 복잡성과 주관성이 얼마나 엄청난가 하는 점을 강조한다.

예술작품이 대상화되고 한계가 정해지는 것에 대해, 예술의 순수한 개념은 영구히 확정된 어떤 영역을 범위로 하는 것이 아니라 그때그때의 순간적이고 깨어지기 쉬운 평형 상태 속에서 이루어진다고 할 수 있다. 그러한 평형은 끝없이 새로운 자체 거부의 과정을 수반하는 자아와 무의식적 충동의 영역 사이에서 심리적인 평형과 단순한 비교 이상의 의미 있는 관계를 지닌다. 모든 예술 작품은 하나의 순간이다. 성공한 작품은 모두 집요한 관찰자의 눈앞에 나타나는, 과정의 순간적 정지 상태라고 아도르노Theodor W. Adorno는 언급한다.[56) 이 말은 시간이 일정한 비율로 경과한다는 견해보다는, 시간적 지속성뿐만 아니라 그 구조와 중요도가 서로 다른 여러 상황과 사상 간의 관계가 훨씬 더 결정적인 역할을 한다는 보그란데와 드레슬러의 견해와 동일한 것이다. 이것은 현재만이 실재적 존재를 가지며, 신체는 영속적인 현재 속에 존재하며 신체의 지속은 확장된 현재, 즉 신의 몸체의 위대한 현재 속에 속하는 시간의 전체성을 말하는 들뢰즈의 크로노스(Chronos)의 시간과도 일맥상통한다.[57) 김종삼의 텍스트에 빈번하게 나타나는 불연속 시제의 사용은 시인이 현재까지도 '확장된 현재'인 과거의 상황을 매우 중요하게 생각

56) 테어도오 W. 아도르노, 『미학이론』, 홍승용 역, 문학과 지성사, 1984, 19쪽.

57) 들뢰즈는 스토아학파의 어려운 사유를 크로노스(Chronos)의 시간과 아이온(Aion)의 시간으로 설명한다. 위의 설명처럼 크로노스의 시간은 현재만이 실제적 존재를 가지며, 그 신체는 영속적인 현재 속에 속하는 시간의 전체성을 뜻하고 아이온의 시간은 과거와 미래, 기억과 기대의 차원은 실재적 존재를 갖지 못하지만 미분화되지 않은 무정형의 일시성, 즉 현실화된 현재의 순간으로 들어간 본 적이 없는 과거와 미래로 뻗어나가는 부정사와 동사의 시간을 말한다(로널드 보그, 『들뢰즈와 문학』, 김승숙 역, 동문선, 2006, 46쪽).

하고 있다는 것이다. 이와 같이 텍스트 내에서 시제의 혼용을 자주 보여준다는 것은 김종삼이 의도적으로 과거에 대한 회상을 불러내어 현재를 살아내는 원동력으로 삼고 있다는 것이다. 김종삼은 텍스트의 불연속적 시제를 의도적으로 사용하는 언술구조로 과거에 대한 중요성을 환기하고, 그것을 잊지 말아야한다는 시적 메시지를 강조한다.

廣漠한地帶이다기울기
시작했다잠시꺼밋했다
十字型의칼이바로꼽혔
다堅固하고자그마했다
흰옷포기가포겨놓였다
돌담이무너졌다다시쌓
았다쌓았다쌓았다돌각
담이쌓이고바람이자고
틈을타凍昏이잦아들었
다포겨놓이던세번째가
비었다.

–「돌각담」 전문[58)]

많은 평자들이 언급했던 「돌각담」 전문이다. 1957년 『전쟁과 음악과 희망과』(자유세계사)에 1차 수록된 이 텍스트는 발표된 시기로 보아 전쟁 중의 죽음 풍경을 현재화했다. 형태상으로도 띄어쓰기, 문장부호를 생략하여 문자의 돌각담을 쌓고 있는 것처럼 보여 모더니스트인 김종삼

58) 이 시는 『한국전후문제시집』(신구문화사, 1957)에는 3연으로 이루어진 일반적인 서정시로 기록되어 있으나 후에 위와 같은 형태의 시로 바뀌었다. 첫 행에 "다음부터"가 삭제되고 3행의 "잠시 거밋했다"와 마지막 행의 "포겨놓이던 세 번째가 비었다"가 첨가되어 돌담 모양의 형태로 만들었다. 이것은 돌담 형태를 강조하고 부재의식을 강화한 것으로 김종삼의 시세계의 변화를 짐작할 수 있는 것으로 매우 중요하다. 또 '전집1'에는 '十字架의 칼'로 표기되어 있으나 '전집2'에는 '十字形의 칼'로 표기되어 있다. 십자형의 칼은 십자가의 형태를 묘사한 것이다.

의 면모를 새삼 확인할 수 있는 시다. 황동규는 「돌각담」을 자유연상에 의한 이미지의 조합과 부재의식의 시로 언급했고,[59] 민영은 이 시를 시인 李箱의 시에서 느껴지는 폐쇄된 불안과 공포, 격절의식으로 보았으며,[60] 김종삼을 '부정의 시학'으로 평가한 이경수는 이 시를 해체된 형상들을 재조립하며 형태상의 완벽성을 추구하고 있는 것으로 보았다.[61] 기존의 이러한 논의들은 김종삼의 시세계의 한 단면을 평가한 것이다. 「돌각담」은 문장을 이어붙이고 다시 일정한 간격으로 끊어서 배열하여 돌각담의 모습을 재현하고 있으며 마지막 행의 여백을 통해 돌각담의 한 부분이 비어있는 것을 시각적으로도 확인할 수 있게 제작되었다. 이 시의 내용은 전체적으로 부재와 허무의식이 짙게 깔려 있다.

이 시에 사용된 서술어를 통해 알 수 있듯 이 텍스트는 시제의 불연속을 보여주는 언술구조를 가진다. 우선 형태를 통해 돌각담의 모습을 시각적으로 강조하고 있으며 의도적으로 띄어쓰기를 하지 않고 있어 형태상의 완벽성을 꾀하려는 시인의 의도가 엿보인다. 「돌각담」 첫 행의 서술어를 현재형으로 시작한 것은 텍스트의 화자가 과거의 '돌각담'을 쌓는 현장에 있는 것처럼 그때의 상황을 실감나게 묘사하려는 의도를 가지고 있기 때문이다. 이것은 과거의 비극적 사건이 시인의 세계관을 지배하고 있으며 흘러간 과거는 시인에게 늘 현재인 것처럼 생생하게 살아있다는 것을 증명한다. 잃어버린 시간은 존재했던 것들의 소멸, 존재들의 변화에 대해 사유하도록 강요하며 그것은 친숙했던 사람들을 다시 보게 되는 뜻밖의 계시(啓示)이다. 왜냐하면 더 이상 우리에게 익숙하지 않게 되어버린 그 사람들의 얼굴은 시간의 기호들과 시간의 영향을 순수한 상태로 지니고 있기 때문이다.[62] 따라서 헛되이 보내버린 이 시간 안에 진실이 있다는 것을 깨닫게 한다. 시제의 불연속을 이용한 언

---

59) 황동규, 「잔상의 미학」, 『김종삼 전집』, 청하, 1988, 253쪽.
60) 민 영, 앞의 글, 272쪽.
61) 이경수, 앞의 책, 261쪽.
62) 질 들뢰즈, 『프루스트와 기호들』, 서동욱 · 이충민 옮김, 민음사, 2004, 43쪽.

술구조는 잃어버린 시간을 되찾아 주어 텍스트의 현장감을 높여주고 과거의 사건을 현재처럼 느끼게 하는 효과를 준다. 시제의 불연속을 보여주는 김종삼의 시들은 대부분 그의 내적 트라우마로 자리 잡은 충격적인 사건들(죽음, 전쟁 등)이 주제로 나타나는 시들이나 그가 평소에 그리워했던 행복한 어린 시절을 회상하는 시들에서 종종 볼 수 있다. 대부분의 시인들은 현재를 과거와 미래를 함께 소유한 것으로 느끼는 역사적 현재(HISTORICAL NOW)를 사용하는데 비해 김종삼은 두 가지 시제를 혼용하여 자신의 과거를 강조하고 현재화한다. 평자들이 김종삼의 텍스트를 현실부재의식의 시로 평가하는 것은 잃어버린 과거에 집착하는 이와 같은 시들과 관련이 있다.

> 밤하늘 湖水가에 한 家族이
> 앉아 있었다
> 평화스럽게 보이었다
>
> 家族 하나하나가 뒤로 자빠지고 있었다
> 크고 작은 人形같은 屍體들이다
> 횟가루가 묻어 있었다
>
> 언니가 동생 이름을 부르고 있다
> 모기 소리만하게
>
> 아우슈뷔츠 라게르
>
> – 「아우슈뷔츠 라게르」 전문

전쟁의 비극성과 인간 부재의 역사적 현장을 고발한 「아우슈뷔츠 라게르」는 불연속적인 시제를 사용한 언술구조의 텍스트다. 2연의 2행과 3연의 1행을 현재형 서술어를 사용하여 과거 집단학살 현장인 '아우슈뷔츠 라게르'의 현장을 화자가 직접 목격한 듯 생생하게 묘사한다. 유태인

대학살이라는 전대미문의 사건을 뜻하는 아우슈비츠는 김종삼의 기억에 치명적인 사건으로 자리 잡고 있으며, 그것은 언제나 현재화되어 시인의 심상에 생생하게 남아있다. 김종삼이 이와 같은 대량학살에 대한 메시지를 중요시하는 것은 그가 학살을 목격했던 한국전쟁을 몸소 겪었기 때문이다. 1, 2연의 과거시제에서 3연의 현재시제로 넘어오는 상황은 독자들에게 과거의 기억을 환기하게 하여 함께 그 비극을 느끼도록 하다가 갑자기 그때의 상황 속으로 직접 빨려 들어가게 하는 효과를 의도한 시적 장치다. 비극을 직접적으로 체험하게 만들어 사건을 생생하게 전달하려는 것이다. 김종삼은 이 텍스트로 이 세상에 죽음을 불러온 비극적 전쟁에 대한 강력한 메시지를 고발하며 독자들에게 생생한 현장감을 느끼도록 한다. 김종삼의 텍스트에 나타난 언술구조의 특이성인 불연속적 시제의 사용은 과거의 사건에 대한 현장감을 높이는 방법으로, 이것은 과거를 중요시하는 시인의 세계관과 관계가 있다.

「아우슈뷔츠 라게르」는 현재 시제와 함께 묘사의 과거체를 함께 사용했다. 묘사의 과거체는 시인이 즐겨 사용하는 옛이야기의 서사와 관련이 있으며 묘사의 과거체와 서사(이야기), 즉 사건에 대한 회상(analepsis)과 예상(prolepsis)이 동시에 나타난다. 회상(recollection)은 인간의 생애 중 가장 친밀한 사건들, 일회적이고 특수한 사건들을 개인적 인식의 단위로 단순화하고 구성하는 '개인적 기억'으로서 비공유성을 그 본질로 한다.[63] 기억의 약점이 자기중심적이며 대부분의 시의 나르시스적 성질이 생긴다고 말한 스펜더 E. H. Spender의 불평은 이 회상의 본질만으로 기억을 생각했기 때문이다. 회상은 과거와 개인적으로 의미관련을 가지는 사적인 기억작용으로 '나-다움(me-ness)'의 성질을 가진다.[64] 김종삼은 묘사의 과거체를 사용하여 개인적인 기억을 이야기시로 풀어내어 현실화한다. 김종삼이 시제를 혼용하여 사용하는 것은 장면제시적인 효과와

63) Richard Kuhns, *Literature and Philosophy*, Routledge & Kegan Paul, 1971, p.118.
64) 김준오, 앞의 책, 386쪽.

동화적인 효과를 통해 '나- 다움'을 보여주기 위한 방법이다.

> 새 한 마리 날마다 그맘때
> 한 나무에서만 지저귀고 있었다
>
> 어제처럼
> 세 개의 가시덤불이 찬연하다
> 하나는
> 어머니의 무덤
> 하나는 아우의 무덤
>
> -「한 마리의 새」 부분

이 텍스트는 김종삼의 지배적 언술구조인 회기법과 시제의 혼용이 동시에 나타난다. 2연의 내용은 정보의 공백으로 시해석이 난해하다. 「한 마리의 새」는 1, 3연에서는 과거시제를 사용하고 정보가 사리진 문제의 2연은 현재시제를 사용했다. 이 텍스트 2연의 정보로 보아 화자는 가족 중에 이미 두 명을 잃은 것으로 진술되어 있다. 여기서 생략된 정보를 해석하기 위해서는 "새 한 마리"가 누구인지 유추해보아야 할 것이다. 이 텍스트는 시제의 혼용을 사용하여 시적 화자가 드러내려는 죽음의 비극성을 현재화하고, 이미지화한다. 이것은 2연의 현재 시제로 사용한 "세 개의 무덤"에 의미를 실으려는 김종삼의 의도이다. 이런 의도는 정보의 생략으로 독자들의 궁금증을 유발하여 텍스트를 반복하여 읽도록 하며 텍스트의 긴장감을 유지하기 위한 것이다. 2연 1, 2행의 묘사는 의도적으로 시제를 혼용하여 죽음의 비극성을 넘어 삶의 불모성을 느끼게 한다. 정보가 생략된 「한 마리의 새」와 같은 텍스트는 단정적인 해석보다는 독자들에게 중의적인 상상력을 요구한다. 그러나 전체적인 시적 상황으로 보아 시인의 당면한 죽음과 관련이 있다. 개인적 체험이 시인에게서 자신과 구별되지 않을 만큼 육화되어야 비로소 하나의 시행으로 태어나듯이 삶을 죽음과 동일시했던 김종삼의 현실인식으로 미루어 현재의 힘겨운 삶을 무덤으로 환치해서 보여준 것이라는 추측이 가능하다. 왜냐하면 김종삼은 현실을 죽음의 세계와 별반 다르지 않다고 생각하기 때문이다. 이처럼 김종삼의 에피소드적 체험인 죽음에 대한 기억은 무의식에 저장되어 있다가 텍스트 안에서 시적 소재나 주제로 나타난다. 이 시는 김종삼의 환상성을 보여주는 텍스트로 묘사의 과거체와 현재 시제를 혼용하여 시적 상황을 실감나게 하고 이야기의 구체성을 배가시킨다.

3.2. 의도적인 행갈이

시의 구조는 형태상으로 행(行, line)과 연(聯, stanza)으로 되어 있다. 행은 단어 · 구 · 절이나 그것들이 합하여 구성되고, 연은 하나의 행 또는 행의 연합으로 구성된다. 따라서 한 연은 한 행으로도 이루어질 수 있다. 김종삼의 지배적 언술구조의 하나로 빼놓을 수 없는 것은 의도적인 행갈이다. 본 논문은 행갈이를 연 구분을 포함한 포괄적 의미로 사용한다. 왜냐하면 행(行, line)은 한 단어로 이루어질 수도 있고 한 연은 한 행으로도 이루어질 수도 있기 때문이다.

시인들이 시와 행을 나누어 사용하는 이유는 리듬이나 이미지, 그 의미를 강조하기 위해서다. 시의 리듬은 시의 행을 떠나서는 존재할 수 없는 것으로 리듬이란 행을 등가체계로 만들어내는 것이기 때문이다. 기표의 우세와 기표의 반복과 함께 행들로 조직된다는 것이 다른 산문과 구분되는 시적 담론의 특징이다.[65] 특히 러시아 형식주의자들은 분행을 통하여 전통 율격을 파괴하여 소리와 의미에 충격을 주는 '낯설게 하기'를 시도했다. 모더니스트 김종삼은 의도적 행갈이를 통해 텍스트의 행과 연을 조절하여 리듬감을 살리기보다는 시 형태의 회화적 이미지나 의미를 강조한다. 그는 미완결 시행과 의도적인 행갈이로 텍스트의 정보성이

---

65) 김준오, 앞의 책, 149쪽.

나 상황성을 조절하고 높임으로써 시 의미에 다양성을 부여하고 시적 긴장감을 높인다.

1) 결정짓기 어려웠던 구멍가게 하나를 내어 놓았다.
2) <한푼어치도 팔리지 않았음은 물론이고>
3) 오늘도 지나간 것은 분명 차 한 대 밖에
4) 그새
5) 키 작고 현격한 간격의 바위들과
6) 도토리 나무들이
7) 어두움을 타 들어앉고
8) 꺼먼 시공 뿐.
9) 선회되었던 차례의 아침이 설레이다.
10) 드빗시 산장 부근

–「드빗시 山莊」 전문

이 시는 의도적인 행갈이와 분련을 통하여 텍스트의 지루함을 방지한다. 김종삼의 텍스트들은 이와 같은 방법으로 시적 긴장을 유지하고 있는 경우가 많다.「드빗시 山莊」의 경우 처음 1), 2), 3)은 의도적으로 한 행을 공백으로 놓아두어 전통시의 리듬을 파괴하는 대신 소리나 의미에 충격을 주거나 강조하려는 의도를 가진다. 김종삼은 시적 현실을 재구성하여 지루한 시간의 흐름을 실감나게 보여주기 위해서 드문드문 한 행을 배치하여 화자의 현재 상황인 지루함이나 비루함을 보여주는 데 성공한다. 4)~9)행까지는 분련 하지 않고 붙여 써서 새로운 이미지를 획득한다. 즉 어둠이 첩첩 내려앉는 풍경에 대한 정보성을 높이기 위해 행을 붙여서 효율적으로 배치했다. 시인은 다양한 결속구조와 결속성을 완전히 만족하지 못하는 텍스트를 사용할 수도 있고 또한 실제로 사용한다. 그러므로 텍스트성을 판정하는 기준에 사용자들의 태도(attitude)를 포함시키게 된다.[66] 즉 독자들은 텍스트가 소통이라는 본질적인 목적을 가지고 있는 한 결속구조나 결속성에 장애가 있더라도 어느 정도의 관용을 보이는데 보그란데와 드레슬러는 이것을 텍스트성의 기준 중의 하나인 "의도성과 용인성"이라고 정의했다. 시인은 의도적으로 분행을 하여 독자들에게 상상력을 불러일으키게 하고 독자들로 하여금 비워둔 행을 음미하여 이 시의 의도를 알아차리도록 상상력을 유발시킨다. 사실 위의 시는 나란히 붙여 써 주어도 그 뜻에는 커다란 변화가 없다. 그러나 독자들은 조금 지루했을 것이다. 그렇게 했을 때 리듬도 정적이고 시적 긴장감도 느슨하게 되어 시적 효과는 반감된다. 이처럼 4)~9)행까지 이어서 쓴 문장을 마지막 10행에 의도적으로 한 행을 띄어서 한 개의 연을 만든 것은 화자가 생활을 위해 어쩔 수 없이 운영해야만 하는 구멍가게를 "드빗시 산장"이라고 명명하여 현실에 환상성을 부여하기 위한 것이다. 화자는 지긋지긋한 현실을 어느 정도 견딜 수 있도록 의도적인 행갈이를 하여 자신의 비루함을 역설적으로 강조하려는 의도를 가진다. 이 시를 다음과 같이 붙여 썼을 때와 원문을 비교해보자.

> 결정짓기 어려웠던 구멍가게 하나를 내어 놓았다.
> <한푼어치도 팔리지 않았음은 물론이고>
> 오늘도 지나간 것은 분명 차 한 대 밖에-
> 그새 키 작고 현격한 간격의 바위들과 도토리 나무들이
> 어두움을 타 들어앉고 꺼먼 시공 뿐.
> 선회되었던 차례의 아침이 설레이다.
> - 드빗시 산장 부근
>
> -「드빗시 山莊」 전문

원래의 시를 이렇게 붙여놓고 보면 너무도 평범한 진술이 되어버린다. 김종삼은 의도적인 행갈이로 구조적 결속성은 강화하고 독자들에게는

---

66) Beaugrande · Dressler, 앞의 책, 167쪽.

의도적으로 공백을 제공하여 구체적인 이미지를 관념적인 세계로 끌고 가는 효과를 얻는다. 의도적인 행갈이를 한 시와 그렇지 않은 시를 비교해보면 의미의 차이가 많이 발생한다. 시의 행들을 붙여놓으면 의미의 확산은커녕 전하려는 메시지마저 축소되고 시적 효과가 사라진다. 즉 시적 긴장이 떨어진다. 그러나 원문 같이 텍스트를 의도적으로 행갈이하거나 분련하면 각 행의 의미가 확산되고 텍스트에서 시간의 흐름이 느껴진다. 김종삼은 화자의 지루한 시간을 독자들이 함께 느끼도록 유도하기 위해 의도적으로 행갈이를 사용한다. 즉 4)~9)행까지는 일부러 다닥다닥 붙여 써서 아침부터 저녁까지의 시간적 흐름을 유려하게 보여준다. 이처럼 짧게 분행된 시행은 하릴없이 반복되는 시간을 상보적으로 나타낸다. 아침부터 "어두움이 타 들어앉고" 결국 "꺼먼 시공"이 내려앉고 나면 시적 화자는 "선회하였던" 아침을 다시 기다려보는 것이다. 반복되는 지루한 삶이지만 화자는 현재 "드빗시 산장"에 있다고 생각하면서 조금의 희망을 가지게 된다. 이 시를 소리 내어 읽어보면 의도적으로 분행한 시인의 의도를 더욱 잘 느낄 수 있다. 다음은 묘사에 의한 관념적인 형태의 해석적 의미가 드러나는 텍스트이다.

1) 희미한
2) 風琴 소리가
3) 툭 툭 끊어지고
4) 있었다
5) 그동안 무엇을 하였느냐는 물음에 대해
6) 다름아닌 人間을 찾아다니며 물 몇 桶 길어다 준 일밖에 없다고
7) 머나먼 廣野의 한복판 얕은
8) 하늘 밑으로
9) 영롱한 날빛으로
10) 하여금 따위에서

–「물 桶」 전문

이 텍스트는 표층적으로 5), 6)만이 의미 연결이 가능하다. 전체적으로 연 사이의 의미적 연결이 불가능하다. 각각의 연은 단편적인 장면만을 보여줄 뿐이다. 특히 7), 8)의 "머나먼 廣野의 한복판 얕은/하늘 밑으로"는 구문적 연결 없이 결합되어 있다. 9), 10)의 "영롱한 날빛으로/하여금 따위에선"은 문장성분이 생략되어 있고 하나의 행을 의도적으로 행갈이 했다. 이처럼 불완전한 구문을 해석해서 이 그림을 완성하려면 각자의 상상력을 펼쳐야만 한다. 김종삼은 의미적 연결성이 있는 5), 6)연을 의도적으로 행갈이 하여 화자가 겪은 일에 대한 중요성을 부각시킨다. 즉 이 텍스트의 메시지를 강조한다. 또 4연의 9), 10) 마지막 두 행을 의도적으로 행갈이 하여 시행 사이에 공백을 보여주며 그 여백은 독자들에게 난해성과 함께 감동의 파장을 남긴다. 이런 공백이 독자들에게 시 해석에 참여를 유도한다. 김종삼은 의도적인 행갈이와 분련을 통해 시의 의미를 다의적으로 만들고 현실공간을 환상적으로 변화시킨다. 위의 텍스트를 붙여 쓴다면 「물 桶」은 시 해독이 어려운 매우 난해한 텍스트가 된다.

> 희미한 風琴 소리가 툭 툭 끊어지고 있었다
> 그동안 무엇을 하였느냐는 물음에 대해 다름아닌 人間을 찾아다니며
> 물 몇 桶 길어다 준 일밖에 없다고
> 머나먼 廣野의 한복판 얕은 하늘 밑으로
> 영롱한 날빛으로 하여금 따위에서
>
> －「물 桶」 전문

「드빗시 山莊」은 시의 모든 행을 붙여 썼을 때 평범한 진술의 텍스트가 되었다면 「물 桶」은 7)행 이후의 행이 의미의 불연속을 가져온다. 김종삼은 의도적인 행갈이를 통해 자신이 나타내고자 하는 메시지 부분인 5), 6)행을 강조한다. 의도적인 행갈이를 보여주는 5), 6)행을 제외한 나머지 행은 두 개의 연으로 배치하여 도상적인 안정성을 도모하고 메시

지에 구체성을 강조한다. 사실 5), 6)행을 제외하면 1)~4)행과 7)~10)행은 위치를 바꾸어 주어도 의미의 변화는 전혀 없다. 모든 시인이 사용하는 의도적인 행갈이가 시의 호흡 문제이거나 메시지 강조에 그치고 있다면 텍스트의 난해성을 보이는 김종삼의 의도적인 행갈이의 언술구조는 텍스트의 외형적 모습에 다양성을 부여하고 텍스트의 시간성을 조절하며, 시해석의 다의성을 유도하는 등 보다 폭넓게 사용된다. 오형엽은 「물 桶」에 나타난 전체적 상상력의 질서는 하늘과 땅 그리고 물(빛・소리)로 이루어져 있으며 「물 桶」은 '날빛→풍금소리→물 몇 통'이 '하늘-광야'의 배경 속에서 이미지의 연쇄를 이루고 있는 것으로 보았다.[67] 인간적인 모습이 극히 제한된 김종삼의 전체적인 텍스트에서 「물 桶」이 보여주는 인간적인 모습은 '인간을 찾아다님'과 '물을 길어다줌'의 행위를 통해 시적 가치와 방황의 여정을 동시에 보여주고 있어 주목할 만하다. 김종삼은 의도적인 행갈이를 통해 의미의 공백을 만들어 시적 여운을 남긴다. 그것이 김종삼 시에 '풍경의 배음'을 만든다. 따라서 의도적인 행갈이는 김종삼의 텍스트에 나타나는 지배적 언술구조로 그의 시에 개성을 부여한다.

> 1) 꿈에서 본 몇 집 밖에 안 되는 화사한 小邑을 지나면서
> 2) 아름드리 나무보다도 큰 독수리가 날아가는 것을 보면서
> 3) 來日에 나를 만날 수 없는
> 4) 未來를 찾아갔다
> 5) 소리없이 출렁이는 물결을 보면서
> 6) 돌부리가 많은 廣野를 지나
>
> –「生日」 전문

「생일」은 '~면서'가 반복 회기되고 있다. 이 텍스트의 화자는 "꿈에

67) 오형엽, 「풍경의 배음과 존재의 감춤」, 『한국 근대시와 시론의 구조적 연구』, 태학사, 1999, 350쪽 참조.

서 본" 소읍을 지나 "내일에 나를 만날 수 없는/ 미래"를 찾아가지만 그곳은 "돌부리가 많은 광야"를 지나야 만날 수 있는 곳이다. 그러나 그곳은 현실에는 부재하는 "꿈에서" 본 장소이다. 이 시의 화자는 자신에게 미래가 없다고 생각한다. 그래서 상상하는 풍경 역시 을씨년스럽다. 이 텍스트는 1)과 2)를 의도적으로 분련하여 상상적 풍경의 속도감을 감속시키고 화자 내면의 비애감을 높인다. "소읍"과 "큰 독수리"의 대비는 풍경의 비약을 통해 환상성을 유도하고 강조한다. 두 행을 붙였다면 화자가 처한 비극적 현실의 모습을 상상하기는 힘들었을 것이다. 이 두 개의 행은 다음에 이어지는 3), 4)행의 "來日에 나를 만날 수 없는 未來를 찾아갔다"는 현실에 없는 풍경을 보여주기 위한 의도적인 행갈이의 언술구조이다. 마지막 5), 6)행 역시 3연의 비현실적 상황을 보여준다. 이것은 화자가 생각하는 미래의 풍경으로 지독히 황량하고 고독한 모습이다.

"화가가 의문을 갖고 탐구하는 것은 물리적 세계로서의 자연이 아니라 우리들이 반응하는 것으로의 자연이다. 화가는 원인에 대해 관심을 갖는 것이 아니라 어떤 효과의 메커니즘에 관심을 쏟는다. 그가 문제 삼는 것은 하나의 심리적 문제이다. 즉 우리가 '현실'이라고 부르는 것 하고는 그림자 하나조차도 일치하지 않는데 그 속에서 설득력 있는 이미지를 추측해내는 그런 문제이다.[68] 곰브리치E. H. Gombrich가 언급한 화가의 작업은 회화성과 이미지를 중시하는 모더니스트 김종삼의 시 쓰는 작업과 일치한다. 김종삼의 의도적인 행갈이는 시적 효과의 매커니즘을 위한 언술구조이다. 만약 이 텍스트의 의도적인 분련이나 행갈이가 없다면 다음과 같다.

> 꿈에서 본 몇 집 밖에 안 되는 화사한 小邑을 지나면서
> 아름드리 나무보다도 큰 독수리가 날아가는 것을 보면서

68) E. H. 곰브리치, 『예술과 환영 Art and Illusion』, 차미례 역, 열화당, 1989, 69쪽.

來日에 나를 만날 수 없는 未來를 찾아갔다
소리없이 출렁이는 물결을 보면서
돌부리가 많은 廣野를 지나

-「生日」 전문

이렇게 붙여놓으면 시각적으로도 단순하지만 내용적으로도 환상성이 저하 된 평범한 문장이 되어버린다. 김종삼이 1), 2)행을 의도적으로 분련한 것과 3), 4)를 행갈이 한 것은 텍스트 의미의 분절은 물론 시적 이미지가 그림처럼 잔상에 남도록 시각적인 효과도 함께 노린 것이다. 이런 시적 파장은 의도적인 행갈이를 한 텍스트에서 지속적으로 나타난다. 황동규는 김종삼의 텍스트에 나타난 이와 같은 특징을 생략과 의도적인 공백을 보여주는 '여백의 시' 또는 '잔상의 미학'이라고 말했다. '잔상의 미학'이란 언어습관이나 일상 생활면으로 보아 꼭 있어야할 것을 꼭 있을 자리에서 빼버리고 그 빈자리에 앞서 나온 시행들의 울림을 있게 하는 것을 말하며 감각의 관성을 이용한 것이다.[69] 김종삼의 텍스트에 나타나는 다양한 부재의식은 깊이 뿌리박힌 '텅 빈' 곳, 즉 현실에 없는 그 무엇이기도 하지만, 의도적으로 관성의 특징을 이용하는 언술구조인 모든 정보가 차단된 묘사를 전략적으로 차용하는 것이다. 「生日」은 "화사한 소읍", "나무보다 더 큰 독수리의 비행", "소리 없이 출렁이는 물결" 들 사이의 의미가 비어있다. 독자들은 이 풍경의 틈을 각자의 상상력으로 메워 잔상의 아름다움을 즐길 수 있다. 이미지를 중시하는 김종삼은 텍스트를 한 편의 그림처럼 묘사한다. 그의 작업은 화가의 풍경 묘사와 같다.

김종삼은 미완결 시행과 분련을 포함한 의도적인 행갈이를 통해 리듬감과 주제를 강조함은 물론 의미에 다양성을 부여하고 텍스트의 정보성이나 상황성을 조절하여 시적 긴장감을 높인다. 의도적인 행갈이로 행간

69) 황동규, 「잔상의 미학」, 『김종삼 전집』, 청하, 1988, 251쪽.

에 의미의 공백을 만들어서 시적 이미지를 풍부하게 하여 시적 여운을 남긴다. 그것은 평자들이 지적한 '풍경의 배음'을 만들어내는 역할을 하여 잔상의 아름다움을 남긴다. 김종삼의 의도적인 행갈이는 그의 특징적인 언술구조이다.

4. 서술적인 성향

김종삼의 텍스트에 나타난 특징적인 서술적 성향을 살펴보면 묘사의 과거체를 사용한 서사구조와 텍스트의 자기 고백적 서술 경향 그리고 접속어 표현이다. 김종삼은 단형의 시에 자신의 개인적 경험인 과거 회상을 이야기로 풀어낸다. 이와 같은 서사구조의 텍스트들은 모두 묘사의 과거체를 사용하여 자신의 과거를 객관적으로 표면화한다. 서사기법의 차용은 텍스트의 이야기를 부각시키고 과거의 기억을 현재화하는 데 효과적이다. 김종삼의 자기 고백적 서술을 사용한 텍스트의 언술구조는 자신의 정체성이나 세계관, 자신이 지향하는 시 세계를 효과적으로 보여주기 위해 사용된다. 김종삼의 자기 고백적 서술 경향은 자신의 감정을 드러내지 않고 시적 거리를 일정하게 유지하여 시적 효과를 높인다. 또 하나의 서술경향인 접속어 표현의 사용은 사건과 상황의 관계를 명확히 해주고 의미 내용에 대한 정보성을 확고히 하기 위한 것이다.

4.1. 묘사의 과거체

시는 사물의 순간적 파악, 시인 자신의 순간적 표현, 인생의 단편적 에피소드, 영원한 현재 등으로 정의된다. 이처럼 서정시의 시제는 순간의 포착을 본질로 하기 때문에 현재를 사용하는 것이 일반적이다. 시는 연속적이고 역사적 또는 서사적인 시간에는 관심이 적다. 왜냐하면 결정적인 순간 속에 시인의 경험이나 비전이 존재하기 때문이다. 이처럼 현재를 중요시한 서정시는 1920년대 초 감상적 낭만시처럼 생의 순간적 파악만이 가능했던 시기에 주류화 되었다면 서사장르는 개인과 사회의 발전이 가능해진 안정된 시기에 나타났다. 신비평이 개별 작품에 대한 가치평가를 개인의 주관에 의해 작가의 위치가 좌우된다고 생각한 노드롭 프라이는 비평의 과학화를 위해서 서사(이야기)라는 용어를 만든다. 그 후 1960년대 후반 미국의 스콜즈Robert Scholes와 캘로그Robert Kellogg는 『서사의 본질』에서 서사의 의미를 재정립한다. 서사란 드라마와 서정시의 중간에 위치하여 누군가에 의해 말해지는 이야기이며 서사는 모방과 재현에 기초한 경험적 서사와 상징과 주관적인 진실에 의거한 허구적 서사로 나눌 수 있다.[70)]

시에서도 서사의 쓰임은 드물지 않다. 특히 서사시는 시에 서사를 적극적으로 수용한 경우다. 서사시는 한국 근·현대시에서 중요한 맥락 중의 하나이며 사회·역사적으로 우리 민족이 수난을 겪은 시기일 때 주로 창작되었다. 그것은 우리 민족의 고통과 수난의 삶을 표현하기 위한 시인들의 문학적 대응방식이었다. 그러나 김종삼의 텍스트에 나타난 서사 구조의 시들은 본격적인 서사시와는 다르다. 그것은 서정 양식의 서사화를 통해서 독자에게 이야기를 전달하는 형식이며 결과적으로 주제의식을 구현하기 위한 언술구조이다. 김종삼의 시에 나타난 서사구조는 시적 수용의 형태다. 즉 사실적인 또는 극적인 인식을 강조하기 위한 사건 및 상황이 있는 국면을 기술적으로 수용한 것이다.

글쓰기는 감각적인 시간을 언어로 재생시켜주는 수단이다. 그것은 기억을 통해서 내면 속에 가장 깊숙이 숨어있는 재화를 찾아 의식하는 자아를 향하여 거슬러 올라가는 여행이다.[71)] 그러나 인간의 두뇌는 용량에 제한이 있어서 표층자료들을 충분히 처리할 수 있을 만큼 오래 저장하지 못한다. 표층 자료들은 제시된 텍스트의 각 구성요소가 지니는 중

70) 권택영, 「잃어버린 시간을 찾아서-제라르 쥬네뜨의 '서사담론'」, 『소설을 어떻게 볼 것인가』, 문예출판사, 2004, 214-215쪽.
71) 김인환, 『줄리아 크리스테바의 문학탐색』, 이화여자대학교출판부, 2003, 353쪽.

요성에 따라 정보처리의 인지적 수단들이 분포되어 있는 작업 기억(working memory) 속으로 들어간다. 시청각적으로 지각되는 자료들에 대해서 지속되는 인상은 아주 짧은 시간 동안만 나타나고, 거기에 어떤 잠정적인 구조가 부과되는 것이며 이렇게 잠정적으로 구조화된 자료들은 좀 더 오랜 시간 지속될 수는 있지만 그것도 역시 얼마 안 되는 시간이다. 표층구조는 주로 '단기'(short-term) 기억장치 안에 보존되고, 개념 내용은 주로 '장기'(long-term) 기억장치에 보존된다.[72] 이처럼 지식을 저장하고 사용하는 데에는 서로 다른 두 개의 원리가 존재하는데, 털빙 Endel Tulving은 그 원리들을 구분하기 위하여 에피소드적 기억(episodic memory)과 의미론적 기억(semantic memory)의 개념을 소개했다.[73] 에피소드적 기억이란 자신의 경험('나에게 일어났던 일')의 기록인데 반해, 의미론적 기억은 사상과 상황의 구조(세상사 전반에 걸쳐 무엇이 타당하며, 그 모든 것들이 어떻게 서로 적합하게 되는가)와 같은 지식 구성체의 내재적 패턴을 반영한다. 물론 개인의 경험은 그 개인의 일반적 세계관 속으로 끊임없이 흘러 들어가고, 대신에 일반적 세계관은 경험을 체계화하는 데 강력히 작용한다. 표층 텍스트의 문체, 또는 그 텍스트의 대상인 사용자 집단(독자들)과 같은 변이적 요인들에 의해서 어떤 규칙성을 발견할 수 있다.

전후시기에 활동했던 김종삼의 작품들은 반복과 생략 등의 언술구조로 현대시의 개성을 지니지만 그 외에 눈여겨 보아야할 것은 시제의 불일치와 함께 소묘의 과거체를 사용하여 사건을 제시하는 서사적 구조의 서술 경향이다. 그는 주로 유년의 기억들을 재구성할 때 묘사의 과거체를 사용하여 텍스트에 이야기성을 부여한다. 묘사의 시는 그것이 서사적 구조를 가졌더라도 절제된 감정과 언어가 빚어내는 가시화된 이미지를 가진다. 서사구조의 차용은 과거의 경험을 실감나게 보여주고 그때의 상

72) Beaugrande · Dressler, 앞의 책, 69-70쪽.
73) 위의 책, 128-136쪽.

황을 구체적으로 묘사한다. 서사구조는 할 말이 많을 경우에 이야기의 흐름을 조절하며 시적 긴장을 유지하기 위해 주로 사용한다. 현실에 적응하지 못하고 과거에 집착했던 김종삼에게 유년의 회상은 매우 중요한 것이다. 시인의 유년시절은 가난했지만 사랑하는 가족과 함께 살았기에 일생 중 가장 행복한 시기였다. 어른이 된 후에도 유년의 불행했던 기억들은 아름답게 굴곡져 저장되어 있는 경우가 많아서 유년시절은 누구나 되돌아가고 싶은 시간이 된다. 과거의 해방은 현재와의 화해로 끝나지 않는다. 발견자가 스스로 자기에게 부과하는 억압에 대항해서 과거에 대한 방향설정은 미래에 대한 방향 설정으로 향하게 된다. 잃어버린 시간을 찾는 것은 미래의 해방으로 가는 수레가 된다.[74] 지금부터 김종삼의 서사기법을 차용한 에피소드적 기억의 텍스트를 보자.

> 옛이야기로서 고리타분하게 엮어지는 어렸을 제 이야기이다.
> 그 맘때만 되며는 까닭이라곤 없이 재미롭지도 못했고 죽고 싶기만 하였다.
>
> 그 즈음에는 인간들에게는 염치라고는 없이 보이리만큼 너무 지나치게 아름다움이 풍요하였던 자연을 가까이 하면 할수록 더욱 그러하였다.
>
> 고양이란 놈은 고양이대로 쥐새끼란
> 놈은 쥐새끼대로 웅크리고 있었고
> 강아지란 몸은 강아지대로 밤 늦게까지
> 나를 따라 뛰어 놀았다.
>
> 어렴풋이 어두워지며 달이 뜨는
> 수수대로 만든 바주 울타리 너머에는

74) H. 마르쿠제, 『에로스와 문명』, 김인환 역, 나남출판, 2004, 39쪽.

달이 오르고 낯익은 기침과 침뱉는 소리도 울타리 사이를 그때면 간다.
풍식이란 놈의 하모니카는 귀에 못이 배기도록 매일같이 싫어지도록
들리어오곤 했다.
자라나서 알고 본즉 「스와니江의 노래」였다.

선율은 하늘 아래 저 편에 만들어지는 능선 쪽으로 날아 갔고
내 할머니가 앉아 계시던 밭 이랑과 나와 다른 사람들과의 먼 거리
를 만들어 주기도 하였다.

모기쑥 태우던 내음이 흩어지는 무렵
이면 용당패라고 하였던 해변가에서
들리어오는 오래 묵었다는 돌미륵이 울면 더욱 그러하였다.
자라나서 알고 본즉 바닷가에서 가끔 들리어 오곤 하였던 고동소리
를 착각하였던 것이었다.

– 이때부터 세상을 가는 첫출발이 되었음을 몰랐다.

–「쑥내음 속의 童話」 전문

이 텍스트는 화자가 어른이 되는 과정을 그린 이야기의 구조를 가진다. 이와 같은 서사구조는 모방과 재현에 기초한 경험적 서사에 해당하는데, 김종삼의 에피소드적 기억을 그대로 드러낸 제목에서부터 '童話'라는 단어를 발견할 수 있다. 이 시는 전체적으로 묘사의 과거체를 사용하여 시적 의미를 서사화 한다. 1연 1행은 "옛이야기로서 고리타분하게 엮어지는 어렸을 제 이야기이다"라고 구체적으로 설명하며 유년을 회상(analepsis)한다. 화자는 과거의 "너무 지나치게 아름다움이 풍요하였던 자연" 속에서 주위의 모든 것들이 자유롭고 평화스러웠지만 "까닭이라곤 없이 재미롭지도 못했고 죽고 싶기만 하였"던 것을 기억한다. 여기서 1, 2, 6연은 서사에서 '멈춤'에 해당되는 것으로 어떤 한 순간 등장인물

의 의식에 오가는 생각들을 끝없이 서술해나가는 기법에 해당된다. 3, 4, 5연은 서사구조의 '요약'으로 시인이 평면서술을 하는 것이다. 이 시의 시간은 전설 같은 "돌미륵의 울음소리"가 현실적인 "뱃고동소리"로 들리는 시기로 넘어가는 사춘기 시절이다. 의도적으로 행갈이 된 마지막 연의 "이 때부터 세상을 가는 첫출발이 되었음을 몰랐다"는 진술을 읽고 나면 이 시의 메시지를 정확히 파악하게 된다. 이 마지막 부분이 서사의 예상(prolepsis)에 해당되는 부분이다. 「쑥내음 속의 童話」는 어린 소년이 어른이 되어가는 통과제의의 아름다운 서사를 가지며, 텍스트의 전체적인 분위기는 어른이 된 이후의 슬픈 정조가 애잔하게 깔려있다. 유년기의 시간은 상상력의 시간이다. 워즈워스는 이 상상력을 초인간적인 힘을 의미하는 "자연의 영혼"으로 부른다. 상상력은 인간의 능력이 아니라, 時空間의 정신이다. 상상력은 스스로를 드러내고 동시에 숨는 현실을 볼 수 있는 힘일 뿐만 아니라, 시인의 눈을 통해 자연이 스스로를 바라보는 방법이다. 상상력을 통하여 자연은 우리에게 이야기하며 자신에게 이야기한다.[75] 이처럼 김종삼의 텍스트에 나타난 유년기에 대한 회상은 어린 아이의 눈에 보이는 날짜가 없는 원형적 시간이다.

「쑥내음 속의 童話」는 묘사의 과거체와 서사(이야기), 즉 사건에 대한 회상(analepsis)과 예상(prolepsis)이 동시에 나타난다. 서사의 과거체는 한 순간을 포착하여 묘사하는 서정시의 압축적 상황묘사와 달리 할 말이 많은 경우에 쓰인다. 또 서사에서 회상이란 서사가 시작되는 기준시간 전에 일어난 일을 뜻하며 예상이란 현재 상황 속에서 느끼는 미래에 대한 예감을 말한다. 모더니즘의 혁신은 서사의 리듬을 좌우하는 시간의 길이를 멈춤(pause), 장면, 요약, 공백(ellipsis)을 자유자재로 이용하는 것이다.[76] 이 텍스트는 시인이 서술자이며 사건을 경험하고 목격하는 사

75) 옥타비오 파스, 『흙의 자식들』, 김은중 역, 솔, 1999, 61, 62쪽.

76) 멈춤(pause): 영화의 슬로모션처럼 어떤 한 순간 등장인물의 의식에 오가는 생각들을 끝없이 서술해나가는 것. 요약: 작가의 서술이며 평면서술을 말한다. 장면: 실제 일어나는 행위를 그대로 드러내는 극적 서술이다. 공백(ellipsis): '십년 후'라는 한

람이기도 하다. 김종삼은 서사기법을 사용하여 화자가 과거로부터 현실이라는 목적지에 다다를 때까지의 에피소드적 기억을 독자와 함께 상상하고 공유한다.

조선총독부가 있을 때
청계川邊一O錢 均一床 밥집 문턱엔
거지소녀가 거지장님 어버이를
이끌고 와 서 있었다
주인 영감이 소리를 질렀으나
태연하였다

어린 소녀는 어버이의 생일이라고
一O錢 짜리 두 개를 보였다.

– 「掌篇 · 2」

이 텍스트는 서사적 구조를 차용한 짧은 이야기시다. 이 시의 주제인 가난은 평생 김종삼과 함께했다. 그런 시인에게 거지소녀의 이야기는 남의 일 같지 않다. 압축과 비약이 심한 그의 텍스트에서 비교적 평범한 이 시는 해독의 어려움이 없다. 이처럼 서사구조를 보여주는 시들은 다른 텍스트들처럼 연상과 유추를 하기 보다는 진술된 이야기를 차분히 따라가면서 기억을 환기하면 된다. 독자들은 1연의 1~4행까지의 진술에서 이렇다 할 정보를 발견하지 못한 채 5, 6행의 "주인 영감이 소리지르는" 것을 접하고 의아하게 생각한다. 물론 '거지들'이 식당 문 앞으로 찾아온 것만으로도 주인이 소리를 지를 수 있는 상황일 수도 있지만 1연 6행의 내용인 거지 소녀가 "태연한" 것에 의문을 품게 된다. 김종삼

마디로 십년의 시간을 서술 없이 그냥 넘어가버리는 것을 말한다(권택영, 앞의 책, 225쪽).

은 1연에서 정보를 유보하여 독자들의 호기심을 최대한으로 배가시키는 방법을 사용하여 시적 긴장을 늦추지 않는다. 2연은 그가 자주 사용하는 의도적인 행갈이로 뒤늦게 상황을 알려준다. 비록 거지이지만 오늘만큼은 "一○錢 짜리 두 개"를 떳떳이 보여주며 어버이에게 당당하게 식사를 대접하고 싶었던 소녀거지의 어버이 공경이 실감난다. 김종삼은 「掌篇・2」처럼 중요한 정보를 뒷부분에 배치하여 독자들의 호기심을 유발한다. 어버이의 생일상만큼은 떳떳하게 돈을 내고 싶었던 소녀 거지의 갸륵한 마음이 잘 그려진 2연의 상황은 독자들에게 더 깊은 감동을 준다. 이 시는 개괄묘사(概括描寫)를 통하여 사건을 단순화 시켜 행간 사이에 숨겨진 의미를 독자로 하여금 상상으로 복원하게 만든다. 김종삼은 거지소녀의 당당하고, 효성스럽고, 비극적이기도 하고, 희극적이기도 한 모습을 개괄적으로 묘사하여 정서적인 충격을 주며 행간의 여백 사이에 울림을 가져온다. 또 개인적 체험인 가난체험 등의 에피소드적 기억들을 서사화하여 텍스트의 이야기성을 높인다. 「掌篇・2」는 자칫 긴장감이 떨어질 수 있는 이야기시를 단형의 형식을 취해서 극복한다. 그것은 마지막 연을 의도적으로 행갈이 하여 정보를 뒤쪽에 배치함으로써 독자들의 호기심을 자극하고 시적 긴장을 유지하기 때문이다.

> 아침엔 라면을 맛있게들 먹었지
> 엄만 장사를 잘할 줄 모르는 행상이란다
>
> 너희들 오늘도 나와 있었구나 저물어 가는 山허리에
>
> 내일은 꼭 하나님의 은혜로
> 엄마의 지혜로 먹을거랑 입을거랑 가지고 오마
>
> 엄만 죽지 않는 계단
>
> – 「엄마」 전문

1971년 『현대시학』에 발표된 이 시에서 1행의 진술이 흥미롭다. 지금은 인스턴트식품인 라면을 먹는 사람들이 가난한 사람에 속할지 몰라도 당시 화자의 식구들에게는 라면이 별식으로 사용되었다. 1연 1행은 묘사의 과거체를 사용하여 가난했던 유년시절을 환기시킨다. 그러나 2행은 바로 현재 시제가 나와서 과거의 기억을 현재화한다. 이 텍스트는 엄마의 시점에서 이야기하듯 서술되다가 마지막 4연에서 아이들의 시선으로 바뀐다.

이 텍스트에 나타난 가난에 대한 기억의 서사는 엄마를 "죽지 않는 계단"으로 비유하게 만든다. 가난에 지친 아이들은 엄마보다도 엄마의 손에 들린 먹을 것이나 입을 것을 기다리고 있었을 것이다. 그러나 1연 2행으로 보아 아이들은 엄마의 빈손을 자주 마주했을 것이다. 그것은 3연의 "먹을거랑 입을거랑" 가지고 오지 못해 아이들 앞에서 미안해하는 엄마의 진술로 확인할 수 있다. 1연 2행의 "엄만 장사를 잘 할 줄 모르는 행상이란다"에서도 이 사실은 재차 확인할 수 있다. 마지막의 "엄만 죽지 않는 계단"이라는 비유적 문장은 현실에서는 벗어날 수 없는 화자의 힘겨운 삶을 묘사한 것이다. 가난 속에서도 엄마는 죽을 수조차 없다. 왜냐하면 자식들의 의식주를 해결해야하기 때문이다. 여기서 엄마를 '계단'에 은유한 것은 김종삼의 개성적이고 이질적인 비유로 다양한 유추를 유도한다. 엄만 아이의 마음에 영원히 죽지 않는 사람이기에 풍상을 견디는 견고한 돌계단에 비유했고, '계단'이라는 이미지는 자식들이 하나하나 밟고 올라갈 토대가 되어준다는 의미로도 쓰였다. 3연의 1행은 화자가 이 텍스트를 통해 강조하고 싶은 메시지를 암시하여 스스로 위안 받고 싶은 긍정적 상황을 만든다. 현실을 견딜 수 없는 사람들은 하느님의 은총을 바랄 뿐이어서 이런 비유는 가난의 뼈아픔을 더욱 강조하는 효과를 가진다. 그러나 화자가 생각하는 "엄마의 지혜"는 "하느님의 은혜"와 동등한 자격을 가지고 있어 희망적이다. 엄마는 하느님처럼 "죽지 않는" 무엇과도 같다. 「엄마」는 긍정적인 측면과 부정적인 측면의 상황이 교차하지만 결국 정보성이 가장 높은 시행을 마지막에 배치하여 시적 긴장감을 높인다. 또 표층 텍스트에 드러난 내용은 매우 절제되어 있어 가난의 비극적인 면이 더욱 부각된다. 김종삼은 개인적 경험인 에피소드적 기억을 활용하여 시적 묘사에 구체성을 부여하고 서사구조를 차용하여 텍스트의 언술구조를 공고히 한다. 김종삼은 자신이 드러내고자 하는 세계를 효과적으로 드러내기 위하여 서사구조의 개괄묘사를 통하여 행간의 여백을 만들어 울림을 극대화한다.

'가난'의 에피소드적 기억은 '죽음', '전쟁'과 더불어 김종삼의 시의식을 형성한 원체험이다. 전쟁으로 인한 실향은 그를 부표처럼 떠돌게 했으며 현실 적응 능력이 부족한 김종삼을 가난 속에 가두었다. 그래서 그의 시 속에서 가난은 순수하고 나약한 존재들의 고통으로 나타난다. 그의 텍스트에 나타난 가난의 주인공들은 '엄마'나 '어린 아이', '여인', '할아버지', '염소', '토끼' 등 나약한 존재들이다. 가난이 그에게 가장 위협적인 상황을 만들어 주었듯 그들도 가난 앞에서 가장 나약한 존재로 표현된다. 김종삼은 사건에 대한 회상(analepsis)의 서사기법을 이용해 서사가 시작되는 기준 시간 이전에 일어난 일을 실감나게 묘사하여 시 안에서 자신이 할 말을 효과적으로 수행한다.

1947년 봄
深夜
黃海道 海州의 앞바다
以南과 以北의 境界線 용당浦

사공은 조심 조심 노를 저어가고 있었다.
울음을 터트린 한 嬰兒를 삼킨 곳.
스무 몇 해나 지나서도 누구나 그 水深을 모른다

-「民間人」 전문

1977년에 발표된 이 텍스트는 비극적 사건인 전쟁의 참혹함을 객관적 서사기법으로 묘사한다. 단형의 시가 내포한 이야기는 묘사의 과거체를 이용해 과거의 사건을 환기하고 그 때의 사건을 현재화하여 실감나게 만든다. 여기서 누구도 알지 못하는 "水深"은 화자가 느끼고 있는 현실적 비애의 깊이와 동등하다. 독자는 표층 텍스트의 정보로는 1연에 제시된 구체적 지명들의 쓰임을 알 수가 없다. 하지만 2연의 내용을 접하고 나서야 1연에 나타난 구체적 지명의 의의를 깨닫게 된다. 1연에서 "以南과 以北의 境界線"에 위치한 "용당浦"라는 지명은 심야에 남쪽으로 피란하기 위해 "조심 조심" 노를 저으며 강을 건너는 아슬아슬한 상황을 재현한다. 그곳은 고요를 깨뜨리며 "울음을 터트린 영아"가 죽어간 장소다. 이 아슬아슬하고도 손에 땀을 쥐게 하는 공포의 상황은 화자에겐 "스무 해"가 지나도 수심을 알 수 없는 공포로 남아있다. 전쟁이란 이처럼 참혹한 죽음 앞에서도 살아야만 했던 사람들에게 깊은 수심을 안겨준 역사적 사건이다. 서사구조를 차용한 언술구조의 이 텍스트는 짧은 두 연 속에 많은 이야기를 연상하게 만든다. 그것은 화자의 원체험인 전쟁 이야기를 개괄묘사 한 서사구조 때문이다. 서사구조는 언어의 선택보다 배열의 환유 원리가 우세한 것으로 순간적 충동에서 촉발된 현실 인식이므로 연결의 논리성은 없다. 스무 해가 지난 시인의 개인적 체험은 에피소드적 기억으로 남아 현실의 비극적 사건과 함께 우연한 기회에 불려 나온다. 이처럼 우연히 순간적으로 불려나온 대상의 기억들은 비논리적으로 집합하고 배열하는 환유적 구성을 가진다. 전쟁과 분단은 김종삼에게 잊을 수 없는 비극적 사건으로 작품 속에 그 모습을 수시로 드러낸다. 이밖에도 분단의식과 전쟁체험이 에피소드적 기억으로 구조화된 시는 「달 뜰 때까지」, 「서시」, 「어둠 속에서 온 소리」, 「잿더미가 있던 마을」, 「달구지 길」 등이 있다.

허금주는 김종삼이 같은 전쟁 세대임에도 불구하고 전쟁체험과 그것이 끼친 문학적인 영향관계를 놓고 볼 때, 김종삼은 이러한 경험의 일반성으로부터 벗어나 있으며, 시 중에서 6·25라는 실제체험이 구체적으로 형상화된 경우는 거의 없다고 말했다.[77] 다만 소재로 전쟁이 택해질 경우 그것은 전면에 드러나지 않은 채 숨겨져 있을 뿐이며 시 전체의 배경을 환기시키는 역할을 할 뿐이지만 그럼에도 불구하고 전쟁체험이 그의 의식 형성에 가장 큰 원체험이라는 것은 여러 가지 정황으로 미루어볼 때 틀림없다. 김종삼은 전쟁체험인 월남하는 과정의 묘사와 분단의 비극적 상황을 1960년대에 이르러서야 발표하기 시작했다. 그리고 1970년대 발표한 「서시」도 전쟁에 대한 강한 인상이 시인의 내면에 장기 기억으로 자리하고 있음을 확인할 수 있다. 김종삼은 전쟁으로 죽어간 사람들에 대한 죄의식과 분단으로 고향을 떠나야했던 뼈아픈 체험들을 절제되고 객관적인 묘사의 서사구조로 재현한다. 전쟁 체험의 에피소드적 기억은 김종삼의 트라우마이며 시 쓰기의 근본 동력이다. 그는 텍스트에 서사기법을 사용하여 에피소드적 기억인 전쟁을 반복적인 주제로 활용한다. 김종삼은 텍스트에 묘사의 과거체를 이용한 서사구조를 활용하여 자신의 시적 인식을 구체적으로 형상화한다.

4.2. 자기 고백적 서술

김종삼의 의미론적 기억들은 시 속에 녹아들어 시인의 세계관이나 정체성의 한 부분을 형성한다. 이렇게 형성된 의미론적 기억들은 자기 고백적 서술로 나타난다. 특히 김종삼의 텍스트들은 주어를 생략한 경우가 많으나 이것은 자기 고백적 서술과 차별된다. 자기 고백적 서술의 텍스트들은 주로 시인 자신의 시원적 이미지를 찾아가는 상상력이 돋보인다. 대부분 자기 고백적 서술의 언술구조의 시점은 시인 자신이 관찰자적 시선으로 본 것이 많다. 즉 시인 스스로 대상이 되어 반성하고 기원하는 형태를 보인다. 그러나 시라는 양식 속에 들어온 독백은 어디까지나 그

77) 허금주, 앞의 논문, 23쪽.

런 형태를 차용한 문학적 표현일 뿐이다. 다시 말하면 표현하고자 하는 시적 내용을 수용하는 데 독백의 형식이 가장 적절하리라는 판단 후에 행해지는 의도적인 차용이다. 원래 시인과 시의 화자를 동일시하는 것은 낭만주의 시관의 개성론이었지만 이런 고백적 서술이 다시 돋보이는 문학적 시기는 1990년이다. 이 주관성의 회복은 과거와는 다른 자아탐구의 형식이며 김준오는 이러한 형식을 고백시라고 이름 붙인 바 있다.[78] 자기 고백적 서술은 김종삼의 의미론적 기억을 텍스트에 효과적으로 실현하기 위한 언술구조이다.

의미론적 기억(semantic memory)은 시인의 사상과 상황의 구조(세상사 전반에 걸쳐 무엇이 타당하며, 그 모든 것들이 어떻게 서로 적합하게 되는가)와 같은 지식 구성체의 내재적 패턴을 반영한다. 물론 에피소드적 기억인 개인의 경험은 그 개인의 일반적 세계관 속으로 끊임없이 흘러 들어가고, 대신에 일반적 세계관은 경험을 체계화하는 데 강력하게 작용한다. 그러나 지식과 의미는 맥락(context)에 매우 민감하게 작용하는 것을 알 수 있다. 여기서 나타나는 의미론적 기억들은 결국 김종삼의 텍스트에 나타나는 주제를 공고히 하는 장치로 지식 공간들로 구성된 하나의 생을 의미한다. 그 생 안으로 개념들과 그들의 관계가 결합해 들어감으로써 하나의 의미가 이루어지고 텍스트가 이루어진다. 김종삼의 시에 나타난 의미론적 기억들은 앞에서 논의된 분단, 전쟁, 가난, 죽음 등의 체험인 에피소드적 기억들이 흘러들어가 형성한 세계관이 하나의 패턴을 이루면서 그의 사상을 형성하고 시의 상황을 결정짓는다.

실제로 모든 시는 독백의 성질을 가지고 있다. 시의 문학 양식이 시인의 체험을 형식화한 것이기 때문이다. 그럼에도 불구하고 김종삼의 자기 고백적 서술의 언술구조는 자신을 최대한 객관화 하여 어조나 문체, 경험적 사실의 수용 형태는 매우 다르다. 자기 고백적 서술의 언술구조의

78) 김준오, 앞의 책, 371쪽.

텍스트들은 시인의식이 강하게 표출된다. 그만큼 시인은 자기 자신이 시인임을 늘 직시했다. 김종삼은 자기 고백적 서술의 언술구조를 활용하여 자신의 의미론적 기억들을 효과적으로 전달한다.

나의 本은 선바위, 山의 얼굴이다.
그 사이
한 그루의 나무이다.
희미한 소릴 가끔 내었던
뻐꾹새다.
稀代의 거미줄이다.

해질 무렵 나타내이는 石家이다.

– 「나의 本」 전문

「나의 本」은 김종삼의 자기 고백적 진술이 잘 드러난 텍스트다. 그러나 은유된 비유어들은 낯설어서 그 의미를 유추하기 힘들다. 여기서 '本'은 나의 근본을 지칭하는 것으로 현시적으로 보이는 '나'가 아니라 내 안에 존재하는 무수한 타자의 모습을 유비한다. 김종삼은 자신을 "산"이나 "나무" 등 생명성이 풍부하거나 상승적인 이미지의 모티브로 비유한다. 또 외모적으로 귀가 유난히 커서 예민하게 반응하던 "소리"에 기대어 자신을 "뻐꾹새"라고도 하고, 끊임없이 언어를 조직하고 해체하는 거미의 작업인 "희대의 거미줄"이라고도 한다. "희대의 거미줄"은 무한히 실을 자아내는 거미의 모습에서 연상되듯 생명성과 글쓰기 직조를 유추하게 한다. 화자는 자신을 글 쓰는 사람이라고 스스로 강조하고 명명한다. 의도적인 행갈이를 한 마지막 행은 김종삼의 개성적인 언술구조의 하나다. 마지막 행에서는 시인의 시적 이미지인 "해질녘"이나 "희미한" 등의 단어들을 이용하여 화자의 모습을 변함없는 "石家"로 표현한다. 김종삼은 텍스트에서 시인이 기거하는 곳을 주변적이고 "질짝한" 변방으로 일관되게 묘사하고 있다.

이 시를 통해서 김종삼이 지향하는 시세계는 그가 끊임없이 추구하는 생명성을 옹호하는 휴머니즘의 세계라는 것을 새삼 확인할 수 있다. 대부분의 자기 고백적 서술의 시들이 자기중심적인 글들이라 자신의 감정을 직접적으로 드러낸 것과는 달리 김종삼의 자기 고백적 텍스트는 미적 거리가 일정해서 이 같은 충동적 글쓰기와는 변별되며 오히려 자신을 객관적으로 묘사하여 자아 탐구적인 깊이를 가진다.

> 나의 理想은 어느 寒村 驛같다.
> 간혹 크고 작은
> 길 나무의 굳어진 기인 눈길 같다.
> 가보지 못했던 다 파한 어느 시골 장거리의
> 저녁녘 같다.
> 나의 戀人은 파한 시골
> 장거리 골목 안 귀퉁이 같다.
>
> -「나」 전문(전집1)

> 나는 넘을 수 없는 산을 넘고
> 있었다 길 잃고 오랜 동안 헤매
> 이다가 길을 다시 찾아내인 것이다
> 앞당겨지는 죽음의 날짜가 넓다.
>
> -「길」 전문

위의 두 시도 자신의 정체성을 찾는 시인의 시의식이 잘 나타난 자기 고백적 서술의 언술구조를 보인다. 1966년『자유공론』에 발표 됐던「나」[79]는 1988년 '전집1'에 수록된 것이다. 이 텍스트에도 시인의 이미지에 자

---

79) 「나」는 같은 제목으로 이것 이외에도 두 개가 더 있다. 하나는 1980년『심상』에 발표되었다. 2005년 '전집2'에 수록된 것으로 내용은 "망가져 가는 저질 플라스틱 臨時 人間"이다. 다른 하나는 1985년『문학사상』3월호에 실린 유고시로 '전집2'에 수록되었다. "이름이 있다면/ 나이가 있다면/ 나이는 넘어야 하는 山脈들 이었고/ 이름(筆名)은/ 아직 없다."

주 언급되는 “한촌 역”, “굳어진 기인 눈길”, “다 파한 시골 장거리”, “저녁녘”, “골목 안 귀퉁이” 등 시인의 소외된 모습과 척박한 현실을 일관되게 제시한다. 김종삼의 텍스트 전체를 살펴보았을 때 시인의 현실적 환경을 나타낸 수식어들은 주로 위에서 밝힌 것들과 일치한다. 이런 묘사는 김종삼의 초기시부터 꾸준히 나타난다.

자기 고백적 서술의 단점인 시적 정직성은 미적 거리를 좁혀 심미적 수준을 떨어뜨릴 수 있지만 김종삼은 낯선 시어를 선택하여 이와 같은 점을 극복하며 자신(시인)의 이미지를 일관되게 낮은 곳에 기거하는 것으로 진술해 시적 의미를 통일한다. 어려운 현실적 환경이나 모습들을 자아의 정체성으로 인식하고 있는 화자의 경험적 표현은 자기 고백적 서술의 정직성과 진정성을 드러낸다.

1984년에 발표한 「길」은 진술의 형태를 띠고 있는 자기 고백적 서술의 텍스트다. 후기시들은 김종삼의 병상체험으로 초기의 난해한 텍스트들보다 평이한 진술이 많아 시적 긴장감은 떨어진다. 하지만 이 시는 시행을 바꾸어 처리한 마지막 행의 “앞당겨지는 죽음의 날짜가 넓다”라는 선택제약이 어긋난 문장을 이용하여 전체적인 텍스트에 시적 긴장을 불어넣는다. 이것은 반어적인 표현으로 현실에서는 죽음에 가까워지고 있지만 자신의 죄의식이 그곳에 도달하는 것을 꺼리고 있다는 뜻이다. 왜냐하면 김종삼은 죽음을 완벽에 도달하는 길이라고 생각하기 때문이다. 이 텍스트가 끝까지 화자와의 미적 거리가 가까웠다면 정직성 이외에는 볼 것이 없는 밋밋한 시로 남을 수도 있었으나 마지막 행에 독자들에게 상상력을 불러일으키는 행을 배치하여 긴장감을 획득한다. 김종삼의 자기 고백적 서술의 언술구조는 시 창작에서 배제하는 정서적 노출과, 무매개성, 우연의 시학, 서사화의 파편화 등 많은 문제들을 낯선 단어의 선택과 긴장성 이미지를 불러오는 비유를 통해 극복한다. 김종삼의 자기 고백적 서술의 시들은 미적 거리를 유지하는 텍스트의 언술구조로 시의 심미성을 획득하고 자아 탐구의 역할을 충실히 한다. 류명심은 김종삼의 시 중에서 “특히 화자가 ‘나’라고 명시되어 있는 작품들에서는 지나치게 진솔한 서술성으로 인하여 시적 긴장을 떨어뜨리고 있는 것이나 아닌가 할 정도로 전기적 사실과 부합되는 시들이 등장한다”고 한다.[80] 그러나 위에서 예를 든 텍스트들이나 「앙포르멜」, 「첼로의 PABLO CASALS」, 「음역」, 「연인」(전집2) 등과 같은 자기 고백적 시들은 다르다. 그는 다양한 병치를 통해 의미변용을 가져오는 은유와 이중적 의미를 가지는 인유적 표현, 반복회기의 언술 구조로 시적 긴장을 유지한다. 그러나 후기에 쓴 ‘나’를 화자로 명시한 몇몇 텍스트들은 류명심의 지적대로 죽음에 대한 두려움도 없고 그저 삶의 한 과정으로 수용하는 소극적 태도를 발견할 수 있어 긴장감이 조금 떨어진다. 그것은 김종삼의 지병이 깊어질수록 육체적, 정신적으로 허약해졌기 때문일 것이다.

김종삼의 자기 고백적 서술의 텍스트에는 원죄의식이 깔려있다. 그의 내부에 자리한 원죄의식은 현실 속에서 그를 죄인으로 살게 한다. 여기서 의식이란 하이데거의 논의와 관련된 정지된 행위가 아니라 역동적인 행위, 존재 자체로서 파악되어야 한다. “인간의 본질은 존재 속에 있다”는 말은 인간 존재 전체가 세계-내-존재이며, 주관성과 세계와의 상호관계를 뜻한다. 즉 인간은 세계 내라는 ‘곳에 존재’하며 거기에 던져졌다고 느끼며 시간성이나 죽음은 위협적이며 행위로서의 사람은 두려운 것이라서 인간의 기본 구조는 ‘관심’과 ‘분위기’라고 주장한다.[81] 김종삼의 텍스트에 지속적으로 나타나는 원죄의식의 자기 고백적 서술은 전쟁과 분단의 체험 속에서 죽어간 사람들과 관계가 있는 것으로, 자신은 아직 살아있다는 죄의식과 상통한다. 이렇게 죄의식에 사로잡히는 면모는

80) 나는 무척 늙었다 그러므로/ 나는 죽음과 친근하다 유일한 벗이다/ 함께 다닐 때도 있었다/ 오늘처럼 서늘한 바람이 선들거리는/ 가을철에도/ 겨울철에도 함께 다니었다/ 포근한 눈송이 내리는 날이면/ 죽음과 더욱 친근하였다 인자하였던/ 어머니의 모습처럼 그리고는 찬연한/ 바타칸 시스틴의 한 벽화처럼. -이와 같은 시를 예로 설명한 것임(류명심, 앞의 논문, 42쪽).

81) Magliola, Robert R., 『현상학과 문학』, 최상규 역, 대방출판사, 1986, 14쪽.

종교적 인간으로서 신을 동경하는 태도와 자신의 내면에 간직한 죄의식을 동시에 의미하는 것으로 심미적 인간인 김종삼이 시를 통하여 자기를 실현하고 자기 구원에 이르고 싶어 하는 욕망과 갈등을 일으키는 복합적 양상의 증거다. 그것이 현실부재 의식을 낳기도 하고 죽음의 일상성을 보여주는 계기가 되기도 한다.

비트겐슈타인은 언어는 실재 세계의 모습을 제대로 담고 있다고 보았다. 그는 언어를 인간정신의 구체적이고도 객관적인 표현이라고 여기며 언어와 세계는 동형구조, 즉 자명한 대응 관계가 성립한다고 보았다. 즉 "언어의 유일한 기능은 어떤 대상을 지시 혹은 서술하는데 있으며, 한 언어의 의미는 그것이 지시하는 대상과 일치한다."[82] 언어구조가 실재 세계에 대한 인간의 사고방식을 규정한다고 말할 때 김종삼의 텍스트를 구성하는 의미론적 기억들은 시인의 개성적인 사고방식과 시의식, 세계관을 규정한다. 다음은 김종삼의 등단작으로 원죄의식이 반성적 회고의 독백으로 나타난 텍스트이다.

苹果 나무소독이 있어
모기 새끼가 드물다는 몇 날 후인
어느 날이 되었다.

며칠만에 한 번만이라도 어진
말솜씨였던 그인데
오늘은 몇 번째나 나에게 없어서는
안 된다는 길을 기어이 가르켜 주고야 마는 것이다.

아직 이쪽에는 열리지 않는 果樹밭 사이인
수무나무 가시 울타리
길줄기를 벗어나

---

82) 남경태, 『한 눈에 읽는 현대철학』, 광개토, 2001, 144쪽.

그이가 말한 대로 얼만가를 더 갔다.

구름 덩어리 얕은 언저리
植物이 풍기어 오는
유리 溫室이 있는
언덕쪽을 향하여 갔다.
안쪽과 周圍라면 아무런
기척이 없고 無邊하였다.
안쪽 흙바닥에는
떡갈나무 잎사귀들의 언저리와 뿌롱드 빛깔의 果實들이
평탄하게 가득 차 있었다.

몇 개째를 집어 보아도 놓였던 자리가
썩어 있지 않으면 벌레가 먹고 있었다.
그렇지 않은 것은 집기만 하면 썩어 갔다.

거기를 지킨다는 사람이 들어와
내가 하려던 말을 빼앗듯이 말했다.

당신 아닌 사람이 집으면 그럴 리가 없다고

－「圓丁」 전문(전집1)

이 텍스트는 1953년 『신세계』에 발표된 것으로 김종삼이 공식적인 작품 활동을 시작하는 계기가 되었다.[83] 이 시기부터 그의 의미론적 기억에 자리한 원죄의식의 뿌리는 깊어 보인다. 이 텍스트도 김종삼의 독특한 언술구조인 시제의 불연속과 대용형(“그”, “그이”), 회기와 더불어 자

---

83) 위에서 예시한 「圓丁」과 같은 제목으로 1975년 6월 4일 조선일보에 발표한 것은 ‘전집2’에 새롭게 수록되었다. ‘수사적 특이성’의 환유 부분에 예시되었다.

기 고백적 서술을 보인다. 이 시의 화자는 어느 날 과수원에 들렀는데 이상하게도 집어든 사과마다 썩어있는 것을 발견한다. 1연의 정보로는 "소독"을 했음에도 그가 집어든 사과들은 썩어있다. 그러나 "유리 溫室"이 있는 언덕에는 "떡갈나무 잎사귀들의 언저리와 뿌롱드 빛깔의 果實들이 평탄하게 가득 차 있었다." 2연에 제시된 화자가 가야하는 그 길은 "나에게는 없어서는 안 된다는 길"이라는 필연성을 보인다. 일부러 들여 쓴 마지막 7연에서 "당신 아닌 사람이 집으면 그럴 리가 없다고-"하는 진술을 읽고 나서야 독자들은 시인의 원죄의식을 감지하고 그 의미를 공유하게 된다.

즉 과실의 부패 원인이 화자 자신에게 있음을 알게 된다. 독자들은 그에게 죄가 있어서 멀쩡한 과실도 그의 손이 닿으면 썩어버리는 상황을 이해하게 된다. 화자가 추구하는 세계는 "떡갈나무 잎사귀들의 언저리와 뿌롱드 빛깔의 果實들이 평탄하게 가득 차 있"는 곳으로 부족함이 없고 생명성이 넘치는 세계이지만 그곳에 도달하려는 화자의 염원은 자기 부정의 '원죄의식'으로 도저히 갈 수 없는 상황이다. 이 시의 배경이 되고 있는 과수원에 대해 장석주는 절대순수·절대조화의 세계, 즉 낙원을 표상하는데 화자는 그 낙원으로부터 거부당한다. 거기에 시인의 비극적 비전의 통찰이 날카롭게 표현된다고 했다.[84] 화자가 갈 수 없는 과수원의 세계가 순결하고 풍요로운 낙원의 이미지인데 반해 시적 자아가 예감하는 세계는 결핍과 혼란, 타락의 세계이기에 화자는 에덴동산에서 쫓겨난 아담처럼 원죄의식에 사로잡힌다. 이 시는 회고적인 자기 고백적 서술의 언술구조를 사용하여 자신의 의미론적 기억을 형성한 원죄의식의 단초를 보여준다.

김종삼은 자칫 충동적인 글쓰기가 되기 쉬운 자기 고백적 서술을 이용하여 자기 탐구적 자세를 견지하는 데 성공한다. 그것은 자신의 감정

84) 장석주, 앞의 책, 20쪽.

을 절제하여 화자와의 미적 거리를 일정하게 조절하는 방법이다. 김종삼의 자기 고백적 서술의 언술구조는 시적 긴장감을 유지하며 감정에 치우치는 자기중심적 고백시와 차별화하여 시적 개성을 획득한다.

아작아작 크고 작은 두 마리의 염소가 카베스를 먹고 있다
똑똑 걸음과 울음소리가 더 재미있다
인파 속으로 열심히 따라가고 있다
나 같으면 어떤 일이 있어서도 녀석들을 죽이지 않겠다

-「掌篇 · 1」 전문

이 텍스트의 "나"는 두 마리의 염소가 끌려가는 것을 본다. 화자는 보잘 것 없는 염소가 "열심히" 따라가는 모습을 "똑똑 걸음과 울음소리"가 재미있다고 강조하여 이 비극적 존재의 결말을 반어적으로 암시한다. 텍스트의 앞부분에 동화적인 평온한 풍경을 제시한 것은 마지막 행을 강조하기 위한 복선이다. 결국 작은 염소의 모습은 세상에서 소외된 화자 자신의 모습이다. 소외되고 왜소한 것들은 하나같이 화자의 현재 상황과 병치된다. 그래서 마지막 행에 자기 고백적 서술인 "나 같으면 어떤 일이 있어도 녀석들을 죽이지 않겠다"고 힘주어 말한다. 이 텍스트의 주제는 '죽음'이지만 그 밑에 깔린 김종삼의 의미론적 기억인 연민의식이 깔려 있다. 김종삼은 이 시를 한 편의 동화처럼 객관적으로 서술하지만 그가 강조하고 싶은 것은 작고 어린 것들, 소외된 것들(토끼, 나비, 강아지, 꽃, 염소, 어린 양, 소, 새 등)[85]이다. 이런 것들이야말로 현실에서 가장 아름답고 평화로운 존재들임을 강조한다. 오랜 방황의 원인이기도 한 김종삼의 연민의식과 평화의식의 대상은 '어린 아이들, 할머니(할아버지),

85) 연민의식을 보여주는 시편들은 「오월의 토끼똥 · 꽃」, 「앤니로리」, 「북치는 소년」, 「掌篇 · 1」, 「墨畵」, 「山」, 「새」, 「헨쎌라 그레텔」, 「누군가 나에게 물었다」, 「장님」, 「쑥내음 속의 동화」, 「자동차가 다니던 철뚝길」 등에서 볼 수 있다.

어머니, 여인(연인)'[86] 등을 통해서 변주된다. 또 그가 다다르고 싶은 평화로운 혹은 초월적인 공간은 아름다운 자연이나 동트는 곳, 지상과 멀리 떨어진 곳, 별 같은 것들로 나타난다. 이런 공간에는 '푸름, 햇빛, 구름빛, 눈송이의 색채, 음악소리' 등 자연의 소리와 어우러져 신비하고 평화로운 이미지를 보인다.[87] 김종삼의 텍스트들 중에서 후기에 더욱 많이 나타나는 이 같은 현상은 시인이 방송국 퇴직 이후 소외감이나 빈한함과 더불어 삶의 의욕이 감퇴되는 환경과도 밀접한 관련이 있다. 김종삼은 적응하기 힘든 현실에서 끝없이 방황하게 되며, 이어지는 소외의식은 그를 정신적 초월에 대한 열망으로 이끌어 평화로움을 갈망하게 한다. 김현은 김종삼의 방황에 대해 "비극적 세계인식은 현실도피를 뜻하는 것이 아니다. 그러나 거기에는 세계의 중심에 자기가 서 있지 않다는 자각이 숨어있다. 자기의 의사대로 세계를 만들어 갈 수 없다. 아니 세계를 변화시킬 수 없다. 그래서 그가 할 수 있는 것은 방황"[88]이라고 했다. 이것은 그가 현실을 견디기 위해서 방황할 수밖에 없었음을 간파한 것이다. 김종삼은 자기 고백적 서술의 언술구조를 통하여 자신의 정체성을 탐구하고, 죄의식, 부재의식, 연민의식, 방황의식 등 현실의 비극적 상황을 실감나게 보여준다. 그는 세상에서 무관심하게 버려진 주변에 시선을 돌려 그들에게 연민과 평화의식을 보여준다. 그는 자신의 심상에 머물고 있는 에피소드적 기억과 의미론적 기억들을 서사구조와 자기 고백적 서술의 언술구조를 사용하여 텍스트에 다양한 시 의식을 표출한다.

---

86) 평화의식을 보여주는 시편들은 「글짓기」, 「1984」, 「동산」, 「평화」, 「소공동 지하 상가」, 「쑥내음 속의 동화」, 「자동차가 다니던 철뚝길」, 「쑥내음 속의 동화」, 「자동차가 다니던 철뚝길」, 「前程」, 「오동나무가 많은 부락입니다」, 「그리운 안니 · 로 · 리」, 「마음의 울타리」, 「五학년 一반」, 「前程」, 「오동나무가 많은 부락입니다」, 「그리운 안니 · 로 · 리」, 「마음의 울타리」, 「五학년 一반」 등에서 확인할 수 있다.

87) 신비하고 평화로운 초월적 이미지의 시편들은 「여인」, 「동산」, 「동트는 지평선」, 「새」, 「글짓기」, 「이 짧은 이야기」, 「소리」, 「원두막」, 「音域」, 「행복」, 「음악」, 「앤니로리」, 「새」, 「난해한 음악들」, 「最後의 音樂」, 「한 골짜기에서」, 「따뜻한 곳」, 「聖河」 등에서 느낄 수 있다.

88) 김현, 앞의 책, 240쪽.

4.3. 접속어 표현 사용

김종삼의 텍스트에 나타난 언술구조의 특이성 중에서 마지막으로 살펴볼 것은 그의 서술적 경향의 하나인 접속어[89] 표현의 사용이다. 그는 접속어 표현을 사용하여 독자들이 이들의 관계를 복원하고 설정하는 방식을 제어한다. 김종삼의 접속어 표현 사용은 화자/청자 등 담화 사용자들이 사용한 통사형식을 단순한 문법적 의무 규칙들이 결정하는 것이 아니라, 통화적 상호 작용 과정이 결정하는 방식을 보여준다. 접속어 표현은 단순히 텍스트가 효율적으로 수용되게 하기 위한 언어구조이다.[90] 그러나 이들 접속어 표현은 접속되는 것들의 상호의존성이 분명하지 않거나 강조되어야할 경우에 사용될 가능성이 더 크다. 김종삼은 시 속에 접속어 표현을 사용하여 사건과 상황의 관계를 명확히 해주고 의미 내용에 대한 정보성을 확고히 한다. 따라서 불연속적 시제와 접속어의 잦은 사용은 김종삼의 시 제작 과정에서 의도적으로 사용된 언술구조로 미학적 형식이 침전된 것이다. 다음은 접속어 표현을 사용하여 텍스트의 언술구조를 견고히 하는 텍스트이다.

> 저는 투병하면서 걸레 같은 옷을 걸치고 돌아다닐 때가 많았습니다
> 이승과 저승이 다를 바 없다고 중얼거리면서도 죽어도 밖에서 죽자

---

89) 접속구조는 사건과 상황의 관계를 명확하게 표시하는 수법인데, 텍스트 표층에 사용하는 것이다. 최소한 다음 네 가지의 유형이 있다.

1. 등위접속(conjunction)은 텍스트 세계에서 양쪽 다 참(true)인 것들처럼 같은 지위를 가진 것들을 연결한다.
2. 이접적 접속(disjunction)은 지위가 다른 것들을 연결한다. 예를 들어 둘을 연결하되 텍스트 세계에서 그 중 하나만이 참이다.
3. 역 접속(contrajunction)은 같은 지위를 가지지만 서로 모순되거나 텍스트 세계에서 양립할 수 없을 것으로 보이는 것들을 연결한다. 예로서 원인과 예기치 않은 결과를 들 수 있다.
4. 종속 접속(subordination)은 한쪽의 지위가 다른 쪽의 지위에 의존하는 것들을 연결한다. 특정 조건이나 특정 동기와 관련해서만 참이 되는 것들(전제조건/사상, 원인/결과)이 그 사례이다(Beaugrande · Dressler, 앞의 책, 111쪽).

90) Beaugrande · Dressler, 위의 책, 118쪽.

고 중얼거리면서 오늘 날짜로 죽자고 중얼거리면서
金炳翼
吳圭原
崔夏林
鄭玄宗
朴堤千
金種海가 여러 번 보살펴 주었습니다.
죽을 날이 가까웠다고 걱정해 주던 나의 형
金宗文이가 저보다 먼저 죽었습니다
저는 날마다 애도합니다
죽은 지 오래된 아우와
어머니를
그리고 金冠植을.

-「死別」 전문

「死別」은 여타의 작품들에 비해 다소 평범하고 직접적인 제목을 달고 있다. 이 시는 화자 자신보다 이 세상을 먼저 뜬 친구들과 가족들을 회상하는 내용으로 이 텍스트 2행은 "~중얼거리면서"라는 어휘를 세 번 반복하는 어휘적 회기의 언술구조를 보인다. 마지막 행에 등위접속사 "그리고"가 쓰이고 있는데, 등위접속사가 쓰인 것은 위에서 자신을 도와주었던 시인들의 이름을 거론하고 사별하여 헤어진 형, 어머니, 아우를 생각하다가 문득 사랑했던 詩友이며 지금은 볼 수 없는 친구 김관식에 대한 그리움을 강조하기 위해 사용했다. 특히 현재에 없는 가족인 "죽은 지 오래된 아우와/ 어머니"와 가족만큼 그리운 친구 "김관식"을 명시하기 위해서 접속사 "그리고"를 사용한다. 등위접속은 기준접속(default junction)이다. 왜냐하면 사상과 상황은 특별히 달리 지정되지 않는 한 텍스트 세계에서 부가적으로 접속되기 때문이다.[91] 이들 접속표현은 접속되는 것들의 상호 의존성이 분명하지 않거나 강조하기 위하여 사용하는데 여기서는 죽은 詩友 金冠植을 강조하기 위해 사용되었다. 등위접속사의 사용은 텍스트의 긴장감을 느슨하게 만드는 단점이 있지만 이 시에서는 마지막 행에 위치시켜 정보를 부연하기 보다는 주제를 강조하고 긴장감을 유지한다. 다음은 '결과'를 나타내는 종속접속사와 상반된 상황을 연결하는 역접속사를 사용한 언술구조의 경우다.

> 나는 지금 살아있다 건재하다
> 다시 말해
> 누구보다도 더 힘차게 살아가고 있다
> 그러나 언제 죽을지 모른다
> 그러므로 생각이 흩어지기 전
> 거기에 對備
> 무엇인가를 감지해 내야만 하겠다.
>
> －「前程」 전문(전집1)

이 텍스트의 1~3행은 4행과 개연성이 없다. 현재 건강하게 잘 살고 있다고 반복적으로 강조하다가 갑자기 "언제 죽을지 모른다"는 생각을 떠올린다. 역접속의 기능은 일개 개연성이 없어 보이는 사상과 상황의 결합이 일어나는 시점에서 그 다음 행으로의 전이과정을 쉽게 만들어주는 역할을 한다. 여기서도 2행에서 3행은 대조적인 생각을 나타내는 것으로 행의 전환을 보인다. 5행에 사용된 종속접속사는 화자의 "언제 죽을지 모르"는 상황에 "對備"해야만 하는 상황을 가능하게 한다. 여기서는 "그러므로"를 사용하여 "무엇인가를 감지해" 내려는 다음 행의 자세를 보여주며 그것은 타당성을 확보한다. 이 텍스트는 접속어 표현을 4, 5행에 연속적으로 사용하여 5행을 강조하는 효과를 가진다. 즉 앞에서 역접속사 "그러나"를 사용하여 자신이 현재 건재하게 살아있지만 "언제

91) Beaugrande · Dressler, 위의 책, 112쪽.

죽을지 모른다"는 것을 강조하고 종속접속사 "그러므로"를 사용하여 앞의 일에 대비하고자 다짐한다.

한 때에는
낡은 필림 字幕이 지났다.

아직 散策에서 돌아가 있지 않다는
그 자리 파르티타 室內

마른 행주 廚房의 整然
그러나,
다시 돌아오리라는 푸름이라 하였던
무게를 두어

그러나,
어느 것은 날개죽지만
내젓다가 고만 두었다는 것이다.

지난때,
죽었으리라 多友들이 가져 온
그리고 그렇게 허름하였던 사랑… 세월들이
가져 온
나날이 거기에 와 있다는
계절(書間)들의…

또
하나의 死者라는
電話 벨이 나고 있지 않은가-

-「全鳳來」 전문

이 텍스트도 김종삼 특유의 접속어 표현이 들어있는 언술구조이다. 그러나 김종삼이 사용하는 역접속사 "그러나"는 일개 개연성이 없어 보이는 사상과 상황의 결합이 일어나는 시점에서 그 다음 행으로의 전이과정을 쉽게 만들어주는 일반적 역할만 하지는 않는다. 이 텍스트에서 사용된 접속어 표현은 두 번의 회기를 통한 대조적 언술을 강조하기 위해서다. "다시 돌아오리라는 푸름이라 하였던/ 무게를 두어"와 "어느 것은 날개죽지만/ 내젓다가 그만두었다는 것이다"는 연 앞에 "그러나"를 배치해 3, 4연에 의미의 무게를 두려는 의도를 가진다. 김종삼은 접속어 표현의 언술구조를 이용하여 서로 대조되는 내용인 '삶/죽음'을 동등하게 만든다. 특히 2연의 "아직 산책에서 돌아와 있지 않다는/ 그 자리 파르티타 室內"이기에 삶의 완벽이라 생각하는 죽음과 동일한 의미를 지닌다. 파르티타(Partita)는 바로크 시대에 쓰였던 음악 형식을 가리키는 말로 김종삼이 평소 초월적인 것으로 지칭하는 음악에 대한 표현이다. 즉 '파르티타=삶의 완벽=죽음'의 연쇄적 이미지는 죽은 '전봉래'를 추억하며 쓴 시이기 때문에 유추 가능하다. 김종삼은 이 텍스트에서 "그러나"의 접속표현을 두 번 반복하여 삶과 죽음이 혼재한 우리의 현실을 다시 한 번 인식하게 만든다.

이 시의 화자에게 삶은 "낡은 필림 자막이 지나"는 것과 "또 하나의 死者라는/ 전화벨"로 인식된다. 여기서 "또 하나의 死者라는/ 전화벨"은 죽음의 은유이다. 화자는 먼저 간 시인들과 "전봉래"를 회상하면서 죽음의 무상성과 일상성을 동시에 떠올린다. 그 죽음은 "아직 散策에서 돌아와 있지 않다는" 삶에 대한 인식이다. 이와 같이 김종삼의 죽음에 대한 인식은 일상적이다. 그에게 "죽은 자"란 "삶으로부터의 산책에서 돌아오지 않은 자"이다.[92] 이것은 "주검의 連鎖"라는 삶의 또 다른 이름이다.

92) 이런 의식은 "그 언제부터인가/ 나는 罪人/ 수億 年間/ 주검의 連鎖에서/ 惡靈들과 昆蟲들에게 시달려 왔다는 것이다."(「꿈이었던가」)라든가 "하느님은 어느 누구의 祈禱도 듣지 않는다 한다/ 죽은 이들의 祈禱만 듣는다 한다."(「벼랑바위」) 등의 시를 통해서도 확인할 수 있다.

그러나 김종삼이 추구하는 것은 그 죽음의 윤회를 통해서 이룩하고 싶은 "완벽"이다. 그것은 "死産/ 소리나지 않는 完璧"(「十二音階의 層層臺」)에서 확인할 수 있다. 이것은 김종삼이 추구하는 '예술성' 혹은 '아름다움'의 세계이며 평자들이 지적했던 '내용 없는 아름다움'이다. 김종삼은 감정을 절제한 자기 고백적 서술 방식의 언술구조를 사용하여 의미론적 기억인 원죄의식과 죄의식을 강조한다.

김종삼이 텍스트에 사용하는 접속어 표현의 대다수가 역접속사를 사용하고 있는데 이것은 현실부재의 삶을 살고 있는 그의 시 의식을 보여주는 예다. 그는 텍스트에 역접속사를 사용하여 현실을 부정 하는 것이다. 이런 시는 현실부재의식을 보여주는 과거 회상을 보여주는 시들에서 많이 나타난다. 김종삼은 다양한 접속사를 이용한 언술구조로 텍스트의 사건이나 상황을 명확히 하고 강조하고 싶은 것의 정보를 높여 의미의 전이를 원활하게 한다. 접속 표현이 사용된 「死別」이나 「前程」(전집1)은 김종삼이 1982년, 1984년에 발표한 것으로 그의 병상 생활이 악화된 시기에 쓴 것으로 시적 긴장감이 다소 느슨해져 있다.

지금까지 김종삼의 텍스트에 지배적으로 나타나는 언술구조를 살펴보았다. 그것은 어휘적 회기법, 생략, 압축을 위한 대용형, 불연속적 시제, 다양한 서술적 성향의 언술구조이다. 텍스트의 기본 형식을 유지하려는 언술구조는 문장의 압축과 산문체 방지, 시적 긴장감을 유지하려는 김종삼의 의도적인 시작법이었다. 그는 이와 같은 언술구조로 독자들의 자발적인 참여를 유도하고, 상상력의 장을 마련한다. 김종삼은 하나의 텍스트에 과거와 현재 시제를 혼용하여 과거의 상황을 현재에 일어난 사건처럼 실감나게 표현한다. 또 그는 텍스트에 다양한 접속어를 사용하여 상황의 장면을 반복하거나 실감나게 제시한다. 김종삼은 의도적인 행갈이의 언술구조로 시적 이미지를 확산하고 시의 의미를 다양하게 해석할 수 있는 공백을 만들어 시의 주제를 강조하는 데 성공한다. 마지막으로 살펴본 서술적 경향으로는 묘사의 과거체와 자기 고백적 서술의 언술구조가 있다. 그는 묘사의 과거체에 서사구조를 사용하여 단형의 시에서 이야기를 실감나게 전달하고, 자기 고백적 서술로는 자신의 정체성을 찾아가는 진정성을 구체적으로 보여준다.

김종삼의 텍스트에 나타난 지배적 언술구조는 시적 형식의 '낯설게 하기'에서 한 발 더 나아가 텍스트 안에서 시간성을 조절하고 메시지를 효율적으로 강조한다. 이와 같은 그의 창조적이고 개성적인 시도는 시의 긴장감을 유지하여 시적 감동을 가져온다. 특히 시 텍스트에 사용된 시인의 개인적 조어나 외래어, 음악 관련 용어, 상징어들은 문맥 간의 흐름을 통해서 인지해야 하므로 시 해독에 어려움을 겪지만 독자들의 상상력을 독려하여 의미의 다의성을 유도하는 효과가 있다. 지금까지 살펴본 결과 김종삼의 텍스트 언술구조의 특이성인 회기법, 생략법, 불연속적 시제 사용, 서술적 성향, 의도적인 행갈이, 접속어 표현 사용은 김종삼의 텍스트에 구조화된 형식적 개성이었다. 그는 이와 같은 언술구조를 통하여 시적 효과의 목표인 메시지 전달과 공백을 통한 상상력 확대, 언어의 긴장감을 배가시키는 데 성공하고 있다. 그러므로 김종삼의 텍스트에 나타난 난해성은 의도적인 시적 장치에 기인한다.

III 수사적 특이성

김종삼은 시적 은유를 탁월하게 구사한다. 그의 은유는 유사성을 바탕으로 한 이질적 이미지의 단순한 결합이 아니어서 표층적으로 의미의 이면에 숨어있는 어려운 이미지를 해석하기 어렵다. 시에서 미적 기능은 시인의 감정과 태도를 나타내는 표현 기능과 밀접한 관계가 있다. 즉 그 언어의 관념적인 면에 구체성을 주는 경험적 또는 구체적 삶의 표현이다. 문학의 언어는 단순한 보고나 기록을 위한 언어와는 달리 무수한 은유나 상징의 고리들로 이루어져 있어 그것들의 비밀을 벗겨내지 않고서는 진정한 이해에 도달할 수가 없다.[93]

'수사적 특이성'에서는 김종삼의 의식을 효율적으로 보여주기 위해서 사용된 독특한 비유나 시적 표현으로 형성된 개성적 문체를 살펴보려 한다. 김종삼의 수사적 특이성을 살펴보는 일은 그의 삶이 어떻게 구조화되어 그의 개성적인 시세계를 이루는지와 관련된다. 시인의 구조화된 경험세계는 비유된 시의 문맥을 통해 다양한 삶의 방식으로 나타난다. 시인을 규정하는 개성적 비유는 시적 상상력과 수사적 풍부성을 제공하는 개방적인 언어를 생성한다. 따라서 작품 전체에 효과적으로 기여하지 못하는 '수사적' 장치는 별 의미가 없다. 작품 성취에 기능적으로 기여하는 세부만이 분석과 검토에 값한다.[94] 이는 해석 가능한 다양한 시적 의미들을 고찰하여 시의 내용을 효율적으로 표현하는 모든 비유의 방법을 아우른다. 그러므로 먼저 기본적인 개념들을 알아보는 작업이 선행될 필요가 있다.

비유(figure)란 에이브럼즈(M. H. Abrams)의 표현을 빌면, 한 언어의 화자가 어떤 특별한 의미나 효과를 얻기 위해 일상적인 또는 보편적인

93) 이혜원, 『현대시 깊이 읽기』, 도서출판 월인, 2002, 42쪽.
94) 유종호, 『시란 무엇인가』, 민음사, 1995, 169쪽.

그 단어의 의미와 그 단어의 연결체로부터 벗어나는 표현 형태를 말한다.[95] 비유적 언어는 수사학에서 장식적 표현을 나타내는 것으로 철학의 '밖'에 속하는 언어였다. 왜냐하면 이는 논리적 언어인 철학에 비해 정신을 감성화하고, 의미를 애매성에 빠트려 비의미로 전락시킬 수 있기 때문이다. 하지만 이런 점이 시적 언어에 합당한 감성적이고 다의적인 언어이다. 수사학과 시학이라는 두 개의 체제를 분류한 아리스토텔레스는 수사학이 텍스트와 글쓰기의 이름으로 새로운 언어 실천을 주장하는 것으로 보았다. 레이코프와 존슨은 우리의 사고를 지배하는 개념들은 단순히 지성의 문제가 아니라 가장 세속적인 부분에 이르기까지 우리의 일상적인 활동을 지배한다고 보았다. 즉 개념은 우리가 지각하는 것, 우리가 이 세계 안에서 살아가는 방식, 그리고 다른 사람과 관계를 맺는 방식 등을 구조화한다. 따라서 개념체계는 우리의 일상적인 실재를 구성하는 데 핵심적 역할을 한다.[96] 시인은 묘사적 양식으로만 이미지를 사용하지 않는다. 시인들은 비교를 통해 관념들을 진술하고 전달한다. 자아와 외부 세계의 동일성을 꿈꾸는 시적 언어야말로 비유를 이용한 언어이다.

비유는 일상적 사고와 언어에 없어서는 안 될 요소이며 다른 사고 유형으로서는 할 수 없는 방법으로 우리 자신과 세계를 이해하게 해준다. 시 텍스트의 비유는 한 종류의 사물을 다른 종류의 사물의 관점에서 이해하고 경험하기 위해서 사용되는 것은 아니다. 비유는 시적 장르를 확고히 함과 동시에 시인이 시의 의미를 구조화하기 위한 하나의 전략으로 일상적 개념(conceptal system)으로부터 새로운 의미를 창출한다. 인간에게는 더욱 소중한 또 하나의 욕망이 있는 바 그것은 더욱 완전한 지식에 있는 욕망, 즉 기존의 어휘나 관례적으로 정의된 어휘 범주 밖에 존재하는 것에 대한 인간정신의 동경이다. 이러한 까닭에 아무리 넓게

95) 김준오, 앞의 책, 266쪽.
96) G. 레이코프 · M. 존슨, 『삶으로서의 은유』, 박이정 역, 2006, 21-23쪽.

교묘히 작용한다 해도 인간의 상상력이 살아 있는 한, 개방 언어적 자질을 탐색하고 개발해야 하는 필요성은 언제나 있게 마련인 것이다.[97] 시적 언어는 상상력을 중요시하는 언어로 개방적이어야 하며 모호성・가변성・문제성을 지닌 언어로 팽팽한 생동감을 가진다.

심미주의자로 평가받는 김종삼은 시적인 비유가 두드러지는 시인이다. 그는 원관념과 보조관념의 차이성이 두드러진 비유를 구사하여 해석의 난해성을 초래한다. 필립 휠라이트는 "어떤 표현이 본질적으로 은유인가 아닌가의 문제는 문법적 형태의 법칙 문제가 아니라 이에서 발휘되는 의미변환(semantic transformation)의 질에 관한 문제다"라고 지적한 바 있다.[98] 비유의 능력인 개성적인 상상력은 새로운 의미를 만들어내어 의미 변환을 보여준다. 비유는 시에서 관념적인 언어를 생생한 이미저리로 만들며 독자의 감각에 호소하여 구체성을 획득하는 시적 장치로 압축적인 시의 형식에 필수적이다. 특히 비유는 습관적인 시각을 새롭게 보게 하여 새로운 조어를 만드는 데 기여한다. 시인은 비유적 표현을 통해 자신의 세계관을 구체적으로 드러낸다. 김종삼의 체험과 상상력을 구체화시킨 수사적 특이성을 연구하는 것은 그의 독자적이고 미학적인 표현을 살펴보는 일이다.

'수사적 특이성'에서는 '은유적 의미변용의 세계', '환유적 인접성의 세계', '상징적 다의성의 세계', '인유적 이중화의 세계'로 나누어 김종삼의 텍스트에 나타난 수사법을 살펴볼 것이다. 이런 비유적 논의와 관련지어 필립 휠라이트Philp E. Wheelwright의 은유체계,[99] 삶으로서의 은

97) 필립 휠라이트, 『은유와 실재』, 김태옥 역, 문학과지성사, 1982, 36쪽.
여기서 개방언어란 협의어 혹은 폐쇄어의 반대어로 사용되었다. 협의어는 고정된 언어로 이루어진 언어로 습관과 약정이라는 두 가지 절차로 이루어진다. 상상력이 작용하지 않게 되면 언어는 습관적 용법으로 폐쇄되고 정지되어 아무런 검토나 비판 없이 같은 단어가 반복해 사용된다.

98) 필립 휠라이트, 앞의 책, 68쪽.

99) 필립 휠라이트(Philp E. Wheelwright)는 은유의 구조적 기능을 치환은유(外喩 epiphor)와 병치은유(交喩 diaphor)로 나누었으나 가장 흥미롭고 효과적인 은유적 표현은 외유적 요소와 교유적 요소의 구분이 있을 수 없는 결합(combining)의 방식이라고 말

유를 주장한 레이코프G. Lakoff와 존슨M. Johnson의 은유 유형[100]을 빌려 검토하고 비유를 수사의 범주를 넘어 언어의 일반 논리 차원으로 확대시킨 로만 야콥슨R. Jakobson의 이론,[101] 언어를 정신적 실재를 지닌 것으로 본 노엄 촘스키N. Chomsky의 '선택제약'의 관점을 참조하여 살펴볼 것이다. 또 김종삼의 수사적 특이성에 나타난 상상력을 욕망이라고 보고 무의식의 언어 개념을 상정한 라캉Lacan을 참조할 것이다. 이는 언어 구조가 무의식의 욕망을 변형시켜 의식에 투사한다는 이론을 기초로 한다.

1. 은유적 의미변용의 세계

고전적 이론에서는 은유가 사고의 문제가 아니라 언어의 문제로 간주되었다. 우리는 추상적인 개념을 은유를 통해 이해할 수 있으며 문화적인 차이에 따라서 같은 개념이나 사상을 이해, 해석하는 은유가 다르게 나타날 수 있다. 레이코프G. Lakoff와 존슨M. Johnson은 언어를 지각과 범주화의 능력에 근거한 기호체계로 보고 실세계의 지각을 통한 구성과

했다. 외유의 기능은 의미를 암시하는데 있고 교유의 기능은 존재를 창출하는데 있다. 그리고 각별히 의미심장한 은유에게는 두 요소가 다 요청되는 것이다. 전이(치환)가 아닌 병치(조합)가 은유가 되는 근거, 곧 병치은유도 은유의 한 형태로 성립되는 근거는 필립 휠라이트가 이것을 의미론적 변용작용으로 본 데 있다(필립 휠라이트, 앞의 책 참조).

100) 레이코프G. Lakoff는 은유 유형의 근거로 일상 언어의 개념체계인 관습적 은유로 설명하는데, 시 역시 일상적인 언어를 바탕으로 하며, 그러한 언어들이 한 시인의 시세계를 형성하고 구축한다는 점에서 '시적 개념체계'라는 것이 성립하는 것으로 본다. 따라서 시인의 전체적인 시적 세계를 밝혀내는데 매우 유용하며 동 시대 다른 시인과의 비교연구를 통해 시대적 특징도 고찰 가능하다(G. 레이코프·M. 존슨, 앞의 책 참조).

101) 야콥슨은 환유적인 것과 은유적인 것의 차이가 모든 언어 행동에서 나타난다고 보았으며 시적 기능에 대한 경험적인 언어학적 기능을 선택과 결합의 배열방식에 해답을 찾았다. 즉 시적 기능은 등가의 원리를 선택의 축에서 결합의 축으로 투사한다는 것이다(로만 야콥슨, 「언어학과 시학」, 『문학 속의 언어학』, 신문수 편역, 문학과지성사, 1989, 61쪽 참조).

언어를 통해 표출되고 인식되는 세계가 있다고 보았다. 은유는 습관적이고 인습적인 범주만이 아니며 인식 주체와 대상간의 상호작용에서 생기며 속성들은 대상 자체의 속성이 아니라 인간의 감각기관, 인간의 기능개념 등에 근거한 속성에 있다. 그러므로 은유는 개량범주이론으로 설명될 수 있으며 인간 이해의 필수적 수단인 범주화란 은유의 과정이라고 할 수 있다.[102)]

필립 휠라이트Philp E. Wheelwright는 은유가 다의적이고 긴장성을 유지할수록 새로운 의미를 만들어내고 심미적 효과를 얻는 시적 언어를 생성하는 원동력이라고 설명한다. 구체적인 비유의 언어는 살아있는 긴장감의 이모저모를 형상화할 수 있는 적절한 어휘의 배합을 뜻한다. 예술언어인 시적 언어는 존재의 어떤 알려지지 않은, 추측되지 않은 국면을 일부만 열어 보인다. 그러한 국면들은 각기 개성적 眼識을 표상하며 (추상적이고 매우 부적절한 방법으로밖에는) 여타의 유사한 안식과 같이 분류 · 정리될 수 없을 뿐 아니라 모든 관심 있는 청자나 독자 측의 참신한 반응과 신선한 통찰력을 불러일으킬 수 있는 인식을 표상한다.[103)] '살아있는 은유'란 새로운 의미를 창출할 수 있는 가능성을 띠고 있는 은유이며, 이 가능성의 실현 여부는 그것이 파생시키는 담론 안에서 검증되어야 한다.[104)]

상상력을 중요시하는 시의 언어에서 비유는 언어의 본질로 강조된다. 비유 중에서 은유는 가장 일반적인 것으로 시인의 생각과 행동의 기본원리에 해당되며, 텍스트 연구에서는 관념 사이의 상호작용을 통해 시적 의미를 적극적으로 창조한다. 은유는 시적 장치에 없어서는 안 될 중요한 수사법이며 유사성은 물론 차이성을 포함한 다의적인 언어이다. 그것은 의미론적 변용을 일으켜 독자들에게 낯설고 깊은 울림을 준다.

---

102) G. 레이코프 · M. 존슨, 앞의 책 참조.
103) 필립 휠라이트, 위의 책, 47쪽.
104) 김상환, 「데리다와 은유」, 『은유와 환유』, 한국기호학회편, 문학과지성사, 1999, 42쪽.

이 논문은 김종삼의 텍스트에 나타난 '은유적 의미변용'의 세계를 면밀히 살펴보기 위해서 존재론적 은유, 구조적인 은유, 차이성의 은유로 나누어 분석에 임할 것이다. 이런 분류는 앞에서 제시한 은유이론을 바탕으로 하여 김종삼의 텍스트에 나타난 특징적인 은유의 양상을 참조한 것이다.

1.1. 존재론적 은유

존재론적 은유(Ontological metaphor)는 우리 경험 내부의 체계적 상관물(systemic correlates)에 의해서 형성되며 관념이나 추상을 구체화한다.[105] 이것은 한 사물에 다른 사물의 이름을 轉移하는 방식으로 관념적인 것들이 명시화되는 것이다. 자연계의 요소들이 새로운 방식으로 결합하여 새로운 자질을 형성하듯 시적 은유는 일상적이고 자동적인 사고의 자동양식을 특별하고 비자동적으로 사용한다. 김종삼은 초월적 시세계를 향한 자신의 욕망을 구현하기 위하여 존재론적 은유를 사용하여 의미변용의 시적 언어를 만든다.

김종삼의 텍스트에 나타나는 존재론적 은유의 양상은 유사성이나 차이성을 비유하는 치환은유(epipher, 외유)와 치환은유된 것들이 여러 개가 조합되는 병치은유(diapher, 교유)가 긴밀하게 조합된다. 즉 하나의 취의(tenor)를 위해 여러 개의 치환은유가 매개(vehicle)로서 활용되며 서너 개의 매개적 이미지가 참신한 병치를 이룬다. 필립 휠라이트의 지적대로 가장 훌륭한 은유적 표현에는 외유적 요소(치환적 요소)와 교유적 요소(병치적 요소)의 확연한 구분이 있을 수 없으며 이들은 다만 상보적인 요소로서 서로 융합되어 작용한다.[106] 김종삼은 외유를 통한 의미의 암시와 교유를 통한 존재의 창출을 시도하는 수사적 방법을 사용한다. 이것은 표현의 확장과 의미 전환을 위해서 은유를 다양하게 조합

105) G. 레이코프 · M. 존슨, 앞의 책, 127쪽.
106) 필립 휠라이트, 앞의 책, 92쪽.

(combining)하는 병치은유[107]이다. 병치은유는 치환은유처럼 사물들 사이의 유사등식 같은 상호 모방적 인자가 있는 것과 달리 서로 다른 사물들이 당돌하게 병치되어 새로운 결합의 형태를 보여준다. 전이가 아닌 병치가 은유가 되는 근거는 필립 휠라이트의 견해처럼 은유를 의미론적 변용작용(semantic transformation)으로 본 것이다. 김종삼의 수사적 특징은 유려하고 독특한 의미 변용을 가져오는 은유로, 비유되는 것들이 이질적인 이미지의 조합으로 구성된다.

존재론적 은유의 고찰은 일상어의 범주를 일탈하는 비유어의 속성을 살펴보고 문맥 간의 의미를 창조하는 언어를 살펴보는 것이다. 우리는 대상과 물질의 관점에서 우리의 경험을 이해함으로써 경험의 부분을 선택하고, 그것을 동일한 종류의 분리된 대상이나 물질로 다루게 된다. 일단 우리의 경험을 대상이나 물질로 식별할 수 있다면 그것을 지시할 수 있고 범주화할 수 있고, 분류할 수 있고 양화할 수 있다. 그리고 이 방법으로 그것에 대해 사유할 수 있다. 물리적 대상에 대한 우리의 경험은 매우 광범위하고 다양한 존재론적 은유-즉 사건, 활동, 정서, 생각 등을 개체 또는 물질로 간주하는 방식인-의 근거를 제공한다.[108]

시인은 우주의 모든 사물을 생명을 지닌 존재로 파악하며 그것들을 통해 인간의 경험적 사실들을 표현한다. 김종삼은 존재론적 은유를 사용하여 시 창작에 구체성을 부여하며 관념적인 대상을 우리 삶 속으로 끌어들여 새로운 의미를 만들어 내는 창조적 글쓰기를 실현한다. 김종삼의 시에 나타난 존재론적 은유를 살펴보는 일은 시적 비유의 기능과 문학

---

107) 새로운 결합 작용으로 새로운 의미와 자질을 생성할 수 있다고 할 때, 새로운 결합 작용이란 이미지나 장면의 당돌한 통합일 수밖에 없고 여기서 탄생 가능한 그 새로운 의미와 자질도 일상적 의미나 논리적 의미와 무관한 것이 될 수밖에 없다. 병치는 예술을 독자적이게 하는 원리임을, 다시 말하면 일상적이고 논리적 의미를 배제하는 원리임을 시사하는 것이다. 자연과 현실의 모방이든 관념의 묘사든 또 선행 예술의 모방이든 모든 모방적 요소가 있을 때는 치환적 요소가 있는 것이다(김준오, 앞의 책, 185쪽).

108) G. 레이코프 · M. 존슨, 앞의 책, 58-59쪽.

적 역할을 살펴보고 텍스트 전체의 유기성을 살피는 것이다. 김종삼은 한 문장에 여러 겹의 은유를 배치하는 병치적 기법을 통해 시적 이미지를 강조하고 확산시켜나감으로써 청자나 독자 측의 참신한 반응과 신선한 통찰력을 불러일으키고 시인의 텍스트를 창조적인 의미변용의 언어로 변환한다. 자연적 종류의 경험이 본질상 부분적으로 은유적이라는 사실은 은유는 경험의 구조를 특징짓는 데 필수적인 역할을 하기 때문이다.

김종삼이 존재론적 은유를 자주 사용한다는 것은 그의 사고가 생명성을 중시하고 있다는 것이다. 그의 텍스트에 나타나는 존재론적 은유는 유사성의 원리를 바탕으로 여러 행이 결합하여 하나의 은유를 만들거나 작품 전체가 하나의 은유가 되는 확장은유이다. 김종삼의 텍스트에 나타난 존재론적 은유는 물질적 이미지의 제시 속에 화자의 다양한 정신적 방황이 나타나고, 물질적 이미지들이 의인화되어 관념과 추상이 물활적 구체성을 얻는다. 그의 텍스트에서 살펴본 존재론적 은유의 양상은 관념을 물질화시킨 것과 자연을 개체화시킨 것으로 나눌 수 있다. 김종삼은 자신이 추구하는 이상의 세계를 구체적으로 묘사하기 위해서 추상을 물질화시키고 자연 대상물 하나하나에 생명을 부여한다.

> 나의 本籍은 늦가을 햇볕 쪼이는 마른 잎이다.
> 밟으면 깨어지는 소리가 난다.
> 나의 본적은 巨大한 溪谷이다.
> 나무 잎새다.
> 나의 本籍은 푸른 눈을 가진 한 여인의 영원히 맑은 거울이다.
> 나의 本籍은 次元을 넘지 못하는 독수리다.
> 나의 本籍은
> 몇 사람밖에 안되는 고장
> 겨울이 온 教會堂 한 모퉁이다.
> 나의 本籍은 人類의 짚신이고 맨발이다.
>
> – 「나의 本籍」[109] 전문

자기 고백적 서술의 이 시는 A=B라는 은유의 기본 형식을 보인다. "나의 本籍"은 "마른 잎", "거대한 계곡," "나무 잎새", "맑은 거울", "독수리", "교회당 한 모퉁이", "인류의 짚신", "맨발"로 변주된다. 이 시의 기본적인 문장은 단순한 '주어+서술어'의 구조를 가지며, 존재론적 은유를 이용하여 자아 찾기를 시도한다. 김종삼은 자기 고백적 서술을 이용한 언술구조로 자아 찾기에 대한 효과적인 시적 성취를 보여준 바 있다. 이 시에서는 화자의 정체성을 찾기 위해 다양하게 병치된 개념들이 반복, 확산되면서 '본적'이라는 관념어가 새로운 의미로 변환된다. 本籍의 본래 뜻은 자신의 뿌리를 뜻하는 것이지만 여기서는 정신적인 마음의 고향이나 근원적인 것, 즉 시인으로서 자신의 정체성을 의미한다. 「나의 本籍」은 화자가 추구하는 아름답고 소중한 것들이 어떤 것인지 알려준다. 1행의 나의 本籍은 "늦가을 햇볕 쪼이는" 따듯한 곳이며 "밟으면 깨어지는 소리가 나는" 마른 잎새처럼 나약하고 상처받기 쉬운 것이다. 그러나 2행에서 나의 本籍은 "거대한 계곡"처럼 그 속을 알 수 없는 것이며 "나무 잎새"처럼 생명력이 넘쳐흐르는 것이다. 이 텍스트는 3행을 주의해서 볼 필요가 있다. 3행은 전체적으로 회기되는 주어인 "나의 본적"이 생략되어 있다. 생략된 부분을 써보면 "나의 본적은 거대한 계곡의 나무 잎새"로, 1행에 나온 나약한 "마른 잎새"와는 다른 이미지인 인생의 허무함과 푸르른 한때를 동시에 함의한다. 4행의 "나의 本籍"이 비유하고 있는 것 역시 "푸른 눈을 가진 한 여인의 눈"으로 이 말이 지시하는 의미는 순수한 것, 즉 푸른 눈에 담긴 평화롭고 아름다운 화자의 이상적인 세계를 지칭한다. 그러나 화자는 "차원을 넘지 못하는 독수리"이

---

109) 「나의 本籍」은 1968년에 발표한 것이고, 1964년에 이와 같은 존재론적 은유의 병치형식을 사용한 「나의 本」이 있다. 이 시의 의미나 형식으로 보아 「나의 本籍」을 완성하기 위한 습작으로 보일 수도 있다. 그러나 병치된 은유가 새로워서 '나의 本'에 대한 치밀한 사고를 한 것으로 추측된다.
"나의 本은 선바위, 山의 얼굴이다./ 그 사이/ 한 그루의 나무이다./ 희미한 소릴 가끔 내었던/ 뻐국새다./ 稀代 의 거미줄이다.// 해질 무렵 나타내이는 石家이다."

기에 삶의 한계를 절감한다. 언술구조의 특이성에서 살펴본 '연민의식과 평화의식' 부분에서 김종삼은 '여인'의 이미지를 평화의식과 순수의식의 상징적 대용물로 사용하는데 여기서는 '여인'에서 '여인의 눈'이라는 더 구체적이고 순수한 비유로 확장된다. 6, 7, 8행은 반복되는 형식의 지루함을 극복하기 위해 김종삼의 지배적 언술구조인 의도적 행갈이를 시도했다. 8행의 화자는 "나의 본적"을 교회당 모퉁이"로 비유하여 성스러운 이미지로 전환하고 그 의미를 확산한다. 마지막 행은 "짚신", "맨발"로 표상되는 인류 근본의 모습인 방랑자의 이미지를 차용하여 세상을 방황하는 화자의 처지가 비극적 현실임을 환기한다.

이 텍스트는 "나의 本籍"이라는 일상적이고 관념적인 상관물을 구체적이고 직접적인 대상인 '마른 잎-거대한 계곡-나무 잎새-맑은 거울-독수리-교회당 한 모퉁이-인류의 짚신, 맨발' 등의 이질적 이미지의 병치로 새로운 의미를 만든다. 김종삼은 이 같은 중복적 병치의 수사법으로 '참된 자신'의 모습을 '~이다'라고 스스로 명명한다. 시적 비유는 사물들 간의 내재적 친연성을 직관적으로 파악하는 마음을 전제로 하지 않고는 성립하기 불가능한 것이다. 하여 시인들은 가을날 나뭇잎 하나가 떨어지기 위해서도 온 우주의 힘이 필요하다고 인식하게 된다. 다음은 화자의 모습을 두꺼비에 투사한 것이다.

갈 곳이 없었다

비가 쏟아지고 있었다
버스를 기다리고 있었다

두꺼비 한 마리가 맞은 편으로 어기적빼기적 기어가고 있었다
연신 엉덩이를 들썩거리며 기어가고 있었다 차량들은 적당한 시속
으로 달리고 있었다
수없는 차량 밑을 무사 돌파해가고 있으므로 재미있게 보였다

………

大型 연탄차 바퀴에 깔리는 순간의 擴散소리가 아스팔트길을 진동
시켰다 비는 더욱 쏟아지고 있었다
무교동에 가서 소주 한 잔과 설농탕이 먹고 싶다

-「두꺼비의 轢死」 전문

이 텍스트는 현대문명의 대표적 비유로 쓰이는 車路(아스팔트)로 어줍지 않게 "어기적빼기적" 기어가는 두꺼비의 모습을 현실에 어울리지 않는다고 생각해온 화자의 모습으로 투사한다. 아스팔트를 느릿느릿 기어가는 우스꽝스러운 두꺼비의 모습은 화자가 현대문명 속에서 어설프게 살아가는 모습이다. 결국 두꺼비는 "大型 연탄차 바퀴"에 깔리고 만다. 그 순간의 "擴散소리"는 아스팔트를 잠시 진동시킬 뿐 비는 계속 쏟아지고 차들은 일정한 속도로 변함없이 달린다. 김종삼은 실제적으로도 현실적응을 못해 과거를 자주 그리워했다. 이 텍스트에 나타난 현대문명의 폭력적인 모습과 그 속에 적응하지 못하는 자연물인 두꺼비는 화자에 대한 은유로 화자 자신의 삶이 늘 위태로운 상황이라는 걸 고발한다. 즉 화자의 모습이 자연물인 두꺼비로 전이된다. 이 시는 관념적인 화자의 현실 상황과 기어가는 두꺼비를 비유하여 사람과 자연의 상호교감을 보여준다. 두꺼비의 모습과 현실에서의 화자와의 유사성이 현대인의 고달프고 위태로운 삶이라는 새로운 의미로 변환된다. 특히 두꺼비의 비극적 죽음을 강조하기 위해 다양한 공포의 이미지를 병치한다. 1연의 "갈 곳이 없는" 두꺼비가 비까지 오는 현실을 파악하지 못하고 위험한 아스팔트길을 "어기적빼기적" 기어가다 결국 "대형 연탄차 바퀴"에 깔리는 상황은 독자들에게 비애와 공포감을 준다. "적당한 시속을 달리는 차"들은 느끼지 못했을 "확산소리"가 화자의 심정을 대변한다. "무교동에 가서 소주 한 잔과 설농탕이 먹고 싶다"는 마지막 행은 화자의 현재 심정

을 실감나게 보여준다. 김종삼은 "두꺼비"라는 미물을 자신으로 은유하여 현대인의 고독함과 생존 문제를 제기한다. 그는 삶을 순전히 사람과 사람 사이의 사회적 관계에서만 보는 것이 아니라 자연이나 우주적 연관에서 보아야 한다는 상생의 메시지를 전달한다.

김종삼은 현실 적응이 어려웠기에 늘 과거에 집착했다. 그래서 가족에 대한 애착이 남다르다. 이것은 텍스트에 나타나는 어머니에 대한 잦은 묘사로도 알 수 있다. 아래의 시는 어머니의 어두웠던 생을 존재론적 은유를 통해 구체적으로 묘사하고 있다.

> 어디서 듣던
> 秦鳴曲의 좁은
> 鐵橋를 지나면서 그 밑의
> 典當鋪와 채마밭이 있던
> 곳을 지나면서
> 畵人으로 태어난 나의 層層臺의 簡易의 房을 찾아가면서
> 무엇을 먼저 祈求할 바를 모르면서
>
> 어두워지는 風景은
> 모진 생애를 겪은
> 어머니 무덤
> 큰 거미의 껍질
>
> -「地」 전문

「地」는 자연물을 의인화한 존재론적 은유의 예다. 이 텍스트의 2연은 "어두워지는 風景"이 "어머니 무덤", "큰 거미의 껍질"로 치환, 병치되는 것을 발견할 수 있다. "어두워지는 풍경"은 평생을 고생하신 어머니의 어두운(무덤) 이미지를 표상한다. 이와 같은 하강적 이미지는 뱃속에서 오글대는 수천 마리의 새끼들에게 자신을 내어주고 죽는 거미의 생

태와 동일한 모성을 연상시킨다. 어머니는 거미가 몸속의 진액으로 거미줄을 짜내듯 살아생전 자신의 몸을 헐어 자식들을 먹이고 입히며 희생한다. 이 텍스트의 화자는 세상의 어머니들이 거미줄을 생산하듯 끊이지 않는 희생으로 자식을 먹여 키우고 생명력을 이어왔음을 뜻한다. 오규원은 김종삼 시의 묘사가 삶의 비극을 객관적으로 서술하는 태도에서 나왔으며 특히 독자적 세계를 구축한 예술가의 비극적 삶을 묘사한 것은 개인주의와 비전통주의에 경도된 시인의 의식을 반영한 것으로 보았다.[110] 이 텍스트에서 어두움으로 표상되는 언어는 죽음과 생명 이미지를 새롭게 창조한다.

새로운 은유는 새로운 이해를 창조하며, 새로운 實在를 창조한다. 미적 경험은 공식적인 예술세계에만 한정 되지 않으며 미적 경험은 우리 일상생활의 어느 측면에서나 나타날 수 있다.[111] 사르트르의 표현을 빌리자면 이것은 '마술적인 유사성'이다. 김종삼은 존재론적 은유로 관념적인 시세계를 생생하게 만들고 텍스트 세계에 독특한 물활론적 개성을 부여한다. 그의 경험적 세계를 다양하게 표현한 존재론적 은유의 구조화 방식은 김종삼이 작은 생명을 얼마나 중요시하는지 알 수 있다. 존재론적 은유는 김종삼의 창조적인 시세계를 표현하기 위한 적절한 수사법이다. 존재론적 은유는 김종삼 시세계에 나타난 연민의식과 휴머니즘을 표현하기에 적합하다. 그는 자신의 세계관을 보다 구체적으로 나타내기 위해 이 수사법을 사용한다. 따라서 존재론적 은유는 그의 경험과 인식론적 사고를 살피는 데 유용하다.

1.2. 구조적 은유

구조적인 은유는 텍스트의 구문이 문장구조상 문법에 어긋난 시적 문

110) 오규원, 「타프니스 시인론: 김종삼과 박용래를 중심으로」, 『문학과 지성』, 1975, 겨울호 참조.

111) G. 레이코프 · M. 존슨, 앞의 책, 370쪽.

장을 통해서 실행하는 것이다. 구조적인 은유는 문법적인 일탈을 통하여 문맥과 문맥 사이의 새로움을 창조한다. 그러나 서로 다른 사물 간에 연계 가능한 어떤 지표가 있을 때 은유가 성립한다. 이 지표는 본질적으로 의미론적인 것이지만, 언술의 차원에서 자주 그 의미를 담보하는 구문의 유사성이 있다. 구문의 유사성 자체가 서로 언술을 이어주는 통로와 같은 역할을 하는 것이다. 이런 점에서 유음이의어나 동음이의어를 통한 말놀이도 소리의 유사성으로 이질성을 담보한다는 점에서 일종의 은유이다. 두 개의 문장이나 구, 절, 시어가 구문적으로 통합되면서 둘에 공통되는 어떤 의미를 산출하므로, 이렇게 통합된 구문 사이의 관계를 은유적이라고 부를 수 있다.[112)]

노엄 촘스키 Noam Chomsky는 『통사이론의 양상』(1965)에서 '선택제약'의 관점에서 은유를 설명한다. 선택제약이란 한 어휘항목이 다른 어휘항목과 결합하는 방식을 제한하는 규칙을 말한다. 한 문장에서 명사는 통사자질을 가지는 반면, 동사나 형용사는 명사와의 관계에 따른 선택자질을 가진다. 그러므로 한 주어는 아무 낱말이나 서술어로 삼을 수 없고 오직 여러 낱말 가운데 특정한 것만을 선택하게 마련이다. 예를 들어 "그 돌이 울었다"는 통사규칙을 위반한 문장이다. "그 돌이 유난히 빛났다"라든지 "그 돌이 단단해 보였다"라고 말하면 몰라도 '돌'이라는 무생물 주어는 '울었다'라는 정감을 나타내는 동사와는 전혀 어울리지 않는다. 즉 논리성에 따라 문장의 옳고 그름을 판단해야 한다.[113)] 이 의견은 로만 야콥슨이 은유와 환유를 선택과 배열의 문제로 다루는 것과도 관련이 된다. 그러므로 은유, 환유는 논리적인 문장과는 달리 선택제약에 어긋나는 문장에서 나타나게 되며 이것은 시적 언어와 불가분의 관계를 맺는다. 자유 연상적 이미지의 병치, 생략과 도치, 압축을 통한 일상적

---

112) 권혁웅, 『한국 현대시의 시작방법 연구』, 깊은샘, 2001, 108쪽.
113) 김욱동, 「은유와 환유의 언어학적 기초」, 『은유와 환유』, 한국기호학회, 문학과지성사, 1999, 94-98쪽.

문맥의 파괴를 보이는 김종삼의 텍스트는 의도적으로 선택제약이 어긋나 있는 구조적 은유를 구사하여 문법적 일탈을 보여준다. 이것은 은유가 언어 구사에 있어서 특수하고 예외적인 것이며 정상적인 언어 작동 양식으로부터의 일탈이라는 리챠즈I. A. Richards의 가정과 부합된다.114)

싱그러운 巨木들 언덕은 언제나 천천히 가고 있었다

나는 누구나 한번 가는 길을
어슬렁어슬렁 가고 있었다

세상에 나오지 않은
樂器를 가진 아이와
손쥐고 가고 있었다

너무 조용하다

－「風景」 전문

「風景」의 3연은 「背音」의 5연 중에서 4~6행인 "세상에 나오지 않은/ 樂器를 가진 아이와/ 손쥐고 가고 있었다"와 같다. 다만 3연 3행에서 주어인 "나는"을 생략했다. 이 텍스트는 화자의 개입을 최소화하고 사물과 현상을 객관적으로 소묘한 작품이다. 이 텍스트는 주어의 생략과 시제의 불연속, "~있었다"라는 서술어가 반복 회기되는 김종삼 특유의 언술구조를 보인다. 1연의 "싱그러운 巨木들"에 나타난 형용사 "싱그러운"은 명사인 "거목"을 수식하고 있으나 "싱그러운"이라는 형용사는 "거목"을 수식하는 단어로는 적절하지 않다. 이 문장은 문법적으로 선택제약에 어긋나 있다. 논리적 선택제약을 따른 글이라면 "거목"의 뜻인 거대한 나

114) I. A. Richards, *The Philosophy of Rhetoric*(Oxford University Press, 1936), 유종호, 『시란 무엇인가』, 민음사, 1995, 171쪽 재인용.

무를 수식하는 적절한 형용사로 '웅장한' 혹은 '거대한', '우뚝 선', '키 큰' 등을 사용했을 것이다. 또 자연물인 "언덕"이라는 일반 명사의 서술어로 "가다"를 사용했는데 "가다"라는 서술어는 사람이나 동물' 등이 걸어가는 모습을 표현할 때 선택되는 단어로 선택제약에 어긋나 있다. 이 문장에 쓰인 "천천히"라는 부사도 조금씩이라도 움직임이 포착될 때 사용하는 부사이지만 여기서는 무생물인 "언덕"이 걸어가는 것으로 표현하여 사람의 시선으로 포착된 풍경이다. 특히 이 텍스트의 각 부분은 앞 연과 이렇다 할 연관성이 없어서 그 의미를 추정하기 힘들다. 김종삼은 의도적으로 선택제약에 어긋난 문장을 구사하여 독자들에게 텍스트를 재차 읽어보도록 유도하고, 문장의 여백에 숨은 다의적 의미를 도출하게 한다. 2연은 비교적 평이한 문장으로 "누구나 한번 가는 길"이라는 익히 잘 아는 '인생행로'라는 상징으로 변한 은유를 사용했다. "일반적으로 상징이란 우리의 지각경험 가운데 비교적 지속적이며 반복적인 요소를 말하며 지각 경험 자체만으로 전달되지 않거나 충분히 전달될 수 없는 더욱 광범한 어떤 한 의미 혹은 일련의 의미를 뜻 한다."[115] 김종삼의 은유적 수사법은 필립 휠라이트가 언급한 대로 지속적이고 반복적인 은유가 상징으로 변환된 단어들이 많다.

이 텍스트의 중요한 메시지인 3연의 "세상에 나오지 않은/ 악기를 가진 아이와/ 손쥐고 가고 있었다"라는 표현도 선택제약에 어긋난 구조적 은유이다. 악기를 수식한 것으로 "세상에 나오지 않은"이 쓰이고 있는데 악기는 무생물로서 "세상에 나오지 않"는다고 표현하기 보다는 '아직 출고되지 않은' 등의 수식어를 선택해야 한다. 여기서 "세상에 나오지 않은 樂器를 가진 아이"란 구체적으로 무엇을 뜻하는 것일까? 정확한 의미를 해석하기 힘들지만 '아이'가 함의하는 일반적인 뜻과 "세상에 나오지 않"았다는 것을 중점적으로 유추해보았을 때, 그것들이 의미하는 것

---

115) 필립 휠라이트, 앞의 책, 94쪽.

은 이 세상에 존재하지 않는 순수한 것을 지칭하는 것으로 화자 자신을 평화의 경지로 이끄는 클래식음악에 대한 언급으로 볼 수 있다. 즉 김종삼이 세상에서 가장 고귀하고 순수한 것으로 생각하는 클래식 음악을 은유하는 개인 상징어이다. 이 문장에 대해서 이경수는 "누가 그린지 모를/ 풍경의 배음"이기에 "세상에 나오지 않은 악기"는 자기 혼자 찾아나서는 언어의 등가물이라고 보았다.116) 이 논문은 이 말을 '라산스카'와 같은 의미를 지닌 것으로 본다. 즉 그가 욕망하는 순수, 초월의 세계를 뜻하는 클래식 음악에 대한 은유이다.

김종삼은 음악을 항상 고귀하고 순수한 것으로 생각했으며 함께 손잡고 가는 음악에 기대어 괴롭고 힘든 생을 "어슬렁어슬렁" "무언가를 끄적이며" 여유롭게 갈 수 있었다. 그는 1981년 한국일보의 기사에 "음악을 들을 때에야 비로소 생각을 할 수 있게 돼요. 덧붙여 설명하자면 그립다거나 슬프다거나 운다든가 하는 감정의 소용돌이에서 완전히 떠나는 평정에 다다를 수 있다"고 말했다. 김종삼에게 음악은 "종교적이라고 할 만한 정화력"을 가지고 있는 만큼 "음악이 없으면 부재하는 현실 속에서 한 줄의 글도 쓸 수 없었다."117) 따라서 이 시의 화자에게는 음악과 함께 가는 "풍경"은 "너무 조용"하고 평화롭다. 그가 숭고한 음악의 손을 놓았을 때 세상은 "아우슈비츠"를 사는 죄수의 삶이 되고 "소금바다"가 되므로 김종삼이 바라는 평화로운 풍경은 이 세상에 존재하지 않게 된다. 혹시 존재한다면 시인의 꿈속이나 환상, 아니면 시인이 자주 언급하는 "하늘나라"나 "천국"에 존재할 뿐이다. "세상에 나오지 않은 樂器를 가진 아이와 손쥐고 가고 있는" 그의 비현실적인 의식은 이 세

116) 이경수, 「부정의 시학」, 『김종삼 전집』, 청하, 1988, 259-260쪽.

117) 김종삼은 '노래와 시의 관련성에 대한 기자의 질문'에 대해서 "음악을 들을 때라야 비로소 생각을 할 수 있게 되요. 덧붙여 설명하자면 그립다거나 슬프거나 울음 운다든가 하는 감정의 소용돌이에서 완전히 떠나는 평정에 다다를 수 있다는 말이죠"라고 밝힌 바 있다(김종삼, 『일간 스포츠』, 1979년 9월 27일 신문기사, 『김종삼 전집』, 나남출판, 2005, 312쪽).

상에 부재하는 풍경의 '背音'처럼 신비롭고 아름다운 환상적 이미지를 가진다. 이 텍스트는 현실에 존재하지 않는 부재의 풍경을 묘사한 것이다.

김종삼의 시에 빈번하게 나타나는 선택제약을 위반한 구조적 은유는 다의적 해석을 불러오는 시적 언어로 논리적인 사실성은 벗어나 있지만 교유적 긴장성을 획득하며, 현실에 부재하는 理想과 환상적 세계를 눈에 보이듯 구체적으로 보여주는 긴장언어의 힘을 가진다. 필립 휠라이트는 긴장언어에 대해 "개성만으로는 불충분하다. 그것은 개방언어가 지니는 이완성 · 애매성 그리고 비효율성 때문이다. 언어의 개방성은 어디까지나 잠재적 가치로서 언어에 생동감을 부여할 수 있는 한에서만 존재가치가 있다. 시적 의미는 어떤 각별한 의미를 부여할 수 있다. 시적 표현은 존재의 어떤 알려지지 않은, 추측되지 않는 국면을 그 일부만 열어 보인다. 그러한 국면들은 각기 개성적 眼識을 표상하며 (추상적이고 매우 부적절한 방법으로 밖에는) 여타의 유사한 안식과 같이 분류 · 정리될 수 없을 뿐만 아니라 모든 관심 있는 청자나 독자 측에 참신한 반응과 신선한 통찰력을 불러일으킬 수 있는 그러한 안식을 표상한다."[118] 김종삼의 텍스트에서 볼 수 있는 환상적 묘사들은 현실에 대한 절망적 기능을 극복하기 위한 문화적 기능을 가진 긴장언어이며 다의성의 언어이다. 환상적 이미지들의 조합으로 변성적인 언어를 보여주는 김종삼의 구조적인 은유는 미지의 세계를 추구한다.

김종삼은 환상적 이미지들을 조합하여 미지의 세계를 추구했다. 그리고 자신이 시인이라는 것에 대한 진정성이 남달랐다. 다음 시의 화자는 시인의 진정한 자세가 어떤 것인지 탐문하고 있다.

그렇다
非詩일지라도 나의 職場은 시이다

118) 필립 휠라이트, 앞의 책, 42-47쪽.

나는 진눈깨비 날리는 질짝한 주변이고
가동중인
夜間鍛造工廠

깊어가리마치 깊어가는 欠谷

–「制作」 전문

「制作」은 지나친 압축과 비등가적 언어가 배치된 구조적 은유를 사용하여 시의 긴장을 만든다. 1연의 "나의 職場은 시이다"에서 '직장'과 '시'는 주어와 서술어로 쓰이고 있으나 선택된 두 낱말은 서로 호응되지 않는다. 보통 나의 직장은 신문사다, 혹은 학교이다 등 장소를 나타내는 명사가 오기 마련인데 여기서는 추상적인 언어인 "시"가 선택되었다. 이와 마찬가지로 2연에서 "나"는 비등가적 언어인 "주변"과 "야간단조공창"으로 병치되어 있어 선택제약에 어긋난다. 사람을 지칭하는 대명사인 주어와 서술어가 서로 호응되지 않는다. 이 텍스트는 김춘수의 「나의 하느님」을 떠오르게 하는 시로, 비유된 것들 간의 거리가 먼 살아있는 은유다. 시 쓰는 일이 "진눈깨비 날리는 질짝한 주변이고/ 가동중인/ 야간단조공창"이라는 문장은 선택제약에 어긋난 것이며, 추상어인 "시"에 "제작하다"라는 서술어를 사용한 것 역시 선택제약에 어긋난다. 김종삼은 이처럼 압축과 생략, 병치로 제3의 낯설고, 부적절한 의미를 만든다. 화자는 시 쓰기의 힘겨움을 강조하기 위해 구체적이고도 위반된 진술인 "진눈깨비 날리는 질짝한 주변"이나 "변방" 등의 낯선 언어를 병치시켜 "시" 또는 "시인"이라는 구조적인 은유를 만든다. 2연은 화자가 금속을 가열하고 두들겨 물건을 만들어내는(鍛造) 장인의 작업처럼 시를 제작하는 것의 고단함과 힘겨움을 시사한다. 시인이란 비록 그것이 "非詩"일지라도 외롭게 그 일을 수행하는 자라고 정의한 김종삼에게 '제작'이란 어떤 의미인지 아래의 산문을 통해 살펴보자.

> 시란 무엇인가? 나는 이 어려운 문제에 답하기보다 내가 시를 쓰는 모티브를 말하고자 한다. 나는 살아가다가 '불쾌'해지거나 '노여움'을 느낄 때 바로 시를 쓰고 싶어진다. 시를 일단 쓰기 시작하면 어휘선택에서 지독하게 신경을 쓰며 골머리를 앓지만, 써놓고 난 뒤엔 역시 '작품'이니 '시'니 할 만하지가 못하기 십상이다. 그래서 나는 '한 편' '두 편'하고 따지지를 못한다. 쓰고 난 뒤엔 한낱 '물건'으로 타락해 버리기 때문이다.[119)]

위의 글을 보면 김종삼의 詩作은 삶에 대해 불쾌하거나 노여울 때 시작된다. 시를 제작하는 일은 지독한 고민 끝에 어휘를 선택하지만 결국 '작품'이나 하나의 '시'가 되지 못하고 한 개의 물건으로 추락해 物化되어 버린다. 그래서 시인은 자신의 詩作을 시를 쓴다고 하지 않고 '제작' 한다고 표현한다. 김종삼은 200여 편의 시들 중에 자신의 마음에 드는 시는 고작 「돌각담」, 「앙포르멜」, 「드빗시 산장」 등 서너 편 정도라고 언급했듯 시를 장인처럼 '제작'했다.

시 쓰는 일은 누구도 알아주지 않는 열악한 환경(변방)의 '직장'에서 시간과 사투를 벌이는 외롭고 힘든 노동이지만 현실 부재의 힘겨운 생을 헤엄쳐나가는 데 있어 힘이 되며 그를 구원해줄 고귀하고 아름다운 일이다. 김종삼은 평생 이렇다 할 직장을 가진 적이 없었으며, 늘 힘겹게 살아왔음에도 시를 쓰는 일에 대해서만큼은 엄격한 장인의 자세를 유지해 왔으며 "깊어가리마치 깊어가는 欠谷"[120)]처럼 꿋꿋한 인내심을 가진 극기의 자세를 견지했다. "欠谷"은 김종삼의 개인조어로 다양한 해석이 가능하나 본고는 그 뜻을 밤새 공장을 가동해서 시를 지어도 자신의 목표에는 항상 모자라는 시가 '제작'됨을 아쉬워한다는 것으로 해석

---

119) 김종삼, 앞의 책, 권명옥 편, 303쪽.

120) "欠谷"은 김종삼의 개인조어로 그 뜻을 정확히 알 수 없다. 그러나 이숭원은 '상처처럼 갈라터진 계곡'으로 해석하였고 권명옥은 '하품하다'라는 훈을 가진 흠(欠)자를 차용해 만든 개인 조어로 본다. 옥편에는 欠이 하품할(흠), 모자랄(흠)의 두 가지 뜻이 있으므로 본고는 '모자라다'는 뜻으로 해석한다.

한다. 시 '제작'의 어려움에 대해 "欠谷"으로 표현한 것은 진정한 시에 못 미치는 화자의 모든 상황을 독자들에게 다의적으로 보여주려는 의도를 가진다.

이 텍스트는 "진눈깨비 날리는 질짝한 주변", "가동중인 야간단조공창" 등 이질적 비유어를 사용하여 구조적인 병치은유를 만든다. 이것은 병치와 통합에 의해 새로운 의미를 창조하는 것으로 어떤 특정한 경험들을 은유적으로 관통하는 원리가 있을 때 발생한다. 이 시에서 시적 화자인 "나"는 '직장-질짝한 주변-야간단조공장-흠곡' 등 이질적인 것으로 병치되어 그 의미가 확산되고 '나=시인'이 새로운 특질과 의미를 생성한다. 사람을 지칭하는 대명사 주어 "나"가 비생명체인 이미지들로 묘사되는 것은 선택제약에 어긋난다. 구조적으로 주어인 "나"에게 선택되는 서술어들은 사람에 어울리는 것들이어야 하는데, 생소하게 변환된 이미지들은 시인을 지칭하는 모습과는 이질적이다. 즉 문장의 일탈을 보이는 비문법적 구조다. 이 은유는 유추 불가능하여 전체적인 의미를 낯설게 하고 텍스트 전체에 팽팽한 긴장감을 준다. 이런 구조적인 은유의 사용은 잠재적 가치로서의 언어의 생동감을 부여하는 것으로 김종삼의 수사적 방법 중에 개성적인 것이다.

이 텍스트의 화자는 자신의 시를 시가 되지 못하는 "非詩"라고 하면서 시인됨의 부적절함을 여러 차례 이야기하지만 이 시의 표층적 의미를 뒤집어보면 그렇기 때문에 화자 자신은 더욱 진정한 시인임을 강조한다. 김종삼은 앞에서 언급한 대로 자신의 詩作에 대해 "그저 사는 것이 따분하고 지리해질 때 흐리고 탁한 뜨물 같은 시나 써보곤 한다"지만 이 말의 저변에는 "깊어가리만치 깊어가는 흠곡"이라는 무겁고 운명적인 시인의 이미지가 들어있다. 이 텍스트는 장인정신에 투철한 시인 자신의 변방의식, 즉 시인의식을 보여주는 메타시다. 류명심은 시인의 변방 의식을 나타낸 주변 지향적인 은유(구석, 모퉁이, 얕은, 등의 시어)를 중심과 주변의 개념으로 체계화된 공간화 은유인 지향적 은유로 보았다.[121] 이밖에 「파편」, 「나의 본적」, 「누군가 나에게 물었다」, 「피카소의 낙서」, 「올페」와 같은 작품들도 시인의 간접적인 시론을 보여주는 시로 긴장언어인 교유나 외유가 잘 나타난 구조적 은유의 수사법을 활용한 것이다.

조용한 바다와
한가한 精米所와
敎會堂과
앉은뱅이 낡은 石塔과 같은 어머니와
어진 사람들이 사는 洞里지만 嚴冬이다

얼마전 아버지가 묻혔다
한 달만에 어머니가 묻히었다
十여 년 전 海軍에 가 있던 동생은 火葬하였다고 한다
가난한 친구의 아내와 얘기하다 본즉 西山이다

－「六七年一月」 전문

「六七年一月」은 죽음의 풍경이 있는 텍스트다. 1연은 "어머니"의 은유로 "조용한 바다", "한가한 정미소", "교회당"이 병치되었다. '조용한', '한가한'은 사람을 수식하는 용언이지만 이 텍스트에서는 '바다', '정미소'라는 무생물을 수식한다. 이 문장들은 생명체인 어머니를 수식하는 형용사로서 선택제약에 어긋난 구조적 은유이다. 존재론적 은유가 비유된 시적 단어에 한정된다면 구조적 은유는 주로 시의 문장 전체에 관여한다. 1연은 전체적인 묘사로 보아 평화로운 풍경이지만 이들과 함께 "어진 사람들이 사는 동리"는 평화로움과 대조되는 "嚴冬이다." 1연 5행에 진술된 "어머니"는 무생물인 "앉은뱅이 낡은 석탑"으로 은유되었는

121) 류명심, 앞의 논문, 76-77쪽.

데, 이 유비는 어머니가 작고 늙었다는 유사성과 함께 종교적이고 든든한 석탑의 이미지와 모순되는 낱말이 병치되어 보편적 언어인 '어머니'의 의미는 더욱 넓어지고 낯설어진다. 차이성이란 서로 같으면서도 서로 다른 두 사물의 결합이다. 두 사물 사이의 거리가 멀수록 독자들은 시적 긴장을 느끼게 된다. 비유된 원관념과 보조관념 사이의 거리가 너무 멀어 처음의 뜻으로 돌아올 수 없을 때 제3의 의미로 변용되듯 「六七年一月」에서 '어머니'는 "조용한 바다/한가한 정미소/교회당/앉은뱅이 낡은 석탑"으로 병치, 비유되어 일상적 의미의 어머니와 유사한 이미지는 찾기 힘들다. 특히 "앉은뱅이 낡은 석탑"은 직유를 사용하지 않았다면 어머니와의 유사성을 헤아리기 힘들었을 것이다. 이와 같이 문법적으로 문장의 일탈을 보여주는 구조적 은유는 긴장성 언어를 만듦과 동시에 해석학적으로 새로운 의미를 형성한다.

2연에서는 "아버지", "어머니", "동생"의 죽음을 진술하다가 4행에서 "가난한 친구의 아내와 애기하다 본즉 西山이다"라는 위반된 문장으로 끝맺는다. 이것은 1연 5행과 마찬가지로 김종삼이 의도적으로 정보를 생략하여 배치한 행이다. 이 속에는 살아가는 일은 한발 한발 "죽음"(서산)을 향해 가는 일이라는 삶의 회의가 담겨있다. 황동규는 "김종삼의 시를 있게 하는 것은 무엇보다도 그의 시행과 시행 사이의 특이함" 때문이며 "생략과 의도적인 공백, 즉 아름다움이 들어있는 부재는 그 자체만으로 自足의 세계를 이루게 된다"122)고 지적했는데 이 시를 읽으면 그 의미를 알 수 있다. 최소한의 정보만 들어있는 김종삼의 시적 문장은 의도적으로 시 속에서 정보를 생략하여 독자들에게 그 공백을 상상력으로 채우도록 유도한다. 이것은 읽는 사람들에게 많은 생각을 유추하게 하는 '잔상효과'이다. 김종삼은 "엄만 죽지 않는 계단"(「엄마」)이라는 구조적 은유를 사용해서 "어머니"란 일상어로부터 이질적 속성인 제 3의 새로

122) 황동규, 「잔상의 미학」, 『김종삼 전집』, 청하, 1988, 244쪽.

운 의미를 만든다. 드 구르네는 이 같은 은유를 "시에서 본질적이며 가장 중요한 자원"123)으로 보고 있다.

1연 3, 4행의 "어머니"와 "어진 사람들"은 같은 의미로 그들이 사는 곳은 "嚴冬"이다. 김종삼은 수많은 단어 중에서 嚴冬이라는 극한의 추위를 일컫는 단어를 선택하여 "어머니"와 "어진 사람들"이 힘들고 팍팍하게 사는 모습을 압축적으로 그려낸다. 결국 시인이 생각하는 "어머니"는 "고귀한 인류"이고 "어진 사람들"이며 다름 아닌 "질짝한" 변방을 사는 시인의 다른 모습이다. 이렇게 비유하여 시인됨의 어려움과 고귀함을 강조한다. 김종삼은 구조적인 은유를 사용하여 "어머니"와 "어진 사람들"을 "시인"으로 그 의미를 확장하고 변환시켜 시적 언술의 깊이와 낯설음을 창조한다.

김종삼은 잠언으로 떨어질 수 있는 보편타당한 진리를 "언어의 도끼가 아직도 들어가 보지 못한 수림 속에서 홀로 숨 쉬는 언어"를 찾아 도끼날을 들이대면서 언어의 변성을 꾀하고, 의미를 창조하여 독자에게 큰 울림을 선사한다. 이렇게 볼 때 시 텍스트 속의 은유는 단순한 낱말이나 언어의 문제가 아니라 새로운 이해와 實在를 창조할 수 있는 것으로 시적 언어를 창조하는 데 매우 중요한 역할을 한다.

지금까지 김종삼의 텍스트에 나타난 수사적 특이성인 구조적 은유를 살펴보았다. 김종삼은 구조적 은유를 사용하여 위반된 문장을 만들고 낯선 이미지를 끌어와서 새로운 의미를 창조한다. 김종삼의 구조적 은유는 표층문법을 파괴하고 일상적 문장을 일탈하여 새로운 의미와 특질을 만들어낸다. 이것은 구조적으로 선택제약에 어긋나는 문장을 사용하여 의미의 다의성과 애매성을 유도하고 문장을 낯설게 한다. 또 독자들에게는 상상력을 촉발하여 시적 감동에 참여하도록 유도한다. 김종삼은 비유체계에 나타난 은유의 양상이 서로 대립 충돌되는 개념들을 사용하여 대

123) 김 현, 『수사학』, 문학과지성사, 1985, 151쪽.

상 간의 거리가 멀어지게 하여 텍스트 해독의 난해성을 의도한다. 이와 같은 김종삼의 수사적 특이성은 텍스트에 시인 특유의 개성을 부여하는 독특한 구조적 은유에 기인한다. 김종삼의 텍스트에 나타나는 불완전한 구문이나 급격히 끊어지는 리듬, 논리적 유추를 거부하는 생략과 비약, 뜻 모를 여백에 대해 박현수는 "논리적 사유 이전의 세계를 보여주는 아방가르드적 기법"으로 평가한다.[124] 이런 평가는 김종삼의 수사법에 나타난 의도적인 언술구조와 수사적 방법에 기인하는 것으로 김종삼 시의 난해성은 어느 정도 해명 가능하다.

1.3. 차이성의 은유

차이성의 은유는 비교대상 간의 거리가 먼 것들을 끌어와 의미의 변환을 가져오는 것을 뜻한다. 차이성의 은유는 김종삼의 텍스트에 가장 많이 사용되는 비유기법이다. 앞에서 설명한 존재론적 은유나 구조적인 은유도 차이성의 은유 양상이 나타난다. 그러나 여기서 다루는 차이성의 은유는 비유되는 원관념과 보조관념 사이의 거리가 너무 멀어 처음의 의미로 되돌아오지 못하는 은유를 의미한다. 차이성의 은유는 "어떤 표현이 본질적으로 은유인가 아닌가의 문제는 문법적 형태의 법칙 문제가 아니라 이에서 발휘되는 의미변환(semantic transformation)의 질에 관한 문제다." 즉 차이성의 은유는 비유를 통해 두 사물 사이에 의미론적 변용이 일어난다고 지적한 필립 휠라이트의 은유이론에 근거한 것이다. 아리스토텔레스는 수사학을 시학에 종속된 일종의 詩作法으로 간주했는데 수사학을 다섯 부분으로 나누어 설명했다. 그 중에서 눈여겨보아야 할 것은 '표현술'이다.[125] '표현술'은 문장의 차원에서 논증들을 언어화하는

---

124) 박현수, 『한국모더니즘 시학』, 신구문화사, 2007, 325쪽.
김종삼의 시에 나타난 언어적 오류로 볼 수 있는 은유 일반을 난유(亂喩, catachresis)로 본다. 카타크레시스는 '오용법(誤用法)', '난유(亂喩)', '오용된 비유'로도 번역되지만 박현수는 김종삼의 문장구성법과 시인의 의식상황과 어울리는 뉘앙스를 고려하여 "난유"로 번역했다. 그는 김종삼의 시에 나타난 은유 전반을 난유로 해석한다.

작업 또는 그와 관련된 기술로 골격에 살을 붙여 보다 명료하고 생생하게 구체화하는 기술이다. 표현은 저자의 생각이나 담론의 내용과 밀접하게 연관되어 있는 '기능적 역할'을 수행하는 것으로 이것은 시 창작의 기본인 비유를 유연하게 다루는 것을 말한다.

김준오는 "비유는 동일성 못지않게 차이성이 중요하다. 비유는 차이성 속의 유사성(similarity of difference)을 필요충분조건으로 삼고 있다"[126] 고 말했다. 이것은 문맥적으로는 전혀 다른 제3의 새로운 의미를 만들어내는 것이다. 원관념과 보조관념 사이에는 일종의 '힘의 긴장'이 흘러야 하는데, 이 긴장은 두 사물 사이의 거리가 멀수록 고조된다. 앨런 테이트A. Tate에 의하면 긴장(tention)이란 외연(extention)과 내포(intention)의 접두사 ex와 in을 제거한 조어로서 이 외연과 내포가 먼 거리에 있을수록 서로 잡아당기는 팽팽한 힘이 고조되어 긴장이 탄생된다.[127] 쥬네트는 몇 백 년에 걸친 수사학 축소의 움직임이 시적 언어의 그리고 일반적인 언어의 본질적 은유성이라는 생각에 연결된, 은유에 대한 절대적 가치의 부여작용으로 귀결된다고 보았다.[128]

김종삼의 텍스트에 나타난 은유는 대부분 그 비유하는 것과 비유되는 것이 낯설고 거리가 멀어서 의미 변환을 가져온다. 앞서 살펴본 구조적 은유들도 대부분 차이성의 은유들이라 볼 수 있지만 여기서는 더 이질적인 것으로 의미 변환된 것들을 중심으로 살펴볼 것이다.

서까래 밑으로 쌓여진 굳어진 눈도

125) (1) 논거발견술: 설득에 필요한 논거들의 수립에 관련된 기술. (2) 논거배열술: 논거들을 어떠한 순서에 의거하여 배열하는 기술. (3) 표현술: 문장의 차원에서 논증들을 언어화하는 작업 또는 그와 관련된 기술. (4) 기억술: 이상과 같이 작성된 담론을 청중들에게 이야기하기 위해 프로그램을 효과적으로 기억해두는 데 필요한 기술. (5) 연기술: 변론가에 의한 전반적인 담론의 연출에 관계된다(박성창, 『수사학』, 문학과지성사, 2000, 39-42쪽).

126) 김준오, 앞의 책, 176쪽.

127) 앨런 테이트, 『현대문학의 영역』, 김수영 · 이상옥 공역, 대문출판사, 1970, 100쪽.

128) 김 현, 「줄어드는 수사학」, 『수사학』, 문학과지성사, 1985, 137쪽.

지붕 너머 포플라 나무 중간에 얹혀진 까치집도
등성이도 공동묘지도 연인의 흔적이다

–「연인의 마을」 전문

김종삼은 초월적인 형이상학적 진리를 추구한다.「연인의 마을」은 제목부터 정신적, 초월적 은유로 읽힌다. 여기서 "연인"이란 말은 시인이 여러 시에서 자주 언급한 시어로 하느님, 어머니, 음악, 죽음 등과 유사한 의미를 지닌다. "연인"은 김종삼의 텍스트에서 자주 은유되어 개인상징어가 된 것이다. "연인"이란 시어는 "어디메도 없는 연인이 그립다"(「무슨 요일일까」), "연인의 신호처럼/ 동틀 때마다/ 동트는 곳에서 들려오는/ 가늘고 선명한/ 악기의 소리"(「동트는 지평선」), "싱그러운/ 한 그루 나무가 있는 곳에서/ 상냥한 여인이 있는 곳에서"(「산」) 등 김종삼의 텍스트에서 자주 발견된다. 텍스트 속에서 "연인"의 이미지는 시인이 기거하는 질척한 변방의 삶과는 대척되는 곳에 자리한 삶의 절대적인 경지 혹은 평화를 지칭한다. 이렇게 보면 "연인"은 시인의 또 다른 지수상징으로 볼 수 있는 '음악', '죽음', '어머니'와 함께 반복되는 은유로 그 의미가 변환된 것이다. 수수께끼처럼 느껴지는 3행의 짤막한「연인의 마을」에서 화자는 "눈", "까치집", "공동묘지", "등성이"를 "연인의 흔적"과 병치한다. "연인"을 시인이 추구하는 절대적인 것으로 보았을 때 병치된 네 가지는 표면적인 의미로는 공통점이 없다. 하지만 하나하나 그 의미를 따져보면 순결하고(눈) 지상으로부터 너무 높이 있어 닿을 수 없는 곳에 있으며(까치집) 대지의 높다란 곳이나 산의 높은 부분을 일컫는 것(등성이)으로 화자가 의미하는 "여인"의 이미지를 유추할 수 있다. 이처럼 비유된 것들이 변환되어 이질적인 속성을 지닌 것으로 변환된 것이 차이성의 은유다. I. A. 리차즈는 은유는 유사성보다 차이성이 놓일 때 낯설고 부적절한 새로운 개념을 만들어내며 이럴 때 시적 긴장이 생긴다고 했다.[129] 위에서 비유된 것들의 이미지는 단어 사이의 유사성보다는 차이성이 돋보이는 것으로 낯설고 신비로우며 애매하게 느껴진다. 이런 낯설게 하기의 유비가 김종삼의 차별화된 수사적 특이성으로 독자에게 생경하고 난해한 느낌을 준다.

김종삼의 텍스트들은 문맥간의 세심한 유추작용을 통해야만 해석이 가능하다. 텍스트를 처음 대하는 독자들에겐 낯설고 생소하므로 그에 대한 본격적인 연구가 어려웠을 것이다. 그래서 김종삼의 시를 황동규는 "김종삼의 시는 반성을 거부한다. 거의 30년 가까이 우리 곁에 있어 왔으면서도 그 작품이 주는 이해와 감동이 늘 그만하게 남아있는 이유는 자신의 정체를 드러내는 일을 극도로 삼가는 그의 성격 때문이기는 하겠지만, 그보다는 그의 시가 여백의 시이기 때문"[130]이라고 지적한다. 이 말은 김종삼의 시적 방법인 이질적 어휘의 병치 효과인 시적 긴장과 여백을 극대화하는 유비를 지적한 것이다. 김종삼은 차이성의 은유를 통해 새로운 의미를 만들어 내고 독자들은 다양한 상상력을 동원하여 함축적 시어들 사이의 공백으로 들어가 새로운 울림의 통로를 찾아야한다. 이 텍스트에서 차이성의 은유를 보여주는 "서까래 밑으로 쌓여진 굳어진 눈"(실제적으로 서까래 밑으로는 눈이 쌓일 수 없다)과 아스라한 포플러 나무에 지어진 "까치집"은 우리가 쉽게 손으로 만질 수 없는 높고 순수한 곳에 위치하는 것(존재)들이며 우리는 그저 아스라한 풍경으로만 바라볼 수 있는 머나먼 것들이다. 이런 시행들이 난유에 해당된다. 또 3행의 '등성이'나 '공동묘지'는 우리가 죽어야만 갈 장소로 살아있는 자들은 그곳을 바라보며 죽은 사람의 기억을 수시로 꺼내보며 살아간다. 화자는 "연인의 흔적"을 현실에서는 멀리 올려다 볼 수 있는 것이거나 현실에서는 조우할 수 없는, 죽어서야 만날 수 있는, 부재하는 것으로 생각한다. "인간에게 적대하면 할수록 그만큼 인간적인 세계이다. 좌절 그 자체는 구원으로 돌아선다. 좌절이 우리로 하여금 어느 피안에 도달

129) I. A. 리차즈, 『수사학의 철학』, 박우수 역, 고려대학교출판부, 2001, 92쪽.
130) 황동규, 앞의 책, 244쪽.

케 하기 때문이 아니라 좌절 그 자체가 동요하고 변모하기 때문이다."[131] 사르트르의 이 말은 김종삼의 현실 부재의 상황과 초월적 세계를 향한 영원을 잘 설명한다. 그는 차이성의 은유를 구사하여 독자들에게 시적 긴장감을 높이고, 전체적으로 생경하고 난해한 느낌을 주어 텍스트에 신비성을 부여한다.

아래의 텍스트도 김종삼이 끊임없이 비유의 대상으로 삼고 있는 '연인'에 대한 이질적 은유의 시다. '연인'은 우리가 상상할 수 없는 이질적 언어들로 표현되어 있다.

> 나의 연인은
> 고지대 빈터
> 돌축대이다
> 나의 연인은 어느 철둑길 연변에
> 높이 자란
> 어둠한 잡초밭이다
> 나의 연인은 내가 살아가는 날짜들이다
>
> -「연인」

여기서 "연인"은 "고지대 빈터", "돌축대", "내가 살아가는 날짜"로 우리가 상상할 수 없는 대상으로 비유된다. '연인'에 은유된 것들은 우리가 볼 수 있는 구조물이나 풍경이지만 실제로는 사람의 손이 닿을 수 없는 높은 것이거나 사람의 눈길에서 비껴나 있는 풍경의 배면에 존재하는 것들이다. '연인'은 현실에서 '시인'처럼 눈에 잘 보이지 않고 보잘 것 없는 어두운 그 무엇이지만 "내가 살아가는 날짜"이며 내가 견디어 내야 할 시간이며 내가 도달하기 위해서 만나야할 그 무엇으로 나타난다. 이렇게 볼 때 '여인=시인'이라는 등식이 성립될 수 있지만 표층적인

131) J. P. 사르트르, 『문학이란 무엇인가』, 배기열 역, 경희대학교출판국, 1994, 40쪽.

의미만으로는 그 뜻을 정확하게 파악하기는 쉽지 않다. 여기서 "연인"은 화자가 지향하는 지고지순한 시인의 이데아다. 이 단어는 그가 수십 년에 걸쳐 개작했고 6편의 같은 제목으로 쓴 '라산스카' 시편들이 상징하는 것과 일맥상통한다. 차이성의 은유를 사용하는 수사적 기법은 김종삼의 텍스트를 난해하게 만드는 의도적인 시작법이다. 이것의 사용은 시적 의미를 다양하게 거느려 시적 감동의 파장을 넓힌다. 리쾨르에 의하면 '시적'이라는 낱말은 '문학적 장르'를 뜻하는 것이 아니라, "의미론적 혁신의 영역이나 세계의 명제 그리고 새로운 자기 이해를 촉진시키는 이 모든 장르의 기능"을 일컫는다. 이것이 "시적 언어의 계시적 힘이다."[132)]

지금까지 김종삼의 비유체계 중 '은유적 의미변용의 세계'에 대해 살펴보았다. 김종삼의 수사적 특이성 중에서 의미변용을 보여주는 은유의 세계는 비유되는 대상의 양상에 따라 존재론적 은유, 구조적 은유, 차이성의 은유로 나누어 살펴보았다. 이들은 공통적으로 비유되는 것들 사이의 거리가 먼 것들을 병치하는 은유로 마지막에는 의미 변환을 일으키는 것이 특징적이었다. 김종삼의 의미 변환을 의도한 난해한 텍스트를 해석하려면 수용자들이 상상력을 발휘하여 보다 많이 생각해야 한다. 리쾨르에 따르면 보다 많이 생각하는 것은 해석의 근본정신이다. '많이 생각'하는 개념적 또는 철학적 사유 작업은 지시 요청의 존재론적 명료성을 기초로 진행된다. 다시 말하면 사변적 사유는 은유적 진술의 역동성을 바탕으로 은유의 지시를 보다 확실하게 밝혀낸다. 김종삼은 의미를 암시하는 치환은유와 존재를 만들어내는 병치은유를 활용하여 시인의 현실인식이나 탈현실의 미적 환상을 보여준다. 그의 은유는 이질적인 것들을 유비하여 새롭고 낯선 시적 언어를 만들어 독자들에게 깊은 울림을 선사한다. 김종삼의 은유적 수사의 특징은 독자들의 의식을 통해 세계에 대해서 본질적인 존재감을 느끼게 한다. 차이성의 은유를 사용한

---

132) 정기철, 『상징, 은유 그리고 이야기』, 문예출판사, 2002, 107쪽.

수사적 방법은 제3의 의미를 만들어 시적 언술을 낯설게 하지만 김종삼의 개성인 텍스트를 난해하게 만드는 결정적 요인이 되기도 한다. 김종삼의 시들은 독자들을 그 자신 속에서 그리고 그 스스로 생각하게 만든다.

2. 환유적 인접성의 세계

지금까지 살펴본 은유가 원관념과 보조관념 사이의 공통 특성인 대상 간의 "유사성" 혹은 "차이성"으로 묶인 유비였다면 환유는 그 공통 특성이 매우 미약하다. 전통적인 환유는 은유처럼 하나를 다른 하나로 대체하는 수사법이지만 표면적으로는 이 둘 사이에 공통성이 없을 때 나타난다. 환유는 실용적인 동기와 사회적인 문맥 등 "인접성"에 따라 대상을 연결시킨다. 다시 말해 사회적으로 어떤 생략과 비약을 허용할 수 있을 만큼 일반화된 용법이 가능할 때 환유를 낳는 조건이 된다. 또 이들은 구체적인 공통분모가 드러나지 않으며 하나의 대상에서 연상 가능한 인접 대상으로 옮아가는 것이다. 즉 각 시행의 문맥에서 나타난 다양한 인접성(유추)이 그 다음 시행을 만들어가게 되는 것을 말하는 것으로 시선의 이동이 예측 가능한 방식으로 연상이 낳은 "자동성"이다. 시선의 공간적인 이동, 연상의 자연적인 흐름을 환유적인 것[133]으로 간주할 수 있다. 연상이 가진 일종의 자동성이 언중에 익숙해져 축약될 수 있을 때 환유가 생성된다. 환유는 화자와 청자가 아는 정보를 생략했을 때 그 괄호 안에서 생겨난다. 요약하여 말하자면 한 사물이나 개념을 그것의 속

133) 等位的인 언술들이 공통특성을 가지고 결속되는 것이 '은유적인 구성'이라면, '환유적인 구성'은 등위적인 언술들이 교차하는 점 없이 변위(displace)하는 것이다. 다시 말해 구문적 유표가 없는 언술영역의 수평적인 전환이 환유적인 구성이다. 환유적 구성에서 언술 영역끼리의 관계는 어느 정도는 異質的인 것이지만, 사회적인 관습의 길을 따라 앞의 언술 영역이 뒤의 언술영역을 불러온다(권혁웅, 앞의 책, 47쪽).

성을 가지고 있거나 그것과 연관되어 있는 다른 사물이나 개념의 이름으로 부르는 수사법을 말한다.

김종삼의 시에서 발견되는 환유적 수사법에서는 수사법에서 다루는 일반적인 환유의 개념보다는 맥락에 따라 나타나는 환유적인 것을 모두 포함하여 살펴보려고 한다. 그의 텍스트에는 시선의 공간적인 이동, 연상의 자연적인 흐름이 특징적인 환유적 수사법을 보여준다. 이 논문에서 다루는 환유적인 것은 일반적인 수사법의 환유보다 그 범위를 크게 본 것으로 환유라기보다는 환유적 표현을 뜻한다. 김종삼의 자동 연상의 환유적 수사법을 활용한 텍스트들은 주관적이어서 해석이 난해하다. 왜냐하면 이것은 현대시의 비유기적 형식인 탈중심적 세계관을 거점으로 하기 때문이다. 야콥슨이 "시적 기능은 등가의 원리를 선택의 축에서 결합의 축으로 투사한다"[134]고 주장했을 때 선택에 은유를, 결합에 환유를 대입시켜 은유의 선택적 기능은 선택의 끈인 환유의 결합적 기능에 의해서 가능해진다. 이것은 김종삼의 텍스트에 나타난 환유적 수사법의 난해성을 제대로 지적한 것이다.

김종삼의 텍스트에서 평자들이 난해하다고 지목한 비유기적 텍스트는 환유의 원리로 기술된 것들이 적지 않다. 이 환유원리의 극단적 형태는 '몰원리'라고밖에는 기술할 수 없는 '파편들의 편집', 곧 삶의 파편들을 무작위로, 비논리적으로(시간적, 공간적, 인과적 질서 없이) 배열하는 것[135]으로 그의 작품들은 비유적 관념들 사이에 미적 거리가 없거나 먼 경우가 많아서 해독의 어려움이 있다. 김종삼의 텍스트에는 비유된 현실 부재의 파편들이 통일되고 일관된 화자를 내세우지 않으며 다양한 이미지들을 병치, 나열한다. 그의 시적 이미지들은 현실의 파편들로 삶의 전체상을 대표하며 미적 거리를 멀어지게 하거나 무화시킴으로서 독자들

134) 로만 야콥슨, 「언어학과 시학」, 『문학 속의 언어학』, 신문수 편역, 문학과지성사, 61쪽 참조.
135) 김준오, 앞의 책, 359쪽.

에게 난해한 시라는 느낌을 준다. 이런 환유적 기법은 김종삼의 텍스트에 개성적 문채를 부여하는 매우 중요한 비유법이다.

2.1. 시간적 인접성

환유적 환상의 세계 중에서 시간을 인접성으로 하는 텍스트들은 각 행의 연상이 시간의 흐름을 중심으로 연상되고 묘사된다. 김주연은 김종삼의 시를 단적으로 "묘사의 시"라고 표현했다. 이때 묘사란 자신의 주관적 감정이나 사상을 직접 진술하지 않고 일정 거리에서 바라봄으로서 이미지화하여 독자 앞에 그림처럼 보여주는 것을 말한다. 그것은 사물을 객관화시키는 놀라운 힘이 있다. 즉 묘사를 사실적으로 할수록 그 환상성은 높아지면서 우리는 현실세계에서 맛볼 수 없는 낯선 체험을 하게 되며 김종삼의 시가 지닌 묘사적 성격은 그의 시에 나타나는 회화적 이미지와도 적절하게 걸맞는다.[136] 이것은 김종삼 시의 개성으로 평가되는 객관적 묘사가 불러온 텍스트의 환상성을 제대로 지적한 말이다.

비가 쏟아지고 우레가 칠 때에도 평화를 느낀다.
아침이 되었다.
안개 덩어리가 풀리고 있다.
돋아난 새싹들은 온통 초록이다.
어떤 나무에선 아득한 생각이 든다.
루드비히 반 베토벤처럼.

－「원정園丁」 전문(전집2)

이 텍스트에서는 각 행의 연결고리를 찾기 힘들다. 그러나 시간적 인접성을 바탕으로 하나의 언술이 다른 하나의 언술로 자동화된 인접성의 길을 따라 이행하는 환유적 방식을 보여준다. 1행의 진술은 '안 좋은 날

136) 김주연, 앞의 글, 296쪽.

씨' 연상하게 하고, 2행은 "아침"이라는 단어를 사용해 희망적인 시간을 환유적으로 표현한 것이다. 이 텍스트의 제목과 시적 언술은 파편화되어 있어 해독의 어려움이 있다 그러나 마지막 행의 "루드비히 반 베토벤" 이라는 이름을 읽고 나면 무엇인가 머릿속에 희미한 밑그림이 그려진다. 아니, 이것마저도 독자들은 그저 추측하고 연상할 뿐이다. 마지막 행에 배치된 '루드비히 반 베토벤'이라는 정보를 발견하고 나서야 독자들은 하나하나의 언술이 시간적 인접성에 따라 자동 연상되었다는 것을 조금이나마 추측하게 된다. 이 텍스트에서 '베토벤'은 그 이름만으로도 그의 예술작품 전반과 파란만장한 삶까지 연상하게 해주는 제유[137]의 역할을 한다. 수용자들은 고뇌에 찬 베토벤의 데드마스크를 떠올리며 삶의 고통과 어려움을 이겨낸 불멸의 작곡가와 그 이미지에 담긴 풍부한 메시지를 감지하게 된다. 「원정園丁」(전집2)은 1행에서 5행까지는 시간의 인접성을 중심으로 묘사된다. 이 시는 저녁부터 아침까지의 시간을 배경으로 어려운 상황 속에서도 무언가에 몰두하는 '루드비히 반 베토벤'처럼 고투하는 화자의 모습이 파편화되어 있어 일차적 해석이 어렵다. '루드비히 반 베토벤'은 매우 가난하고 힘겨운 삶을 살았으며, 귀머거리임에도 불구하고 절대적 음악을 추구한 초인적 음악가였다. 이런 역사적 정보를 바탕으로 하여 화자가 보여주고 싶은 것은 현재의 자신이 베토벤처럼 외롭고 가난하고 힘든 상황에서도 초인적으로 버티어내는 모습이다. 이 시의 메시지는 현실의 어려움을 딛고 베토벤처럼 불후의 작품을 남기고 싶다는 것을 함축하고 있다. 김종삼의 삶도 어려운 환경을 견디며 클래식 음악과 시 쓰는 일 외에는 그의 큰 귀를 굳게 닫고 살았다는 점이 베

137) 환유를 제유와 은유의 이중적 과정으로 설명할 수 있는 경우가 있다. 은유와 제유가 동시적으로 성립했을 때, 은유관계에 있는 한쪽의 제유적인 유개념과 다른 한쪽의 제유적인 종개념 간에는 환유적 관계가 맺어진다. 은유적인 대상을 A와 B라 하고, A와 B가 맺고 있는 제유적 대상을 a와 b라 하면 Aa와 B, Ba와 A를 사이에 환유적인 관계가 생성되는 것이다. 환유가 가진 교환 가능한, 곧 등위적인 성격은 Ab와 Ba 사이에 맺어지는 성격이다. 결국 환유는 이중의 유추로 이루어지는 셈이다(권혁웅, 앞의 책, 46-47쪽).

토벤과 닮았다.

1행의 "비가 쏟아지고 우레가 칠 때에도 평화를 느낀다"는 진술은 베토벤이 귀머거리였기에 주변에서 아무리 시끄럽고 험악한 일이 일어나도 자신만의 "평화"를 느낄 수 있었다는 의미로 해석 가능하다. 베토벤은 귀머거리라는 장애를 가지고 있었기에 오히려 그 자신에게 몰두할 수 있었으며 절대적 음악의 세계를 온전히 개척할 수 있었다. 아침이 되어 "돋아난 새싹들은 온통 초록이다"라는 주관적 묘사는 현실적 장애를 지닌 어려운 생활 속에서도 화자는 푸르게 피어나는 예술적 성과, 혹은 새로운 작품의 잉태를 바라고 있음을 의미한다. 이 텍스트에서 묘사하는 정원의 전체적인 풍경은 '루드비히 베토벤'이 어둠 속에서 자신을 불태워 불후의 음악을 작곡하여 후세에 명곡을 남긴 배경을 묘사한 것이다. 화자는 "질짝한 변방"에서 밤새 머리를 쥐어짜며 하나뿐인 어휘를 찾아내서 아침이면 생명력이 넘치는 절창의 시가 탄생하기를 바라는 마음을 표현한 것이다. 시간적 인접성을 중심으로 배치되어 있는 「원정園丁」(전집2)의 각 행은 다음 행을 자동적으로 연상하게 하는 환유적 구성이다. '비가 쏟아지고 우레치는 밤→아침→새싹이 돋아남의 시간'이 차례로 흐르면서 독자들은 불우한 환경을 견디고 새롭게 태어나고자 하는 화자의 바람을 느낄 수 있다. 이 시의 중핵은 인유로 사용된 '베토벤'이 가지고 있는 역사적 정보이다. 텍스트의 전체적인 형식은 시간적 인접성으로 배열된 자동연상의 환유적 구성방식이며 정원 풍경의 변화는 시간의 흐름을 중심으로 변화된다. 이런 환유적 수사법의 텍스트는 환상적 이미지를 효율적으로 전달하여 시의 의미를 해독하기 힘들다. 연상을 불러일으키는 이미지들이 각 행의 연쇄적인 의미를 만드는 환유적 방식의 수사적 특이성은 환상의 세계를 추구한 김종삼의 텍스트에 자주 사용된다.

김종삼이 의도적으로 사용한 환유적 수사법은 삶의 원동력이 되는 화자의 욕망을 환기시킨다. 여기서 욕망을 부른다는 것은 김종삼이 평소에 바라던 것들을 끊임없이 추구하지만 결코 이루어지지 않는다는 것을 뜻한다. 이것은 삶을 추동하는 원동력이며 현실에서는 실현할 수 없는 이상적 세계를 의미한다. 김종삼은 평소에 사모했던 작곡가 윤용하를 추모한 시에서도 "유품이라곤 유산이라곤 오선지 몇 장"과 "허름한 등산모자"와 "허름한 이부자리 한 채"와 "몇 권의 책" 뿐이었지만 "언제나 찬연한 꽃나라/ 언제나 자비스런 나라/ 언제나 인정이 넘치는 나라/ 음악의 나라 기쁨의 나라에서/ 살고 있을 것"이라며 현실에는 없는 나라로 묘사한다. 이 같은 환유적 기법의 텍스트들은 평소에 힘겹게 살다 죽은 예술가들을 차용하여 그들을 닮고 싶은 자신의 욕망을 드러낸다. 김종삼은 행복했던 기억을 가지고 있는 장소나 평소에 가보고 싶었던 곳들을 시 텍스트 안으로 호출하여 그곳을 욕망하고 꿈꾼다. 욕망을 인간의 본질로 파악한 라캉은 인간의 조건이 곧 욕망의 구조이고 언어의 시작이 욕망의 출발을 알린다는 사실을 분명히 하였다. 즉 글쓰기 자체가 욕망을 드러내는 일이라는 것이다. 욕망은 언어를 통해 표출되지만 언어로는 결코 충족될 수 없는 대상이다. 은유와 환유의 연쇄 고리는 영원히 손에 닿지 않는 무지개처럼 펼쳐진 욕망을 향해 끝없이 나아간다.[138] 라캉은 언어 활동이 우리를 객관적 인식기능의 존재로 만들고, 그것이 동시에 체험의 세계를 대신하는 기호의 세계를 출연케 한다고 보았다.[139]

다음은 시간의 인접성을 중심으로 하나의 공간에서 연상되는 것들이 객관적으로 묘사된 시이다. 저녁부터 밤으로 가는 시간을 인접성으로 하여 화자의 눈에 보이는 풍경들을 감각적으로 그렸다.

헬리콥터가 떠간다.
철뚝길 연변으론
저녁 먹고 나와 있는 아이들이 서 있다.
누군가 담배를 태는 것 같다.

---

138) 이혜원, 『현대시의 욕망과 이미지』, 시와시학사, 1998, 21쪽.
139) 김형효, 『구조주의의 사유체계와 사상』, 인간사랑, 2000, 234쪽.

헬리콥터 여운이 띄엄하다.
김매던 사람들이 제집으로 돌아간다.
고무신짝 끄는 소리가 난다.
디젤 기관차 기적이 서서히 꺼진다.

–「文章修業」 전문

이 텍스트는 하나의 공간과 시간을 인접으로 이미지를 하나씩 나열해 가는 환유적 구성을 보여준다. 전체적인 풍경의 흐름이 선명하게 나타나 있어 눈에 보이는 듯하다. 화자의 개입이 최소화한 상태에서 일상의 공간에 존재하는 사물과 현상을 한 장의 그림처럼 소묘했다.「文章修業」의 풍경은 "철뚝길" 연변의 공간을 인접성으로 하여 시간의 소멸을 동시에 보여준다. 화자는 자신의 시선에 인접해 있는 사물들을 차례로 묘사하여 等位的인 언술들이 변위하고 있다.

이 텍스트를 세 부분으로 나누어 살펴보면 전반부(1~3행)는 헬리콥터가 지나가고, 철뚝길에서 노는 아이들의 모습이 시각적 이미지로 그려진다. 중반부(4~6행)는 헬리콥터와 기관차가 사라지고 김매던 사람들이 집으로 돌아가는 장면을 후각적, 청각적 이미지로 소묘한다. 마지막 후반부(7, 8행)에서는 "고무신짝 끄는 소리"와 "디젤 기관차 기적" 소리들이 서서히 잦아든다. 8행의 짧은 텍스트 속에 다양한 감각의 복합 이미지들이 들어있다. 매 행의 풍경은 앞 행과 우연하게 이어지며 문맥의 원인과 결과는 추정하기 힘들다. 이 텍스트는 시간적 인접성으로 황혼을 거쳐 어둑한 밤을 향해가는 시간의 소멸과 기찻길이라는 동일한 공간의 풍경을 보여주고 있지만 단순한 풍경묘사를 나타낸 시는 아니다. 이 텍스트에 나타난 풍경의 배면에는 시간의 흐름이라는 감각적 움직임이 잘 나타나있으며 제목처럼 화자가 '문장수업'을 연습하고 있다는 것을 알 수 있다. 이 텍스트는 독자에게 무언가 시선 앞에 있다는 것을 확인시켜 주고 그것이 서서히 사라져가는 시간의 소멸 과정을 공감각적으로 보여준다. 즉 이 텍스트는 '철뚝길 연변'이라는 공간에서 시간이 서서히 소멸하는 풍경을 스케치한 환유적 수사기법이다.

「文章修業」을 끝까지 읽고도 전체적인 내용의 난해성을 극복하지 못했다면 독자들은 텍스트의 제목을 통해 그 의미를 유추해볼 수밖에 없다. '文章修業'이란 단어의 뜻은 창작을 위해 문장을 연습한다는 뜻이다. 위 텍스트에서 묘사된 다양한 감각들(시각, 청각, 후각)과 시간을 인접으로 차례차례 배열된 연상의 행들을 자세히 살펴보면 화자가 꼼꼼하게 '문장연습'을 하고 있다는 것을 알 수 있다. 「文章修業」은 김종삼의 환유적 기법의 작품에 자주 보이는 유형으로 본문의 내용과 제목이 이질적이어서 해독이 어렵다. 이런 텍스트는 이질적인 제목을 꼼꼼하게 살펴봄으로써 의미의 난해성을 해명할 수 있는 결정적 단서를 찾을 수 있다. 난해한 시의 의미와 이질적인 제목을 다의적으로 유추하고 해석하다보면 시인의 작품들을 폭넓게 해석할 수 있다. 김종삼의 텍스트에 사용된 수사적 특이성 중에서 환유적 기법은 시인의 자유로운 연상적 기법으로 의미 해석이 다소 난해하며, 객관적 묘사는 텍스트에 환상성을 부여한다. 아도르노에 따르면 사유에 충격을 주는 경우는 "정신과 이미지와 언어가 결합되는 층위"를 찾아내는 일이 중요한데, 바로 꿈이 그와 같은 적절한 예로 보고 있다.[140] 김종삼의 환상적 텍스트에 묘사된 시어들은 그의 정신과 이미지와 언어가 결합되어 독자들의 사유에 충격을 준다.

김종삼의 환유적 수사기법은 주로 시간이나 공간의 인접성을 중심으로 연상한 텍스트가 주를 이루나 제목을 통해 전체적인 의미를 연상하게 하는 환유적 기법의 텍스트들도 있다. 여기서 다루는 환유적 구성에서는 제유도 환유의 개념에 포섭된다. 화이트는 본질적으로 환원적 특징을 지닌다는 점에서 환유는 반어에 더 가깝지만 본질적으로 통합적인 특성을 지닌다는 점에서 제유는 은유에 더 가깝다고 주장한다. 하지만

---

140) 발터 벤야민, 『일반통행로 · 사유이미지』, 김명옥 · 윤미애 · 최성만 역, 도서출판 길, 2007, 52쪽.

김종삼의 제목으로 텍스트의 의미를 대신하는 환유적 기법은 제유의 성질을 지닌 것이 더 많다. 이것은 김종삼이 개인 조어나 상징어가 많은 난해한 모더니즘 시인인 만큼 제목을 통해 전체적인 의미를 유추해야만 시 해독이 가능한 텍스트를 일컫는다. 이들은 김종삼의 텍스트 중에서 가장 다의적인 해석이 가능하여 난해성이 두드러진다.

담배 붙이고 난 성냥개비불이 꺼지지 않는다
불어도 흔들어도 꺼지지 않는다 손가락에서 떨어지지도 않는다.
새벽이 되어서 꺼졌다.
이 時刻까지 무엇을 하며 살아왔느냐다
무엇 하나 변변히 한 것도 없다.
오늘은 찾아가보리라
死海로 향한
아담橋를 지나

거기서 몇 줄의 글을 감지하리라

邃然한 유카리나무 하나.

-「詩作 노우트」 전문

이 텍스트 역시 시간적 인접성을 바탕으로 하나의 언술이 다른 하나의 언술로 자동화된 인접성의 길을 따라 이행하는 환유적 방식을 보여준다. 이 텍스트는 한 번 읽어서는 전체적인 뜻을 파악하기 힘들다. 내용도 그렇지만 개인조어와 한문어, 상징어가 엇섞여있어 더욱 이해하기 힘들다. 그러나 텍스트의 제목인 "시작 노우트"를 생각해보면 전체적인 내용이 유추 가능하다. 김종삼의 환유적 수사법은 인접성을 중심으로 묘사되거나 각 행이 연상을 불러오는 방법을 사용하는데, 이 텍스트 역시 제목이 환기하는 내용을 유추해보면 시간을 인접성으로 하는 환유적 수사법을 사용했다는 것을 알 수 있다. 제목이 없었다면 이 텍스트의 해석은 힘들었을 것이다. 1, 2행은 성냥개비불이 "손가락에서 떨어지지도 않"다가 "새벽이 되어서야 꺼졌다"는 내용이다. 이것은 묘사대로만 해석하면 화자가 무언가에 몰두하느라 줄담배를 태우며 새벽까지 잠을 이루지 못하는 상황을 표현한 것이다. 내용을 종합해보면 화자가 새벽이 될 때까지 잠못 이루고 몰두하는 글쓰기에 대한 묘사이다. 또 그것을 뒷받침 해주는 명확한 힌트는 제목인 "시작 노우트"다. 3행은 자신이 살아온 것에 대한 회의를 나타내고 있지만 그것은 나머지 행을 강조하기 위한 것이다. "무엇 하나 변변히 한 것도 없다"는 진술은 김종삼이 평소에 자신의 텍스트 중에서 마음에 드는 시는 몇 편뿐이라고 말한 사실과 부합된다. 4행에서 화자는 "오늘은" 무엇인가를 찾아가 보리라 결심하는데 그것은 제대로 된 시 한편 쓰고 싶다는 간절한 바람이다.

따라서 4~6행은 시 쓰기에 대한 묘사가 이어진다. 詩作은 "死海"(죽음의 바다)를 향한 "아담橋"를 지나야만 하는 지난한 일이다. 여기서 "아담橋"란 최초의 인간인 아담이 건넜던 다리를 의미하는 것으로 시원의 언어를 찾아 밤새 헤매야만 화자가 만족하는 "몇 줄의 글을 감지한다"는 뜻이다. 그래야만 비로소 "遼然한 유카리나무 하나"를 발견하는 작은 평화로움을 맛볼 수 있기 때문이다. 결국 김종삼에게 완전한 시 한편 제작하는 일은 생명성이 풍부한 "요연한 유카리 나무 하나"와 같은 것이다. 그것은 매일 밤 죽음의 바다를 헤매며 밤새워 낱낱의 시어를 조합하고 제작하는 힘겨운 노동에 다름 아니다. 그나마도 "遼然한 유카리 나무 하나"로 묘사할 만한 시가 나온다면 밤새운 노동은 힘겨운 것이 아닐 것이다.

김종삼은 시간을 인접성으로 하는 환유적 수사법을 이용하여 난해한 시적 언술을 만든다. 그러나 제목으로 난해한 시의 의미를 해석 가능하게 유도하기도 한다. 제목을 활용한 김종삼의 환유적 텍스트는 메시지를 강조할 뿐만 아니라 시의 의미를 이해하는데 적잖은 도움을 준다.

2.2. 공간적 인접성

'공간적인 인접성의 환유'는 시선이나 연상이 인접한 공간이나 생각으로 순차적으로 옮겨가거나 동떨어지거나 상반된 공간이나 생각으로 옮겨가는 것이다. 화이트는 본질적으로 환원적 특징을 지닌다는 점에서 환유는 반어에 더 가깝지만 본질적으로 통합적인 특성을 지닌다는 점에서 제유는 은유에 더 가깝다고 주장하기도 한다. 김종삼의 환유적 기법은 '장소로써 기관'이나 '사건을 가리키는 환유나 그곳에서 장소를 나타낸 환유'라기 보다는 한 개의 공간을 중심으로 자동적으로 다른 행을 연상하여 하나의 텍스트가 만들어진 것을 뜻한다.[141] 인접성이나 연상성을 중심으로 하여 만들어지는 김종삼의 환유적 기법 중에서 공간적 인접성을 중심으로 하는 텍스트는 하나의 공간을 중심으로 객관적 묘사가 이루어진 것을 뜻한다. 환유적 구성에서 시선이 수평적으로 옮겨가거나(물질적인 것), 연상이 수평적으로 옮겨가는데(개념적인 것), 시선이나 연상이 인접한 공간에서 생각으로 순차적으로 옮겨가는 경우가 연접이며 동떨어지거나 상반된 공간이나 생각으로 옮겨가는 것을 이접이다.[142] 김종삼의 텍스트에 나타난 환유적 구성은 이접이 많아 해석의 어려움을 겪는다. 김종삼의 가장 난해하고 환상적인 수사법으로 평가받는 환유적 구성의 텍스트들은 상반된 공간이나 생각으로 옮겨가는 경우가 많아 텍스트에 시적 긴장감을 만들고 환상성을 부여한다.

다음의 텍스트는 하나의 공간을 인접으로 하여 죽음의 일상성을 환유적으로 보여준다. 즉 현실 공간이 불러내는 죽음의 이미지에서 삶의 부재를 느낄 수 있다.

---

141) 조지 레이코프와 마크 존슨은 퀸틸리아누스의 다섯 가지 환유에 두 가지를 더 하여 환유를 다음과 같이 나누었다. 1) 장소로써 기관, 2) 장소로써 사건, 3) 부분으로써 전체, 4) 제조자로써 제품, 5) 제품으로써 사용자, 6) 통제자로써 피통제자, 7) 기관으로써 책임자를 가리키는 방법(김욱동, 앞의 책, 210쪽).

142) 권혁웅, 앞의 책, 48쪽.

醫人이 없는 病院뜰이 넓다.
사람들의 영혼과 같이 介在된 푸름이 한가하다.
비인 乳母車 한 대가 놓여졌다.
말을 잘 할 줄 모르는 하느님의 것일까.
버리고 간 것일까.
어디메도 없는 연인이 그립다.
窓門이 열리어진 파아란 커튼들이
바람 한 점 없다.
오늘은 무슨 曜日일까.

―「오늘은 무슨 曜日일까」 전문

이 텍스트에서는 '병원'이란 공간을 중심으로 시선이 수평으로 옮겨가며 시상이 전개된다. 그 연상의 매개어는 '의인이 없는 병원뜰→비인 유모차→열린 창문의 순서'로 기억 속의 풍경들이 묘사되지만 결과적으로 '부재'를 확인시켜줄 뿐이다.143) 이 시에서 부재와 관련된 어휘들은 "한가하다", "버리고 간 것일까", "어디메도 없는 연인", "바람 한 점 없다"와 같은 주관적 서술에서 찾을 수 있다. 이 텍스트는 삶과 죽음의 공간을 인접성으로 하여 화자 내면에 잠재된 기억의 연상에 따라 '병원'의 이미지를 묘사한다. 화자의 내면이 불러일으킨 '내적 인접성'은 이미지와 이미지가 겉으로 드러난 인접면이 아니라 화자 내면에 저장된 기억의 연상에 따라 움직인다. 즉 "의인이 없는 병원 뜰"이 죽음과 함께 떠오르는 "사람들의 영혼"을 불러오고 이 세상에 없음, 가벼움이라는 이미지와 함께 "비인 유모차 한 대"를 불러온다. 그러나 4행부터는 내적인

143) 김종삼 시에는 병원을 공간적 배경으로 하고 있는 작품이 상당수 있는데 이는 시인이 병원에 자주 드나들었다는 전기적 사실과 관련을 맺고 있으며 또한 그의 시 세계에 두드러지는 죽음 의식과도 관련지어 생각해볼 수 있다. 병원은 죽음과 가까이 있는 공간이면서 동시에 죽음으로부터 벗어나려는 공간이기도 하다. 그의 시에서 병원을 배경공간으로 한 작품들은 고요와 적막이 주조를 이루어, 죽음과의 친연성을 드러내는 경우가 적지 않다(강연호, 「김종삼 시의 대립공간 연구」, 『현대문학이론 연구』 제31집, 2007, 13쪽).

인접성에 따라 흐르던 상상력이 엉뚱하게 튄다. 4행의 "말을 잘 할 줄 모르는 하느님"은 "어디메도 없는 연인", "연인"은 "창문이 열리어진 파아란 커튼"이라는 상큼하고 희망적인 이미지를 불러온다. 여기서 "하느님"과 "연인"은 앞에서 밝힌 바 있는 김종삼의 지수상징 혹은 개인 상징어로 그가 추구하는 행복하거나 영원지향적인 세상에 존재하는 것들이다. 이 시에서 두 단어를 수식하는 "말을 할 줄 모르는/ 어디메도 없는"은 화자의 심정을 대변한다. 그것은 소통불능의 화자의 삶과 채울 수 없는 대상에 대한 유비이다. 위에서 마음의 연상을 통해 흐르던 인접성의 기억을 흩어 놓으려는 화자의 의도가 마지막 행에서 나타난다. 화자는 "오늘은 무슨 요일일까."라고 시치미를 떼면서 앞의 내용을 다시 한 번 돌아보게 만든다. 즉 앞에서 수평적으로 흐르던 생각이 마지막에 상반된 생각으로 옮겨간 것으로 이접의 경우다.

이 시는 기억의 세계를 환유적인 기법으로 스케치한 것이다. 김종삼의 머릿속을 순간적으로 헤집고 지나갔던 기억들이 과거로 시간 이동해 캐리커쳐 방식으로 묘사된 것이다. 텅 빈 공간을 미끄러지는 풍경들의 묘사는 내적 인접성의 연상을 불러일으키는 환유적 수사기법을 유려하게 보여주어 환상성을 배가한다. 여기서 흥미로운 것은 공간적인 인접성과 내적인 인접성에 의해 묘사된 이 시의 제목에 주목해야한다. "오늘은 무슨 요일일까"라는 제목의 정확한 의미를 해석하기는 쉽지 않다. 아마도 이 시를 제대로 해석하여 그 의미를 캐내려면 제목의 의미부터 풀어야 할 것이다. 이 시의 화자는 과연 이 세상에 존재하기나 하는 걸까 하는 의심이 드는 이유는 이 풍경이 현실에 없는 경험의 반영이기 때문이다. 김종삼은 늘 술에 취해 있었으며 자주 병원을 드나들며 병상체험을 했다. 따라서 이 시의 화자도 현실과는 거리가 먼 현실에 없는 경험을 반영했다.

환유적 구성의 텍스트들은 다른 수사의 텍스트들에 비해 비현실적이고 환상적이다. 그것들은 대부분 화자의 과거 기억들을 재현한 것으로 텍스트 해석의 어려움이 있다. 평자들이 난해하다고 평가하는 김종삼의 시들은 대부분 환유적 수사법을 이용한 시들을 지칭한다. 김종삼은 환유적 수사법을 사용하여 텍스트에 환상성과 난해성을 의도한다. 다음의 예는 우리들이 익히 아는 장소를 인접성으로 구성한 환유적 텍스트이다.

官廳 지붕엔 비둘기떼가 한창이다 날아다니다간 앉곤 한다
門이 열리어져 있는 教會堂의 形式은 푸른 뜰과 넓이를 가졌다.
整然한 鋪道론 다정하게
생긴 늙은 우체부가 지나간다 부드러운 낡은 벽돌의
골목길에선 아희들이
고분고분하게 놀고 있고
이 무리들은 제네바로 간다 한다
어린것과 먹을거 한조각 쥔 채

– 「아우슈뷔츠 · II」[144] 전문(전집2)

이 텍스트는 '장소로서 사건을 가리키는 환유'의 예로 하나의 공간을 인접으로 한 환유적 구성을 가진다. "아우슈뷔츠"는 아직도 가공할 만한 공포로 남아있는 유태인말살작업을 자행한 장소의 이름이다. 김종삼은 환유적 기법으로 한 장소를 통해 독자들에게 사건의 전모를 연상하게 만든다. 이 시의 연관성이 없는 각 행은 "아우슈비츠"라는 공간을 인접으로 하여 각 행이 자동 연상된 것이다. 김종삼의 텍스트에 나타난 언술 구조의 특이성인 시제의 혼용을 보이는 이 텍스트는 한 공간을 중심으로 연상되어 있다. 이렇게 죽음이나 전쟁을 소재로 한 텍스트들에 주로 나타나는 불연속적 시제는 독자들로 하여금 과거의 그 장소로 빨려들게 하여 생생한 체험을 하도록 유도한다. 이 텍스트에 나타난 장소는 '아우슈비츠 라게르'의 모습을 객관적으로 그린 것으로 화자의 상상력으로

144) 최초 발표될 때의 제목은 「종착역 아우슈비츠」였다(『문학춘추』, 1964. 12).

구성된 비현실적 세계를 보여준다. 외부적으로는 평화로워 보이는 이 공포의 공간을 화자는 객관화하여 면밀하게 묘사한다.

1행은 평화를 상징하는 "비둘기떼"가 자유롭게 날아다니는 모습을 배치하고, 자유로운 이미지는 2행의 "푸른 뜰과 넓이를 가"진 고요하고 평화로운 "교회당"을 연상시킨다. 그 교회당은 심지어 "문이 열리어져"있다고 묘사하여 이곳의 평화로움과 자유로운 풍경을 강조한다. 3행은 "整然한 鋪道"를 지나가는 "다정하게 생긴 늙은 우체부"를 등장시키고, 4행은 "골목길의"의 놀고 있는 아이들을 대조적으로 묘사하여 이 공간의 평화로운 이미지를 5, 6행까지 계속 끌고 나간다. 이것은 의도적인 환유적 장치로 마지막 두 행의 반전을 극적으로 보여주기 위해서 직접적인 정보를 지연한 것이다. 마지막 두 행의 내용은 앞에서 묘사한 자유롭고 평화로운 풍경들을 산산조각 낸다. 왜냐하면 이 평화로운 공간에 머물던 사람들은 모두 제네바로 가야하는 유태인들이기 때문이다. 8행의 묘사는 아무것도 모르는 "어린 것"을 등장시켜 앞 행의 역사적 사실을 더욱 충격적이고 끔찍하게 만든다. 김종삼은 텍스트 안에 다양한 환유적 기법을 동원하여 문맥을 확대하고 시적 이미지를 풍부하게 한다.

> 뜰악과 苔瓦마루에 긴 풀이 자랐다.
> 한 모퉁이에 자근 발자욱이 나 있었다.
>
> 풀밭이 내다 보이었다. 풀밭이 가끔 눕히어지는 쪽이 많았다.
> 옮아간다는 눈치였다.
>
> 아직
> 해가 머물러 있다.
>
> -「해가 머물러 있다」 전문

이 텍스트는 한 공간을 인접성으로 하여 묘사한 환유적 수사법을 보여준다. 1, 2연에는 "풀밭이 가끔 눕히어지는" 것의 주체가 나타나지 않는다. 이 시는 한 공간에서 미세하게 변화하는 시간의 풍경을 객관적으로 묘사한다. 3연에 와서야 이 시의 보이지 않는 주체가 "해"라는 것을 알 수 있다. 이 텍스트는 보이지 않는 존재의 움직임을 객관 묘사한 것으로 김종삼이 추구하는 영원한 존재에 대한 믿음을 나타낸 것이다. 한 공간을 인접성으로 하여 '뜰악과 청태마루에 긴 풀→풀밭이 눕히어짐→해가 머물고 있다'는 자연풍경을 환유적으로 묘사한다. 각 연은 하나의 공간에 떠 있는 "해"라는 절대적 존재의 움직임을 따라 연상된 '풍경의 배음'을 스케치했다. 여기서 "해"는 상징에서 다루게 될 "빛"과 같은 것으로 김종삼이 추구하는 초월세계(환상세계)에 속한다. 이 텍스트 역시 김종삼의 특징적인 언술구조인 정보를 뒤에 배치해서 독자들에게 호기심을 유발한다.

김종삼은 감정이 절제된 객관적인 묘사를 사용하여 환유적 구성의 텍스트에 비현실적인 환상성을 부여한다. 이 환상성은 화자의 내면 풍경을 재구성한 것으로 김종삼의 전쟁체험에서 발현된 죽음으로부터 생성된 것이다. 환유적 방식의 텍스트들은 일반적으로 연상을 통해 다음 행을 이어가는 방식을 취하기 때문에 행갈이를 안 한 텍스트가 대부분이나 「해가 머물러 있다」처럼 연을 떼어 묘사하기도 한다. 김종삼의 텍스트에 나타난 난해성은 앞에서 설명한 지배적 언술구조에 기인하기도 하지만 수사적 특이성인 의미변용의 은유와 환상적인 환유적 구성방식 때문에 출현한다.

이 밖에 김종삼의 환유적 수사기법 중에서 제목의 지명을 통해 전체적인 의미를 연상하게 하는 환유적 기법의 텍스트가 있다. 김종삼의 환유적 기법은 레이코프나 존슨이 언급한 '장소로서 기관'이나 '사건을 가리키는 환유나 그곳에서 장소를 나타낸 환유'가 아니라 한 개의 공간을 중심으로 자동적으로 연상하여 하나의 텍스트가 만들어지지만 '제목으로 연상한 환유'에서는 앞에서 설명한 환유적 구성방식보다는 제유적 특성이 더 두드러진다. 제목을 통해 텍스트의 전체적인 의미를 유추해야만 시 해독이 가능한 텍스트다. 이들은 김종삼의 텍스트 중에서 다의적인 해석이 가능하여 독자들의 상상력이 요구된다. 이런 시들은 그만큼 행간의 틈이 많아 난해하다. 다음은 공간적 인접성의 환유를 보여주는 텍스트다.

아뜨리에서 흘러 나오던
루드비히의
奏鳴曲
素描의 寶石길

한가하였던 娼街의 한낮
옹기 장수가 불렀던
單調

– 「아뜨리에 幻想」[145] 전문

이 텍스트는 제목에 나타난 장소를 환유적 인접성으로 하여 제작한 것이다. 화자는 누군가의 畵室을 지나가며 들려오던 베토벤의 奏鳴曲을 듣고서 다양한 시상을 떠올린다. 위의 시처럼 환유적 연상성에 따라 배열된 시들은 시인의 주관적 심상으로 제작되어 시해석이 난해하다. 1연의 진술도 화자가 화실에서 들려오는 루드비히 반 베토벤의 음악을 직접 들은 것인지, 아니면 화자가 베토벤의 음악을 들으면서 아뜨리에라고 상상을 하는 것인지 그 정황을 정확히 알 수가 없다. 1연 3, 4행의 "奏鳴曲"은 "素描의 寶石길"과 등가성을 보이는 데, 김종삼은 이와 같이 음악이 언급된 텍스트에서는 "보석길"과 같이 아름답고 평화로운 이미지를 보여준다. 그러나 2연의 묘사는 주관적이어서 해석이 불가능하다. 여

145) 처음 발표될 때의 제목은 「畵室 幻想」이었다(『문학춘추』, 1964. 12).

기서 "한가하였던 娼街의 한낮"과 "옹기 장수가 불렀던/ 單調"의 이미지는 고요하고 나지막한 음색의 멜로디를 연상시킨다. 그렇지만 "한가하였던 娼街의 한낮"은 화자의 주관적인 비유이기에 해석의 어려움이 있다. 다만 제목인 "아뜨리에 幻想"을 통해 전체적인 의미를 다양하게 유추할 수밖에 없다. 외래어를 그대로 사용한 "아뜨리에"와 한자어 "幻想"은 이 시의 의미를 다의적으로 상상할 수 있게 유도한다.

김종삼은 하나의 공간을 인접면으로 하여 전체적인 흐름을 따라가는 자동 연상의 환유적 수사법을 사용하여 시의 환상성과 난해성을 유도한다. 이와 같은 수사적 방법은 그가 즐겨 사용하는 시작법으로, 견디기 힘든 현실을 이겨내기 위해 텍스트에 비현실성을 부여한다. 또 김종삼은 텍스트의 제목을 통해 전체적인 내용을 유추할 수 있게 만드는 방법을 사용하여 텍스트의 난해성을 나름대로 해명하고 있다.

지금까지 김종삼의 텍스트에 나타난 환유적 인접성의 세계를 살펴보았다. 환유적 수사법은 유려한 은유 구사와 더불어 김종삼의 수사법에서 매우 중요하다. 그것은 시간과 공간을 인접성으로 하는 자동 연상의 환유적 기법과 제목을 통해 전체적 의미를 연상하는 환유적 기법으로, 다소 창작자 자신의 이미지를 따라가는 방식으로 구성되어 있어 시 해석의 난해성을 초래한다. 그러나 이 방법은 메시지를 다의적으로 해석하게 만들고 독자들이 텍스트를 반복하여 읽게 하는 효과가 있다. 김종삼의 환유적 세계에 나타나는 난해성과 환상성은 그의 현실부재의 세계를 재현한다. 이것은 기억의 연상을 따라 객관적으로 묘사하여 시적 언술을 풍부하면서도 난해하게 만든다. 환유적 인접면의 세계에서 주목할 만한 기법은 시선이나 연상이 수평적으로 옮겨가다가 상반된 공간이나 생각으로 옮겨가는 것이다. 하지만 이런 기법의 시들은 대부분 화자의 기억의 풍경을 소묘하고 있어 시 해독이 어렵다. 김종삼의 환유적 세계가 지닌 환상성과 난해성을 해명하는 방법은 텍스트의 개인조어나 한자어 고 유명사, 음악용어 등과 수사적 다양성을 유추하여 시적 해석을 풍성하게 읽어내는 것이다.

3. 상징적 다의성의 세계

김종삼의 텍스트에 반복적으로 나타나는 개인 상징어는 환기력이 매우 강한 긴장성 상징(tensive symbolizing)[146]으로 그 의미가 전적으로 규정되지 않으므로 본질적인 긴장감과 생동감을 동시에 지닌다. 긴장성 상징은 어둡고 비옥한 원형 의미론적 경험세계에 그 뿌리를 박음으로써, 그리고 그 목적하는 바가 이 세상의 풍요롭고 경이로우며 신비스런 것들을 표출하고 환기시키는 것이기 때문에 자신이 자아내는 인식의 반응에 어느 정도의 모호성과 아울러 다양성을 허용한다.[147] 그의 시에 나타난 상징은 여러 개의 원관념을 환기할 수 있어 시해석의 다의성과 더불어 독자들에게 시의 울림을 지속시키는 효과가 있다. 그것들은 화자의 무의식 속에 있는 이루어지지 않는 것에 대한 욕망이며 그가 추구하는 플라톤적 이데아를 표상한다.

모든 상징은 언어적 상징과 문학적 상징(P. Wheeler), 또는 추리적 상징과 비추리적 상징(S. K. Langer)으로 나뉘고, 이것이 휠라이트의 특이한 용어로는 약속상징(steno symbol)과 긴장상징(tensive symbol)으로 양분된다.[148] 그러나 다른 것을 대신하는 언어적 상징이나 과학적 정확성과 확실성을 바탕으로 논리적 문장에 사용되는 추리적 상징이나 약속상징은 문학적 용법의 상징으로 볼 수 없다. 내적인 감정적 경험을 외적

146) 긴장성 상징은 쉽게 그 뜻이 탐지될 수 있는 상징과는 달리 생동적인 의미작용으로서 인간의 선택과 분별이 개입하긴 하나 규정에 의해서 형성되지 않거니와 언제나 완벽한 정확성을 기할 수 없지만 때로는 바람직한 조건 하에서 고도의 정확성을 발휘하기도 한다(필립 휠라이트, 앞의 책, 96쪽).

147) 필립 휠라이트, 위의 책, 97쪽.

148) 김준오, 위의 책, 211쪽.

인 풍경(그림), 곧 감각적 체험(sensory experience)으로 대신해 보여줄 때 사용하는 언어를 상징 언어라고 부른다.[149] 김종삼의 시에 나타난 상징적 수사법으로는 개인상징, 원형상징으로 크게 나누어 볼 수 있다. 특히 김종삼의 궁극적 시세계를 가장 잘 보여주는 '라산스카'는 매우 중요한 개인 상징어로 여기서 자세히 살펴볼 것이다.

3.1. 개인 상징(personal symbol)

문학적 상징이란 전후 문맥 속에서 필연적으로 어떤 의미를 암시하고 그 의미는 개인의 수용 각도에 따라 다양하게 해석될 수 있는 모호성을 지닌 것 즉 텍스트에 나타나는 환기력이 강한 개인적 상징(personal symbol)을 의미한다. 하나의 작품 속에서나 자신의 여러 작품에 즐겨 사용하는 특수한 의미의 상징이다. 김종삼의 텍스트에 주로 나타나는 상징적 표현은 문학적 상징에서 중요시하는 긴장상징이다.

김종삼의 텍스트가 지속적 · 반복적으로 보여주고 있는 상징적 영원의 세계는 그가 추구하는 초월적 세계의 의미를 가진 단어들(여인, 연인, 라산스카, 어머니, 올페, 음악 등)에 잘 나타나 있다. 한 시인이 텍스트에 자주 쓰는 단어나 은유적 표현은 상징으로 변하게 되는데, 일반적으로 상징이란 우리의 지각 경험 가운데 비교적 지속적이며 반복적인 요소를 말하며 지각 경험 자체만으로 전달되지 않거나 충분히 전달될 수 없는 더욱 광범한 어떤 한 의미 혹은 일련의 의미를 뜻한다. 상징에 대해 말할 때는 그 지속성과 반복성을 언급할 필요가 있으며, 어떤 특이한 통찰력이 번득일 때 단 한 번의 은유로 사용된 이미지는 정확히 말해서 상징적 기능이 있다고 말할 수 없다. 상징성을 띠게 되는 것은 어떤 변용을 거쳐서라도 回起性을 지니게 되거나 이를 지닐 수 있다고 생각될 때이다. 그것은 일부는 시 안에 표출되어 있고 또 일부는 세계의 보편적인

149) E. 프롬, 「상징언어의 본질」, 『상징』, 김용직 편, 문학과지성사, 1988 참조.

삶의 형태로 암시되어 있기 때문에 그 시를 주도하는 상징을 이루게 된다.[150)]

김종삼의 텍스트에 나타난 상징적 기법은 여러 개의 원관념을 환기할 수 있어 시해석의 다의성과 더불어 독자들에게 시의 울림을 지속시키는 효과가 있다. 그는 상징적 수사기법을 통해 자신의 세계를 끊임없이 추구한다. 하지만 그것들은 김종삼에게는 이루어질 수 없는 절대적 대상이다.

전쟁과 희생과 희망으로 하여 열리어진
좁은 구호의 여의치 못한 직분으로서 집없는 아기들의 보모로서
어두워지는 어린 마음들을 보살펴 메꾸어 주기 위해
역겨움을 모르는 생활인이었습니다.

그 여인이 쉬일 때이면
자비와 현명으로써 가슴 속에 물들이는
뜨개질이었습니다.

그 여인의 속눈썹 그늘은
포근히 내리는 눈송이의 색채이고
이 우주의 모든 신비의 빛이었습니다.

그 여인의 손은 이그러져 가기 쉬운
세태를 어루만져 주는
친엄마의 마음이고 때로는 어린 양떼들의 무심한 언저리의
흐름이었습니다.

그 여인의 눈 속에 가라앉은 지혜는
이 세기 넓은 뜰에 연약하게나마 부감된 자리에 비치는

150) 필립 휠라이트, 앞의 책, 94쪽.

어진 광명이었습니다.

그 여인의 시야는 그 어느 때이고
선량한 생애에 얽히어졌다가 죽어간 사람들 사이에 세워진 아취의
고요이고 아름다운 꿈을 지녔던 그림자입니다.

－「여인」 전문

이 텍스트는 1975년『현대시학』6월호에 발표된 것이다. 김종삼의 텍스트에 나타난 '여인/연인'은 언술구조에서 언급한 대로 일반명사의 여인의 의미를 넘어서서 개인적인 상징성이 강하게 부여된 단어다. "아름다운 여인의 눈이 세상 욕심이라곤 없는 불치의 환자처럼 생존하여 갔다"(「이 짧은 이야기」)에서 볼 수 있듯 화자에게 "여인"은 지상에서 가장 순결하고 아름다운 것을 지칭한다. 그러나 그것은 김종삼의 텍스트 제목처럼 현실에서는 찾을 수 없는 "어디메 있을 너"로 나타난다. 이 텍스트의 화자는 6개의 연을 "여인"에 대한 묘사로 이어가고 있으며 그 모습은 다양한 모습으로 변주, 확장된다.

1연: 여인→보모, 생활인
2연: 여인→뜨개질
3연: 여인의 속눈썹 그늘→눈송이의 색체, 신비의 빛
4연: 여인의 손→친엄마의 마음, 양떼들의 언저리의 흐름
5연: 여인의 눈속에 가라앉은 지혜→어진 광명
6연: 여인의 시야→그 어느 때, 아취의 고요, 그림자

위에서 묘사된 '여인'의 모습은 1연과 2연에서는 평범한 현실적 여인의 모습으로 비유되어 있으나 3연부터는 지상의 순결한 것들이나 초월적인 것들을 반복적으로 은유하여 상징성을 부여한다. 3연에서는 "여인의 속눈썹"이 "눈송이의 색채"와 "신비의 빛"으로 구체화되어서 비유하

는 데, 전자는 가장 순결한 흰색이고 후자는 우리가 상상할 수 있는 가장 눈부시고 경이로운 것이다. 눈송이의 흰빛은 우주의 신비적 빛을 연상시켜 의미가 확산된다. 즉 추상적 이미지인 '그늘→빛→색채'는 구체적 이미지인 '속눈썹→눈송이→우주공간'으로 확대된다. 이 말은 현실적 고통을 잊게 해주는 한 여인의 지고지순한 이미지를 천상적인 것으로 형상화한다. 상징성이 강한 표현인 '눈'은 태어남과 동시에 죽는 이중적 이미지를 가지며, 빛은 이를 볼 수 없는 자들에게는 곧 어둠이라는 이중성을 지닌 것으로 현실과는 대조적인 모습을 함께 떠올리게 하여 현실의 비극성을 강조하는 다의적 효과를 가진다. 이것은 화자가 현실에서 이룰 수 없는 것들을 얼마나 간절히 욕망하는지 보여준다. 4연의 "그 여인의 손"은 손길을 의미하는 제유적 표현으로 삶의 어려움을 어루만져주는 엄마와 같은 상징물이다. 여기서 '엄마'도 '여인'처럼 김종삼의 상징어에 속하는 것으로 "어머니의 모습은 잠시나마 하나님보다도 숭고하게 이 땅 위에 떠오르고 있었습니다"(「오학년 일반」), "엄마는 죽지 않는 계단"(「엄마」)이라는 진술처럼 가장 숭고한 사람으로 묘사된다. 4연 2행의 "어린 양떼들의 무심한 언저리의 흐름"은 성경의 잃어버린 양떼의 비유로 순결함을 뜻하고 하얀 색깔의 이미지는 앞에서 비유된 눈송이의 색채나 신비의 빛과 같은 이미지이다. 여기서도 시인인 화자가 거주한다고 생각하는 "무심한", "언저리"라는 변방 이미지의 단어들을 발견할 수 있다. 그것은 김종삼이 생각하는 진정한 시인이 거처해야 할 공간이며 세상의 고결한 이들이 거할 장소이다. 5연의 "그 여인의 눈 속에 가라앉은 지혜" 역시 "어진 광명"으로 은유되어 3연의 "신비의 빛"과 같은 이미지다. "빛"이나 "광명"은 빛의 이미지인 정신의 심상 상징으로 필립 휠라이트는 정신이 그 취의라면 빛은 그 의미상의 매개가 되는 것으로 보았다. 행동 분야에서나 조용한 명상 속에서나 분별력이야말로 정신의 본질적 표지이며 이 능력은 무엇보다도 곧 빛이 상징하는 내용이다.[151)] 따라서 빛은 어둠과 시인의 정신력을 동시에 상징하며 "여인"은 시인의 본질과 상통하는 언어가 된다. 이것은 "나의 本籍은 푸른 눈을 가진 한 여인의 영원히 맑은 거울이다"(「나의 本籍」)에서도 확인할 수 있다. 마지막 연은 '그 여인의 속눈썹→눈속의 노을→그 여인의 시야'로 변주되어 신체의 작은 것에서 큰 것으로 확산되어 간다. 그것은 선하게 살다 죽어간 이들의 비석처럼 고요하며 그들이 꿈꾸었던 아름다움의 자취이다. 따라서 "여인의 시야"는 아름다움과 슬픔을 동시에 지닌다.

위의 텍스트는 여인의 모습에서 신체(속눈썹→손→눈 속의 노을→시야)로 옮겨가면서 여인의 이미지를 점층적으로 확산한다. 특히 화자는 여인의 '눈'을 여섯 개의 연에서 세 개의 연에 집중적으로 묘사하고 있는 것으로 보아 여인의 '눈'이 지상에서 가장 아름답고 순결하며 눈부신 것이라고 생각한다. 이와 같은 '눈'의 이미지를 허금주는 "대립을 부수고 그 분절의 간격을 메운 눈의 흰 빛은 그 치유의 내적인 힘을 부가시켜 죽음과 친근한 모습으로 나타나며, 그것이 어머니의 표상이 된다"고 언급했다.152) 김종삼은 '여인'이라는 상징어를 통해 자신이 꿈꿔온 가장 아름다운 것을 욕망하지만 그것은 현실에서는 이루어질 수 없었다. 과거의 기억 속에 남아있는 '엄마'를 상징적인 '여인'에 가장 가까운 인물로 느끼고 있을 뿐이다. "흰 빛의 눈"에서 "눈송이의 색체, 신비의 빛"의 이미지를 느끼면서 어머니를 자연스럽게 떠올려 죽음까지도 포근한 이미지로 표상된다.

> 나는 무척 늙었다 그러므로
> 나는 죽음과 친근하다 유일한 벗이다
> 함께 다닐 때도 있었다.
> 오늘처럼 서늘한 바람이 선들거리는
> 가을철에도 함께 다니었다.

---

151) 필립 휠라이트, 앞의 책, 123쪽 참조.
152) 허금주, 앞의 논문, 57쪽.

포근한 눈송이 내리는 날이면
죽음과 더욱 친근하였다. 인자하였던
어머니의 모습처럼 그리고는 찬연한
바티칸 시스틴의, 한 벽화처럼

－「前程」 부분(전집2)153)

이 텍스트의 화자는 죽음을 친근한 것으로 받아들인다. 4행의 "포근한 눈송이"는 세상의 더러움을 포근히 덮어버리는 속성과 땅에 닿음과 동시에 사라져버리는 죽음의 속성을 동시에 가진다. 이 시의 화자는 죽음을 객관적으로 묘사하고 있어 죽음에 대한 두려움이 느껴지지 않는다. 그것은 김종삼의 자전적 체험과 말년의 병원생활 등에 기인한다. 「前程」에서도 '어머니'의 이미지는 눈송이의 포근함으로 나타난다. 화자는 이미 돌아가신 어머니를 "찬연한 바티칸 시스틴의, 한 벽화"처럼 성스럽고 아름다운 것이라고 인식한다. 그만큼 화자는 죽음과 친숙하다. 이것은 2행의 "나는 죽음과 친근하다 유일한 벗이다"라는 직설적인 표현에서 확인할 수 있다. 김종삼이 죽음을 아름다움의 극치로 이해하는 것을, "구질구질하게 너무 오래 살았다. 더 늙기 전에 더 누추해지기 전에 죽음만이 극치가 될지도 모른다."는 시인의 메모를 통해서도 확인할 수 있다.

이 텍스트에 묘사된 '포근함', '인자함', '찬연함'은 화자가 느끼는 눈송이의 이미지로 '어머니'를 비유한 것이다. 김종삼은 '여인(연인)/어머니'라는 상징어로 현실의 고통을 감싸주는 부드러운 이미지와 죽음이라는 비극적 이미지를 동시에 환기한다. 이런 단어들은 김종삼의 텍스트에 반복되는 은유로 사용되어 상징으로 변환된 것이다. 김종삼은 이런 상징어들을 활용하여 자신의 세계인식을 드러내고 독자들에게 메시지로 강

153) 이 시는 1984년 『문학사상』 11월호에 수록되었던 것으로 '전집2'에 수록되었다. 시 아래 다음과 같이 메모되어 있다.－"구질구질하게 너무 오래 살아있다. 더 늙기 전에 더 누추해지기 전에 죽음만이 극치가 될지 모른다. 익어가는 가을 햇볕 속에 작고한 선배님들이 반갑게 어른거린다." 이 외에 같은 제목으로 1982년 『신동아』 4월호에 발표되었다 '전집1'에 실린 것이 있다.

조한다. 김종삼은 그가 원하는 것을 얻기 위해 말을 사용하지만 그것은 결코 명료하게 표현되거나 소유할 수 없는 어떤 것의 기표일 뿐이다. 다음 예시된 텍스트도 김종삼이 반복적인 은유로 개인상징어가 된 '엄마'를 통해 삶과 죽음의 이중적 의미를 만들어낸다.

> 아침엔 라면을 맛있게들 먹었지
> 엄만 장사를 잘 할 줄 모르는 行商이란다
>
> 너희들 오늘도 나와 있구나 저물어 가는 山허리에
>
> 내일은 꼭 하나님의 은혜로
> 엄마의 지혜로 먹을거랑 입을거랑 가지고 오마.
>
> 엄만 죽지 않는 계단
>
> –「엄마」 전문

이 텍스트는 화자가 어린 시절에 느꼈던 엄마에 대한 인상을 객관적으로 묘사한 것이다. 화자가 기억하는 엄마는 무능한 생활인이었지만 "엄마의 지혜"를 "하나님의 지혜"와 동일시할 만큼 위력을 지녔다. 김종삼의 시에서 '어린 아이'들 역시 '엄마'와 동일한 천국의 구성요소다. 그들은 그의 텍스트에서 순결한 영혼을 대표한다. 「여인」의 1연에서 묘사된 "여인" 역시 화자의 엄마와 동일한 이미지다. 따라서 1연 1행의 "장사를 잘 할 줄 모르는 생활인"인 엄마와 "역겨움을 모르는 생활인"인 여인은 동일인물이다.

> 「여인」 5연→그 여인의 눈 속에 가라앉은 지혜는/ 이 세기 넓은 뜰에 연약하게나마 부감된 자리에 비치는 어진 광명이었습니다.
>
> 6연→그 여인의 시야는 그 어느 때이고/ 선량한 생애에 얽

히어졌다가 죽어간 사람들 사이에 세워진 아취의 고요
이고 아름다운 꿈을 지녔던 그림자
「연인」 7행→나의 연인은 내가 살아가는 날짜들이다(전집2)
「연인의 마을」 전문→서까래 밑으로 쌓여진 굳어진 눈도/ 지붕 너
머 포플라 나무 중간에 얹혀진 까치집도/ 등
성이도 공동묘지도 연인의 흔적이다.
「불후의 연인」 3, 4행→한 폭의 아름다운/다빈치 그림으로 알았다
5, 6행→아름다운 모차르트의 플룻과/ 하이프로 알
았다
「엄마」 3연→하느님의 은혜로/ 엄마의 지혜로 먹을거랑 입을거랑
가지고 오마
4연→엄만 죽지 않는 계단

위의 예시처럼 김종삼에게 '여인', '연인', '엄마'는 영원하고 초월적인 의미를 지니는 개인상징어이며 그의 마음에 자리 잡은 절대적인 대상이다. "엄만 죽지 않는 계단"인 '하느님'처럼 신적인 존재이며 눈처럼 순결하고 별처럼 아름다운 심상이다. 이런 심상은 그가 평소 사랑했던 '음악'을 소재로 한 텍스트에서도 동일하게 나타난다. 김종삼은 상징적 수사법을 사용하여 현실과는 동떨어진 미지의 심상을 심미적이고 절대적인 것으로 만들어 정신의 완결성을 꾀한다. 의미의 다의성을 가져오는 그의 상징적 수사법은 텍스트에서 영원성을 추구하여 주제를 성스럽게 만든다.

다음은 김종삼의 개인상징 중에서 가장 중요한 '라산스카'[154] 시편을

154) 라산스카 Hulda Lashnsca는 뉴욕에서 활약하던 미국의 소프라노 가수이다. 1893년생인 라산스카는 케임브리지 대학을 마치고 교향곡 연주회에 자주 출연하여 독일의 예술가곡 Lied를 잘 불렀는데 은퇴하였다가 1936년부터 무대에 복귀하여 다시 활동하였다. 라산스카가 복귀하여 노래하던 때에 김종삼은 일본에 있었다. 열일곱 살에서 스물세 살 사이의 가장 민감하던 시기에 김종삼은 라산스카의 노래를 들었고 그 노래는 김종삼의 영혼에 깊은 흔적을 남겨놓은 듯하다(김인환, 『상상력과 원

살펴보겠다. 이 논문은 '라산스카' 시편을 김종삼의 시 쓰기가 추구하는 최후의 지향점으로 본다. 이렇게 볼 때 '라산스카' 시편은 자기 반영적 메타시가 되어 텍스트끼리 상호텍스트성을 가진다. '라산스카' 시편은 21년에 걸쳐 6편이 제작되었다. 이 사실은 그가 이 시편에 얼마나 큰 의미를 두었는지 알 수 있다. 김종삼에게 '라산스카'는 존재의 참모습인 이데아를 상징하는 매우 중요한 단어이기에 여기서 따로 살펴볼 필요가 있다. 이것은 그만의 개인상징어로 윌프레드 게린의 지수상징(THE EXPONENTIAL APPROACH)이다.[155] 지수상징은 한 시인의 잠재적 사고에 나타나는 주도적 이미지(presiding image)로 시에서 지속적으로 자신의 시세계를 구현한다.

'라산스카'는 김종삼에게는 채워지지 않는 욕망이다. 그는 단 한 편의 시로는 그곳을 정의하기 부족했기에 그 존재의 극점에 닿고자 거듭 반복적으로 '라산스카' 시편을 양산했다. '라산스카'는 김종삼이 추구하는 '상징적 영원의 세계' 혹은 '이데아'를 상징하는 개인조어다. 생전에 김종삼에게 그 뜻을 물어보았지만 절대 알려주지 않았다고 한다. 소프라노 가수인 '라산스카'의 노래가 김종삼의 영혼에 깊은 흔적을 남겼다고 해서 이 단어를 음악 관련어로만 볼 수는 없다. 김종삼 스스로 정화력이 있다고 믿는 아름다운 음악처럼 '라산스카'는 천상적이고 평화로운 세계를 지칭한다. 권명옥은 '라산스카'를 "정죄한 영혼이 발을 들이는 미지의 곳/장소"이며 그곳은 성경 시편에 나오는 곳으로 시인이 마땅히 가야 할 곳[156]이라고 지적했다. 이것도 '라산스카'의 뜻을 '천국'이라는 하나의 장소로 한정하는데 그친다. '라산스카'는 '聖河'와 같은 김종삼의 개인 상징어로 다의적인 뜻을 지닌다.

근법』, 문학과지성사, 1993, 105쪽).
이 논문에서는 라산스카를 김종삼의 초월적 시세계를 지칭하는 개인상징어로 본다.

155) 윌프레드 게린 외 3인, 『문학의 이해와 비평』, 정재완 역, 청록출판사, 1983, 202-204쪽.

156) 권명옥, 「적막과 환영-끼인 시간대의 노래」, 『김종삼 전집』, 나남출판, 2005, 365쪽.

김종삼은 현실에서는 채울 수 없는 욕망을 이루려는 듯 반복적으로 '라산스카'를 노래한다. '라산스카'는 시인의 무의식에 들어있는 영원한 처소이며 그의 무의식에 잠재한 욕망이다. 무의식에 잠재한 '욕망은 심리장치를 이끄는 힘'이라고 볼 때 '무의식적 욕망, 욕망이 숨기고 있는 절대적 결여와 계속 연관되기 때문에 충족되지 않는 욕망은 환유적 경로를 취한다.'[157] 결국 '라산스카'는 시인의 시 쓰기가 지향하는 것이며 삶을 지속하게 만드는 초월적인 것의 총칭이다. 무의식의 기본적인 기표들은 서로서로, 그리고 연속적인 억압의 결과 이 기표들을 결합시켜주는 기표들과 다양한 연상관계를 맺으며 환유적으로 결합한다. 그래서 이 기표들이 의식 속에 나타나면 해독이 불가능하다. 의식 속에서 이 기표들은 인간을 탐구할 수 있는 구현체를 만들어 낸다.[158] 자율적인 연쇄고리인 기표는 압축과 전치를 통해, 은유와 환유를 통해 집중된 에너지를 다른 기표로 옮김으로써 인간의 욕망을 요구로 변화시킨다. 김종삼의 텍스트에서 '라산스카'는 그의 소외된 무의식적 욕망이 도달할 수 없는 형이상학적 진리를 표현한 상징이며 구현체이다. 그러므로 무의식적 욕망인 '라산스카'는 김종삼에게 시를 쓰게 하는 커다란 동력이었다. 지금부터 '라산스카' 시편들을 제작된 순서대로 살펴보겠다.

1) 녹이슬었던
두꺼운 鐵門안에서

높은 석산에서 퍼부어내렸던
올갠 속에서

거기서 준
신발을 얻어끌고서

157) 아니카 르메르, 『자크 라캉』, 이미선 옮김, 문예출판사, 1998, 241쪽.
158) 위의 책, 242쪽. 여기서 구현체란 무의식의 형성물을 가리킨다.

라산스카
늦가을이면 광채 속에
기어가는 벌레를 보다가
라산스카
오래되어서 쓰러져가지만
세모진 벽돌집 뜰이 되어서

－「라산스카」 전문(전집2)

이 텍스트는 1963년 10월『신동아』에 발표된 것으로 '라산스카' 시편 중에서 가장 먼저 제작된 것으로 시편 전체를 살펴볼 때 매우 중요하다. 왜냐하면 이 텍스트 안에 나머지 5편의 '라산스카' 시편의 기본적인 이미지를 모두 가지고 있기 때문이다. 이후에 발표된 '라산스카'는 첫 번째 시의 의미를 확산, 변주한 것으로 그 의미는 정형화되어 있거나 중복된다.

1연에서는 "녹이슬었던" "鐵門"에서 확인할 수 있듯이 화자는 수인처럼 힘겹게 현실을 살아왔다. 이처럼 '라산스카'는 화자가 현실에서 온갖 어려움을 극복하고서야 도달할 수 있는 곳이다. 2연의 성스러운 곳("높은 석산", "올갠")도 '라산스카'로 묘사된다. 그 성스러운 곳은 "희미한/ 풍금소리가/ 툭툭 끊어지고/ 있었다"(「물桶」)처럼 천상의 이미지를 닮았다. 3연 역시 1연, 2연과 같은 힘겨운 현실에서 "신발을 얻어끌고서" 도달해야할 곳이 '라산스카'라고 예감한다. "신발을 얻어끌고서" 간다는 표현은 매우 의미심장한 김종삼의 원형 상징어로 오이디푸스의 방황을 떠올리게 하는 신화적 이미지를 거느린다. '신발'의 이미지는 광야를 떠도는 화자에게는 없어서는 안 되는 것이며 광야를 탈출하기 위해서도 꼭 필요한 것이라는 상징적 의미를 가진다.[159] 이 시에서 "신발"을 얻은

159) 광야를 탈출하기 위해 김종삼이 사용하는 상징적 의미는 다음 시에도 나와 있다. "나도 낡고 신발도 낡았다"(「소금바다」) "나는 坐客이 되었다/ 신발만은 잘 간수해야겠다."(「鬪病記」)

곳은 "높은 석산"으로 화자의 방황은 이미 그곳으로부터 예정된 것이기에 다시 돌아가야만 한다.

'라산스카'는 늘 화자에겐 이룰 수 없는 욕망이기에 "늦가을"의 "광채" 속에서 한없이 낮은 자세로 보아야 하며 "기어가는 벌레"처럼 자신을 낮추어야만 보인다. 여기서 "광채"는 '라산스카' 시편 전편에 나오는 빛의 원형상징이다. '라산스카'는 시인이 기거해야 할 처소인 "변방", "낮은", "질짝한" 등과 같은 곳에 위치한다. 그곳은 화자가 언제나 도달하고 싶은 곳이지만 그 실체는 그리 화려해보이지 않는다. 5연의 묘사대로 "오래되어서 쓰러져 가지만/ 세모진 벽돌집 뜰"과 같다. 그러나 화자는 그곳에서 영원한 안식과 평화를 얻고자 한다.

다음은 1968년 시집 『본적지』(성문각)에 두 번째로 발표한 것이다. 1)이 현실적이라면 2)는 미래의 풍경을 묘사했지만 내용은 더욱 구체적이다.

2) 미구에 이른 아침
하늘을 파헤치는
스콥소리

하늘 속
맑은
변두리
새 소리 하나
물방울 소리 하나

마음 한 줄기 비추이는
라산스카

－「라산스카」 전문(전집2)

1연 1행의 진술은 이 시가 현실적으로 존재하는 시간 속의 풍경이 아님을 말해준다 "미구에 이른"이라는 뜻은 '머지않아 당도했다'는 뜻으로 아직 당도하지 않은 미래의 시간을 지칭한다. 화자는 자신의 죽음 이후에 당도할 곳을 노래한다. 1연 2, 3행은 1행과는 의미적 연결점이 없는 것으로 청각적 심상인 "스콥소리"[160]를 통해 1행을 강조하고 환기하려는 의도가 담겨있다. 화자는 이 텍스트에서 '라산스카'가 위치한 곳을 시사한다. 표면적으로 '라산스카'는 미국의 소프라노 가수의 이름이지만 시적 화자에겐 그가 도달하고자 하는 궁극적인 곳이다. 따라서 이 단어는 김종삼의 이데아를 지칭하는 개인 상징어이며 조어이다. '라산스카'가 있는 곳은 "하늘"이지만 그가 지상에서 머물던 "변두리"에 위치한다. 그러나 그 "변두리"는 "맑은"이라는 수식어를 가진다. 이것은 '라산스카'를 지상의 변두리와 차원이 다른 신성한 곳임을 강조하려는 화자의 의도이다.

비극적 세계관을 가진 김종삼의 텍스트에서 평화로움을 느낄 수 있는 시들은 음악에 관련된 것들 외에 '여인(엄마, 연인)', '라산스카' 시편을 꼽을 수 있다. 화자가 묘사한 '라산스카'는 "새소리/ 물방울 소리/ 마음 한 줄기 비춤"이 있는 영롱하고 고요한 곳으로 마음의 평화와 안정을 준다. 이런 공간은 그가 지상에 머물면서는 결코 가질 수 없었던 아름다운 공간으로 시 속의 화자는 평화로운 그곳을 끊임없이 갈망하고 있으며 그곳은 화자가 "미구에 이른" 후에야 도달할 수 있는 곳이라 더욱 비극적이다. 이 시의 3연은 "잔잔한 성하의 흐름은/ 비나 눈 내리는 밤이면/ 더 환하다"(「聖河」)의 이미지처럼 신비롭다.

이 시는 김종삼의 텍스트에서 보기 드물게 안식과 평화가 느껴진다. 그에게 시 쓰기는 "물 몇 통" 나눠주며 힘겨운 현실을 버티는 것이었지

160) '스콥소리'는 낯선 시어로 schop(삽)으로 읽을 수도 있고 가루, 모래, 덩어리를 퍼올릴 때 쓰는 숟가락처럼 생긴 삽으로 보았으며(백은주, 「김종삼 시 연구: 환상의 구조와 의미를 중심으로」, 고려대 석사학위논문, 1994), 중세 영어로 음유시인을 의미하는 스콥(schop) 등으로 추정된다(정한용, 「한국현대시의 초월지향성 연구: 김종삼 · 박용래 · 천상병을 중심으로」, 경희대 박사학위논문, 1996).

만 '라산스카'가 있기에 가능했다. 김종삼의 무의식에 내재한 '라산스카'에 대한 끊임없는 욕망이 그에게 시를 쓰게 했으며 창작의 원동력이 되는 결정적인 요소가 되었다. 이처럼 그만의 상징인 개인조어가 가지고 있는 힘은 하나의 세계를 이어가게 하며 창작에 중요한 동력이 된다. 김춘수에게 '꽃'이 존재의 의미였듯이 '라산스카'는 김종삼에게 존재의 의미였다.

김종삼의 詩作에 대한 메타포 중에서 또 하나 흥미로운 것은 전쟁 중에 보았던 헬리콥터에 대한 인상이다. 위 시의 "스콥 소리"도 헬리콥터 소리의 다른 외래어 표현으로 전쟁 무기라는 비극적 이미지와 더불어 가공할만한 역동성의 이미지를 동시에 가진다. 후자가 그에게 시상을 떠올리게 하는 역할을 했다. 이것은 헬리콥터가 등장하는 시들 대부분이 글쓰기와 관련된 제목을 달고 있는 것에서 확인할 수 있다.[161] 따라서 김종삼의 시 쓰기는 전쟁체험으로부터 기인된다는 사실을 다시 한 번 확인할 수 있다. 모더니스트인 김종삼이 당대에 획기적이고 새로운 문물인 헬리콥터에 대해서 흥미를 가진 것은 당연하지만 시가 세상에서 자기 역할을 하지 못하는 것에 대한 강력한 메타포로 헬리콥터의 역동적 이미지를 차용한 것은 매우 중요한 사실이다.

다음 예시된 '라산스카' 3)은 화자가 사는 동안 '라산스카'를 가까이에서 느낄 때를 묘사했다. 그러나 그곳에 가기에는 "지은 죄 많"다는 화자의 죄의식을 확인할 수 있다.

3) 바로크 시대 음악을 들을 때마다
팔레스트리나 들을 때마다
그 시대 풍경 다가올 때마다
하늘나라 다가올 때마다

161) 김종삼에게 시 쓰기의 원동력이 된 헬리콥터와 관련된 텍스트들은 「문장수업」, 「서시」, 「라산스카 2」(전집2) 등으로 그의 시작과 시론을 담고 있는 메타시다.

맑은 물가 다가올 때마다
라산스카
나 지은 죄 많아
죽어서도
영혼이
없으리

–「라산스카」 전문(전집1)

이 텍스트는 1982년에 상재한 시집 『누군가 나에게 물었다』(민음사)에 수록된 것이다. 김종삼은 1968년 두 번째 '라산스카'를 발표한 이후 14년 만에 이 시를 발표했다. 김종삼의 텍스트 언술구조의 특이성인 "~때마다"가 부분 회기되는 이 시는 화자의 죄의식이 고스란히 드러나 있다. 김종삼은 평소에 음악을 들을 때 현실의 괴로움을 잊고 마음의 평화를 느낀다.[162] 위의 텍스트 1, 2행에서는 바로크 시대 음악[163]이나 16세기 최고의 종교음악인 팔레스트리나 음악[164]을 들으면서 행복하기보다는 오히려 근심하는 화자의 모습을 볼 수 있다.

왜냐하면 음악을 들으면 화자가 추구하는 '라산스카'의 풍경과 비슷한 "그 시대 풍경/ 하늘 나라/ 맑은 물가"가 떠올라 평화롭고 행복해지지만

---

162) 김종삼 시인은 음악을 들을 때 현실에서 평화로움을 느낀다고 산문에 직접 언급했으며 그것은 음악에 관련된 텍스트를 통해서도 확인할 수 있다. 음악에 관련된 텍스트는 다음과 같다. 세자르 프랑크: 「쎄잘 · 프랑크의 音」, 「破片」, 「最後의 音樂」, 루드비히 반 베토벤: 「아뜨리에 幻想」, 모짜르트: 「꿈 속의 나라」, 헨젤: 「聖堂」, 「음악」, 멘델스존: 「행복」, 슈벨트: 「따뜻한 곳」, 스티븐 포스터 「꿈의 나라」, 롯데 레만: 「동산」 등 다수가 있다.

163) 바로크 시대는 16세기말에서 18세기 중엽까지 작곡된 서양음악사의 한 양식을 말한다. 음색의 수직적인 동질성, 또는 융화성 보다는 수평적인 독립성을 중시하고, 악곡의 부분구조에 있어서는 단일성과 전체구조의 다양성을, 표현내용은 객체화되고 유형화된 인간감정의 묘사나 표현을 특징으로 한다(『음악대사전』, 앞의 책, 611-612쪽).

164) 팔레스트리나(palestrina): 이탈리아의 작곡가. 로마악파(Roma樂派)의 시조로 '교황 마르첼의 미사곡'에서 팔레스트리나 양식을 확립하여 가톨릭 교회음악의 선구자로서 16세기 대위법 기술을 완성하였다. 팔레스트리나 양식은 '팔레스트리나'에 의해서 대표되는 플라토닉한 '아카펠라' 양식에 의한 합창을 가리킴(『음악대사전』, 1107쪽).

"나 지은 죄 많아/ 죽어서도/ 영혼이/ 없으리"라는 생각이 들어 괴로워지기 때문이다. 화자는 '라산스카'에 도달하려면 지은 죄를 깨끗이 씻어 맑은 영혼이 되어야한다고 생각한다. 그러나 나이가 들어 '라산스카'에 다가갈수록 자신의 죄 많은 영혼이 두려워진다. 김종삼의 텍스트에서 드러난 죄의식은 자신보다 앞서간 동생의 죽음에서부터 비롯되어 전쟁 이후 더욱 확대되어 나타난다. 또 시에 등장하는 시인, 음악가, 화가 등 천재적인 예술가들이 불행하게 살다 일찍 죽은 것에 비해서 자신은 아직 이렇다 할 성과도 없이 살아있다는 죄의식으로 인간됨, 시인됨에 대한 죄의식 등이 교차되어 나타난다. 왜냐하면 그가 궁극적으로 도달하려는 '라산스카'는 "인간되었던 모진 시련 모든 추함 다 겪고서/ 작대기를 짚고서"야 비로소 도달할 수 있는 곳이기 때문이다. '라산스카'는 그만큼 그가 욕망하는 대상이기에 현실에서의 어려움을 끝까지 수긍하고 감내하려는 강한 의지를 보인다. 허금주는 '라산스카'에 대해 "인간의 참람됨에 대한 회오와 자기 징벌로서의 삶이란 생각이 기본적으로 관류하고 있다"[165]고 언급했는데 이것은 기독교적인 원죄의식에 기초를 둔 발상이다.

'라산스카' 시편은 앞에서 예시한 1), 2), 3)에서 할 말을 다 한 셈이다. 4), 6)은 이미 제작된 시편들을 분행하거나 분련하여 일신한 것이다. 그러나 그 의미는 같다.

4) 하늘 속 맑은
변두리
새 소리 하나
물방울 소리 하나
마음 한 줄기 비추이는
라산스카

－「라산스카」 전문(전집2)

165) 허금주, 앞의 논문, 82쪽 참조.

1983년 7월 『문학사상』에 발표된 4)는 1968년에 발표된 두 번째 '라산스카'에서 1연을 삭제하고 2연을 분행하여 "하늘 속/ 맑은"이 "하늘 속 맑은"으로 일신한 것이다. 그 의미는 같으나 "맑은"을 합행하여 두 행이 한 행인 "하늘"과 같은 행으로 배열하여 자신의 거처라고 생각하는 "변두리"를 강조했던 이미지가 약화되었다. 그것은 화자가 지상적 의미인 "변두리"보다는 천상적 이미지인 "하늘"에 더 큰 의의를 두고 있다는 것이다. 사실 '라산스카' 시편은 이렇게 각 연을 떼어 놓아도 그 뜻은 크게 변하지 않으며 하나의 텍스트로 손색이 없다. 앞의 시와 동일한 의미를 지닌 것이지만 시라는 장르의 특성상 한 행 한 행이 첨가되고 삭제되는 것이 시인에겐 큰 의미가 있는 것이기에 재검토해볼 필요가 있다.

다음의 5)는 1)의 "거기서 준/ 신발을 얻어 끌고서"라는 표현 대신 "작대기를 짚고서"라는 표현을 사용했다. 현실에서 방황하는 화자의 탈출을 도와줄 "신발/작대기"는 같은 의미를 지닌다. 그러나 5)에서는 '라산스카'에 대한 풍경 묘사가 구체성을 띠고 있으며 처음으로 그곳에 시인이 기거하는 것으로 묘사되어 있어 흥미롭다.

5) 집이라곤 비인 오두막 하나밖에 없는
草木의 나라

새로 낳은
한 줄기의 거미줄처럼
水邊의
라산스카

라산스카
인간되었던 모진 시련 모든 추함 다 겪고서
작대기를 짚고서.

– 「라산스카」 전문(전집1)

이 텍스트는 6)과 함께 1984년 시집 『평화롭게』(고려원)에 수록된 '라산스카'이다. 21년간 개작하여 그곳에 대한 구체성이 더욱 강화되었다. 화자가 욕망하는 '라산스카'는 평화로운 곳이지만 "인간되었던 모진 시련 모든 추함 다 겪고서"야만 도달할 수 있는 곳이다. 그러나 여기서도 화자가 거처하는 곳은 아슬아슬한 "한 줄기의 거미줄처럼" 위태로운 "水邊"이다. 1, 2연의 묘사대로 물가(水邊)는 삶과 죽음이 공존하는 곳으로 화자는 그곳을 시인이 거처하는 공간(草木의 나라)으로 생각한다. 2연의 "한 줄기의 거미줄처럼/ 수변의 라산스카"의 "거미줄"166)은 매우 중요한 비유어로 '거미의 직조=詩作'을 연상하게 한다. 자신의 몸을 먹여 새끼를 키우는 거미처럼 시인은 새로운 시 한편 낳기 위해서 자신의 모든 것을 감수하고자 한다. 즉 자신을 끊임없이 해체한다. 따라서 '라산스카'는 죽어서도 화자의 글쓰기가 이어지는 곳이다. 그곳에 "새로 낳은" 거미줄이 있다는 표현은 거미(시인)가 살고 있다는 증거로 거미줄의 상징인 글쓰기의 유추가 가능하다. 거미에 대한 언급은 자신을 "稀代의 거미줄이다"라고 고백한 「나의 本」에서도 볼 수 있다. 거미가 정교하게 거미줄을 뽑아내는 것처럼 희귀한 거미줄 같은 시를 쓰겠다는 다짐이자 고백으로 본다면 "새로 낳은/ 한 줄기의 거미줄"도 같은 맥락으로 해석할 수 있다.

6) 미구에 이른
아침

166) 거미의 어원에 대한 기원은 로마신화의 거미여인 신화인 '아라크네'에서 볼 수 있다. 아라크네는 염색의 명인으로 솜씨가 뛰어난 아테네와 겨루게 된다. 아테네는 아라크네의 솜씨에 탄복하지만 그녀의 오만함에 그녀의 직물을 찢어버린다. 비탄에 빠진 아라크네는 자살을 기도하지만 불쌍히 여긴 아테네가 그녀의 자손을 거미로 소생시켜 거꾸로 매달려 실을 짜는 형벌을 내린다. 롤랑 바르트는 거니여인에 나오는 '거미줄'이 원래 '직물'이나 '조직'을 뜻하는 라틴어에 두었다는 것에 착안하여 거미줄로 짜여진 직물이 텍스트(TEXT)와 같다고 해석한다. 직물의 끊임없는 짜임을 통해 텍스트를 만들어 가는 생성의 개념을 강조하고, 이 직물의 짜임새에 잠긴 주체는 거미줄이 나오는 분비약을 토해내며 약해지는 한 마리의 거미 같이 자신을 해체한다고 논한다(롤랑 바르트, 『텍스트의 즐거움』, 동문선, 1997, 111쪽).

하늘을
파헤치는
스콥소리

－「라산스카」 전문(전집1)

'라산스카' 6)은 다섯 번째로 제작된 「라산스카」와 함께 1984년에 발표한 시집 『평화롭게』(고려원)에 실린 것이다. '라산스카' 연작의 완결편인 이 텍스트는 두 번째 발표된 '라산스카'에서 2연은 삭제하고 1연만 따로 떼어 형태만 바꾸어 독립시킨 것으로 '라산스카'를 강조하기 위해서 원문의 1행을 분행했다. 마지막으로 발표된 「라산스카」에서 중요한 것은 2연에 묘사된 "미구에 이른"(머지않아 이미 당도했다) "하늘"에 무게를 두고 있다. 화자는 '라산스카'에 도달하고 싶지만 자신의 영혼이 죄가 많아서 못 갈 것이라고 자책한다. '라산스카'에 갈 때는 정신이 번쩍 들도록 "하늘을/ 파헤치는/ 스콥소리"가 역동적으로 들릴 것이라고 상상한다. '라산스카' 시편은 김종삼의 시세계에 환상성을 부여하여 그의 이루어질 수 없는 대상을 강조한다.

권명옥은 「라산스카」를 "한없는 평화로움과 그 외형화가 한량없이 부드러운 소리심상(하늘을/ 파헤치는/ 스콥소리)으로 진술/묘사되어 있는 것에서 이 시가 지상적 분잡 가운데서도 특별히 소음의 대극으로 노래한 것이 아닐까 생각하게 된다"고 언급했다.[167] 본고는 이 소리를 詩作의 원동력이 되었던 소리심상인 개인상징어로 본다. 김영태·이승훈은 '라산스카'의 의미를 "김종삼의 현실적 저주의 무게에 해당하는 미학주의자의 시적 자아, 그 가장 고양된 음악적 명칭"[168]이라고 했는데 이 말은 어느 정도는 시 속에 내포된 의미와 상통한다. 현실에서 김종삼의 평화로운 세계는 음악의 세계였기 때문일 것이다. 그러나 '라산스카'의 뜻

167) 김종삼, 앞의 책, 권명옥 편, 372쪽.
168) 김영태·이승훈, 「비상회귀 칸타타」, 『문학사상』, 1985. 3, 44쪽.

을 이렇게 정의하는 것은 김종삼의 시세계를 단편적으로 해석하는 것으로 이 논문은 이 단어에 더욱 다양하고 폭넓은 상징성을 부여할 것이다. 평소에 김종삼에게 그 뜻을 물어보면 "라산스카가 뭐냐고? 밑천을 왜 드러내. 그걸로 또 장사할 건데. 묻는 사람이 여럿 있어요. 안 가르쳐 줘요"169)라고 대답했듯, 그는 '라산스카'라는 이름에 경도되어 그 안에 많은 의미를 담아 개성적인 상징을 만들었다. 김종삼은 '라산스카'라는 이데아를 향한 강렬한 욕망이 있었기에 어려운 현실을 감수할 수 있었다. 따라서 '라산스카'는 김종삼의 시 쓰기를 독려하는 원동력이며 시세계의 중핵을 보여주는 개인상징어이다.

지금까지 살펴본 김종삼의 개인 상징어로는 '여인', '엄마', '연인', '라산스카'가 있었으며 그 이미지는 평화롭고 천상적인 세계와 상통하는 것이었다. 그것은 절대적인 세계로 그가 현실에서는 다다갈 수 없는 곳이다. 특히 6편의 「라산스카」 시편을 제작하며 그가 도달하고자 하는 대상을 꾸준히 추구했다. 김종삼은 창조적인 개인 조어의 상징적 수사법으로 자신이 추구하는 시세계를 욕망하고 초월적인 것을 구현했다.

3.2. 원형 상징

原形象徵은 인류 전체나 대부분의 사람들에게 동일하거나 아니면 매우 유사한 의미내용을 갖는 상징이다. 이것은 사람들의 사고나 유형의 방식이 자연적 유사성을 지녔기 때문이다. 김종삼의 텍스트에 나타나는 원형상징으로는 '빛'에 대한 것이 제일 많은데 이것은 정신적이고 영적인 성격을 상징한다.

햇살이 눈부신
어느 날 아침

---

169) 김종삼, 『김종삼 전집』, 장석주 편, 청하, 1988, 293쪽.

하늘에 닿은 쇠사슬이
팽팽하였다

올라오라는 것이다

친구여. 말해다오

－「올페」 전문(전집1)

올페는 죽을 때
나의 직업은 시라고 하였다
後世 사람들이 만든 얘기다

나는 죽어서도
나의 직업은 시가 못된다

宇宙服처럼 月谷에 둥둥 떠 있다
귀환 時刻 未定

－「올페」 전문(전집2)

첫 번째 텍스트 「올페」는 1975년 9월 『시와 의식』에 실린 것이고 두 번째 「올페」는 1977년 신현실사에서 나온 『시인학교』에 수록되었던 것이다. 「올페」(전집1)에서는 "올페"라는 신화적 상징과 "햇살"이라는 빛의 원형상징을 동시에 사용했다. 신화는 오늘날 사고방식의 한 차원을 이루고 있기 때문에 인간 이해나 규명 또는 해석의 작업이 필요하며 그 첫 기능은 이야기의 상징 기능이다.[170] 신화적 상징은 그 바탕 안에 이미 전제로 자리 잡고 있는 사람을 발견하게 한다. 원형 상징인 '빛'은 빛이 발하는 가시성으로 어둠에서는 볼 수 없는 실물의 윤곽을 선명히 들

170) 정기철, 앞의 책, 44-45쪽.

여다보이게 한다. 이때 자연스럽고 쉬운 은유법을 써서 우리는 공간적 경계선과 형체를 분명하게 하는 이런 물리적 세계에서의 관찰 가능한 빛의 작용으로부터, 상념의 윤곽과 형체를 지적 형상으로 전환시키는 정신의 작용으로 이행할 수 있다.[171] 결과적으로 빛은 정신의 형상, 말하자면 가장 특징적 형태의 정신적 기호로 쉽게 전환된다. 이것은 초월세계를 추구하는 김종삼에게 매우 중요한 메시지다. 오형엽은 김종삼의 "영원의 추구"와 그 좌절로 인한 "비극적 낭만주의"라는 두 가지 요소는 현실세계에서 끝없이 그를 내몰고, 따라서 그는 절대적 가치와 순결한 인간을 찾아다니는 순례자의 모습과 아울러 허무주의자의 모습을 띠게 한다고 언급했는데, 이 말은 정신세계를 추구하는 김종삼의 비극성을 잘 지적한 것이다.[172] 김종삼이 추구하는 정신세계는 기독교적 의식과 비극적 낭만주의의 결합으로 보인다.

「올페」(전집1) 1연에서는 "햇살이 눈부신/ 어느 날 아침" 화자는 "올라오라"는 말을 듣는다. 그리고 2연에서는 "햇살"이 눈부신 곳인 "하늘에 닿은 쇠사슬이/ 팽팽"하다고 한다. 1연의 "햇살이 눈부신"에서 볼 수 있는 '빛(햇살)'은 원형상징으로서 정신의 형상, 가장 특징적 형태인 정신적 기호로 전환하게 된다. 이것은 김종삼의 지향적 자아가 정신적인 세계를 추구해 왔음을 뜻한다. 4연의 "친구여, 말해다오"는 후세 사람들이 시인으로 인정한 '올페'처럼 자신을 '시인'으로 인정해달라는 뜻이다. 그래야만 화자는 떳떳하게 하늘로 오를 수 있다고 믿기 때문이다. 그러나 화자는 자신의 시인됨을 의심한다. 이 말은 「올페」(전집2)의 마지막 연에서 "宇宙服처럼 月谷에 둥둥 떠 있다/ 귀환 時刻 未定"으로 확인할 수 있다. 화자는 아직 진정한 시인이라는 확신이 없어서 '하늘'로 언제 귀환할지 모른다는 불안감을 가지고 있다. 여기서 "月谷" 역시 그가 가고자 하는 '라산스카'와 같은 세계이다. 이 시에서 화자가 진정으로 욕

171) 필립 휠라이트, 『은유와 實在』, 김태옥 역, 문학과지성사, 1983, 119쪽.
172) 오형엽, 앞의 책, 367쪽.

망하는 것은 '진정한 시인=올페'이다.

비극적인 세계관을 보여주는 김종삼에게 "올페"는 '라산스카'와 같은 이데아의 세계이며 평화로운 이미지이다. "올페"는 화자가 도달하고자 하는 진정한 시인을 유비한다. "의식화된다는 것과 기억의 흔적을 뒤에 남긴다는 것은 동일한 체계 속에서 서로 상치되는 과정이다. 기억의 잔재들은 오히려 이러한 기억의 잔재들을 뒤에 남기는 사건이 한 번도 의식되지 않을 경우에 가장 강력하고 가장 지속적인 것이 된다. 이를 프루스트의 용어로 바꾸어 말하면 체험되지 않았던 것, 즉 주체가 '체험'으로서 겪지 않았던 일만이 무의지적 기억의 구성요소가 될 수 있다."[173] 이 말은 김종삼이 끊임없이 욕망했던 상징어(라산스카, 올페, 연인, 여인 등)를 잘 설명해주는 말이다.

예시된 두 편의 텍스트에 사용된 원형상징 "올페"는 인류전체나 그 대부분 사람들에게 동일하거나 매우 유사한 의미 내용을 갖는다.

"올페"는 작중 인물의 행위를 유발하는 동기(motives), 또는 동기부여(motivation)를 해주는 모티프이며 잊히지 않는 이야기의 화소다. "올페"(오르페우스)[174]는 그리스 로마 신화에서 수금을 잘 켜고 노래를 잘 부르는 신이다. 음악의 신, 오르페우스는 아내 에우리디케를 지하세계의 신 하데스에게 빼앗기면서 비극적 사랑의 스토리를 잉태한다. 사랑이야기는 모든 예술의 원형이다. 올페가 자신의 사랑을 끝내 얻지 못하듯 김

173) 프루스트는 신체의 다른 조직들에 대해 여러 차례 언급하고 있다. 그는 그러한 조직들을 四肢를 그 예로 들어 설명하기를 좋아한다. 그는 四肢 속에 저장되어 있는 기억의 이미지들을 끊임없이 얘기하면서 이러한 기억의 이미지들은 의식에 조금도 속하지 않으면서도 느닷없이 그 의식 속으로 침입해 들어온다고 주장한다. 이러한 현상은 예컨대 허벅다리, 팔 혹은 어깨 부분이 침대에서 부지불식간에 언젠가 예전에 한번 취했던 자세를 취하게 될 경우에 일어난다. 사지에 저장된 무의지적 기억은 프루스트가 애용한 대상들 가운데 하나이다(발터 벤야민, 『발터 벤야민의 문예이론』, 반성완 편역, 민음사, 1983, 125쪽).

174) 음악의 신 아폴론이 무사이 9자매의 막내인 칼리오페를 사랑한 적이 있다. 음악의 신과 현악기의 여신이 어울린 것이다. 그리하여 칼리오페가 아들을 낳으니 그가 바로 천하제일의 명가수라고 불리우는 오르페우스다. 그는 지하의 마왕 하데스도 감동시켰다고 한다(이윤기, 『그리스 로마신화』, 웅진닷컴, 2001, 224쪽).

종삼 역시 욕망하는 세계를 끝내 얻지 못한다.

올페는 자신을 믿지 못하는 자이며 아름다운 것을 소유하지 못한 자이기에 더욱 비극적이다. 화자는 첫 번째 시에서 '올페'의 부름을 받지만 "친구여, 말해다오"라고 말하며 자신에게 믿음을 갖지 못한다. 두 번째 시의 화자 역시 "올페"가 부르는 노래처럼 고귀한 시의 경지에 도달하지 못했음을 자책한다. 그래서 "나의 직업은 시가 못된다"고 자책한다. 화자는 자신이 진정한 시인이라는 사실을 불신한다. 그러나 이 반어적 표현 속에는 "올페" 같이 노래를 잘 부르는(시를 잘 쓰는) 시인이 되고자 하는 강한 욕망이 자리한다. 김종삼은 시인됨을 현실에서는 힘겹고 괴로운 일이지만 성스러운 일을 행하는 자라고 굳게 믿고 있다.

> 그 해엔 눈이 많이 내리었다. 나이 어린
> 소년은 초가집에 살고 있었다.
> 스와니강이랑 요단강이랑 어디메 있다는
> 이야길 들은 적이 있었다.
> 눈이 많이 내리 쌓이었다.
> 바람이 일면 심심하여지면 먼 고장만을
> 생각하게 되었던 눈더미 눈더미 앞으로
> 한 사람이 그림처럼 앞질러 갔다
>
> –「스와니강이랑 요단강이랑」 전문

이 텍스트의 "스와니강이랑 요단강"도 김종삼의 상징어다. 여기서 '스와니강'은 개인적이고 낭만적 이미지를, '요단강'은 초월적이고 기독교적 이미지를 가진다. '요단강'은 기독교에서 삶과 죽음의 경계로 삼고 있는 강으로, 지상에서의 삶의 끝부분과 천상적 삶의 출발점이 닿아있다는 세계를 말한다. 이 시에서 "요단강"은 보편화된 원형상징어다. 그리고 "스와니강"은 포스터의 노래 제목이다. 그 내용은 타향을 떠도는 사람이 고향을 그리워하는 것이지만 여기선 "요단강"과 등가의 의미로 사용됐다. 과거에 집착하는 김종삼에게 유년의 고향은 스와니강 노래를 듣고 자랐던 평화로운 고향이다. 그만큼 실향민인 김종삼에게 고향은 남다르다. 김종삼은 이와 같이 현실에 존재하지 않는 관념적인 장소를 텍스트의 주제어로 상징화하여 구체성을 확보하고 환상성을 유도한다. 위의 텍스트에서 화자는 고향에 대한 아름답고 순수한 기억을 '스와니강' 혹은 '요단강'으로 묘사하여 고향부재의 외로움을 강조하고 현실의 부재함을 나타낸다. 화자는 '요단강'을 현실의 고통이 죽음에 이르러 초월적 세계로 가는 길목이며 과정이라고 말한다. 이 텍스트의 앞부분에 나타난 '눈(雪)' 역시 원형상징으로 화자의 순수했던 어린 시절을 비유한다. 눈은 쉬지 않고 내리 쌓이고, 쌓인 눈더미는 죽음을 환기한다. 마지막 행의 "한 사람이 그림처럼 앞질러 갔다"는 비극적 진술은 정보를 생략하여 텍스트를 낯설게 한다. 김종삼은 언술구조와 수사구조의 특이성으로 자동화된 일상을 탈자동화하여 시의 대상을 새로운 인식영역으로 이동시킨다. 즉 이 시의 화자는 순수했던 어린 시절로 다시는 돌아갈 수 없다고 깨닫는다. 7행의 반복되는 "눈더미"는 마지막 연의 죽음을 불러오고 눈더미에서 시각적으로 느껴지는 봉분의 모습이 시간의 흐름과 죽음을 환기한다. 「스와니강이랑 요단강이랑」은 고향부재의 현실과 죽음을 환기시켜 비극적이다. 마지막 행의 희고 순결한 눈더미는 '엄마' 혹은 어린 동생의 죽음 이미지까지 겹쳐 있다.

지금까지 김종삼의 개인 상징과 원형 상징을 통해 상징적 다의성의 세계를 살펴보았다. 김종삼은 개인상징어인 '여인', '연인', '엄마', '聖河', '라산스카'를 사용하여 자신의 시세계를 구체적으로 추구한다. 특히 21년간 제작된 6편의 '라산스카' 시편은 초월적 세계를 향한 김종삼의 구현 대상임을 확인할 수 있었다. 또 그의 텍스트에 사용한 원형 상징인 '빛', '올페', '요단강', '신발' 역시 그가 추구하는 세계를 구현하기 위한 상징으로 이들은 천상의 세계나 평화로운 곳, 죽음, 방황 등의 이미지를 거느렸다. 김종삼의 개성적인 수사법인 상징은 주로 텍스트에 긴장감을 높여주는 긴장성 상징이다. "긴장성 상징은 어느 정도 탄력성 있는 의미의 초점과 문맥상의 변이를 다 허용한다. 긴장 상징은 어둡고 비옥한 원형 의미론적 경험세계에 뿌리를 박음으로써, 그리고 목적하는 바가 이 세상의 풍요롭고 경이로우며 신비스러운 것들을 표출하고 환기시키는 것이기 때문에 자신이 자아내는 인식의 반응에 어느 정도의(그러나 과도하지 않게) 모호성과 아울러 다양성을 허용한다."175) 김종삼은 창의적인 상징적 수사기법을 이용하여 자신이 추구하는 시세계를 욕망하고 초월적인 세계를 구현한다. 긴장성 상징어의 모호성이 시 해석의 다양성을 불러와 김종삼의 텍스트를 난해하게 만드는 원인이 되기도 하지만 독자들에게는 시를 반복적으로 읽게 하고 그 틈새에 채워진 의미에 대해 다양한 유추를 하게 하여 시의 여운을 오래 지속시켜주는 효과를 준다. 그는 '상징적 다의성의 세계'를 통해 원초적 세계가 전해주는 의미와 성스러움의 창조적 해석을 통해 시의 의미를 되살리고 잃어버린 세계를 재발견하게 만든다. 상징이 열어주는 새로운 세계는 의미를 재발견하는 세계이다.

4. 인유적 이중화의 세계

시인은 자아를 인간의 삶이나 자연에 투사함으로써 한 편의 시를 완성한다. 인유(allusion)는 사람들에게 잘 알려진 텍스트를 사용하거나 언급함으로써 시적 효과를 도출하는 것으로 긴 설명 없이 역사적이든 허구적이든 인물과 사건 그리고 어떤 작품의 구절을 직접적이든 간접적이든 인용하여 시적 장치로 사용하는 것이다. 특히 1970년대 이후 김종삼이 활동했던 한국의 현대시에서도 인유가 크게 성행되었으며 인유의 원

175) 필립 휠라이트, 앞의 책, 97쪽 재인용.

천들은 현대시의 제재나 주제가 되기도 하고 작품의 형식구조가 되기도 하면서 시인들의 상상력을 자극했다. 그러나 김종삼의 텍스트에 나타난 인유적 표현은 당시에 유행했던 인유에서 벗어나 그의 비극적 시세계를 비유적으로 보여주기 위한 것으로 그들과 차별화된다.

이 논문은 김종삼의 텍스트에 사용된 인유를 어휘적 특성을 중심으로 하여 살펴보겠다. 이것은 수사법 인유와 인유적 표현을 모두 포함한 것이다. 김종삼의 텍스트에 나타난 난해성은 언술구조와 수사적 특이성에 기인한다. 여기다 인유적 표현인 외래어, 인명, 지명 등의 잦은 사용은 난해성을 더욱 심화시키는 요인이 된다. 김종삼의 텍스트에 나타나는 비유적 인유(metaphorical allusion)는 문맥에 기여하는 문맥의 '이중화' 효과를 가져와 의미론적 풍부성을 획득한다. 그것은 우리 주변에서 일어난 역사적·사회적 사건들을 언급하고 창조하는 시사적 인유(topical allusion)와 개인적 성격을 가진 개인적 인유(personal allusion)로 나누어 볼 수 있다. 개인적 인유는 개인의 사적인 경험에 근거하는 것으로 시인 자신에 관한 사실을 참조한 것이다.

김종삼은 음악, 미술 분야의 인물이나 전문용어, 외래어, 신화적 사실을 바탕으로 시적 상상력을 극대화하는 수사방법을 사용한다. 오랫동안 방송국에서 음향을 담당했던 만큼 그는 소리에 민감했으며 특히 클래식 음악이나 종교음악에 심취하였던 경험적 지식이 재현되어 텍스트 안에서 개성적인 시적 장치로 나타난다. 또 그는 평소에 많은 영향을 받았던 여러 분야의 예술가 이름을 차용하여 문맥의 '이중화' 효과를 가져 온다. 인유는 그 인유의 요소들이 과거의 원래 문맥에서 가지는 새로운 의미와의 융합이라는 의미론적 풍부성을 획득하는 것이다.[176]

보그란데와 드레슬러는 실현된 많은 사례들이 어떤 이상적인 유형의 완전하거나 정확한 특성을 명시적으로 드러내지 않으며 관련된 요구 조

176) 김준오, 앞의 책, 228쪽.

건이나 기대는 텍스트가 나타나는 맥락 요건에 따라 수정되거나 무시될 수도 있다고 말한다.[177)]

이 논문에서는 인유의 개념을 너그럽게 사용할 것이다. 역사적으로 잘 알려진 사건이나 저명한 문구, 명언이나 잠언을 끌어들이는 기존의 인유를 포함하여 인명이나 지명, 음악 용어, 외래어 등 텍스트 내에서 문맥의 이중화를 가져오는 인유적 표현을 모두 포함한다.

4.1. 인명

김종삼의 텍스트에 나타나는 비유적 인유들은 주로 음악명이나 음악가들, 예술가의 이름을 언급한 것들이 많은데 이들을 이용해 원래의 뜻이 가지는 의미와 현재의 새로운 의미를 병치시켜 텍스트의 의미를 풍부하게 만든다. 개인적 인유는 개인의 사적인 경험에 근거한 인유의 한 유형으로 시인 자신에 관한 사실들을 참조한 것이다. 이 경우에도 개인의 사적인 경험, 자신에 관한 사실들은 대개 널리 알려지고 친숙한 것들이다. 김종삼의 텍스트에서는 인명을 자주 접하게 되는데 그들은 대부분 자신과 매우 가까운 사이이거나 시인이 평소에 존경하는 예술가들의 이름이다. 인용한 다음의 텍스트는 김종삼이 평소에 존경하던 예술가의 이름을 인유한 예이다.

公 告

오늘 講師陳

음악 部門
모리스 라벨
미술 部門

177) Beaugrande · Dressler, 앞의 책, 276쪽.

폴 세잔느

시 部門
에즈라 파운드
모두
缺講.

金冠植, 쌍놈의 새끼들이라고 소리지름. 持參한 막걸리를 먹음.
教室內에 쌓인 두터운 먼지가 다정스러움.

金素月
金洙暎 休學届

全鳳來
金宗三 한 귀퉁이에 서서 조심스럽게 소주를 나눔. 브란덴브르
그 협주곡 제五번을 기다리고 있음.

校舍.
아름다운 레바논 골짜기에 있음.

-「詩人學校」 전문

이 텍스트는 1977년에 상재한 시집 『시인학교』(신현실사)에 수록됐던 것으로 김종삼의 작품 중에서 인명이 가장 많이 쓰였다. 상징적인 제목의 이 텍스트에는 김종삼이 최고의 예술가로 꼽는 사람들의 이름이 '시인학교'의 강사진으로 올라와 있다. 학생들도 김종삼이 평소에 좋아하는 시인들로 구성되어있어 흥미롭다.

'시인학교'의 강사는 음악에 "모리스 라벨", 미술의 "폴 세잔느", 시 부문의 "에즈라 파운드"로 각 분야에서 예술가 특유의 상상력과 자유로움을 추구했던 이들인데, 그들은 모두 "결강"이다. 이 텍스트의 화자 역

시 과거에 집착하고 있어 현실부재의 모습을 보여준다. '시인학교'에서 수강하는 시인들은 그가 나름대로 진정한 시인이라고 인정하는 "김관식, 김소월, 김수영"이지만 그들은 이미 이 세상에 존재하지 않는 사람들이라서 휴학계를 냈다. 결국 교실에 남겨진 "전봉래"와 "김종삼"은 시인이 평소 즐기던 소주를 마시며 음악을 듣는다. 마지막 연의 학교가 위치한 곳도 상징적인 곳으로 "아름다운 레바논 골짜기"다. '레바논 골짜기'는 성경에 나오는 지명으로 현실에는 존재하지 않는다. 따라서 이 텍스트에서 인유한 '詩人學校'는 실제적으로 존재하는 곳이 아님을 알 수 있다. 그러나 화자가 말하고자 하는 '시인학교'는 독자들에게 많은 것을 상상하게 한다. '시인학교'는 이 세상에 존재하지 않는 곳이며 화자가 죽어서야 경험하게 될 상상적 나라에 있는 학교다. 그러나 이 텍스트를 읽는 독자들은 시 속에서 많은 정보와 해석적 자유로움을 누리게 된다. 김종삼은 다양한 인유적 수사법을 사용하여 짧은 시로 많은 의미를 전달한다. 이 텍스트에 나타난 인유적 수사방식은 시인들의 이름을 차용하여 시의 문맥을 확대하고 묘사의 서사성을 확보한다. 그러나 이런 '시인 학교'는 성경에서나 나오는 '젖과 꿀의 땅'인 레바논 골짜기에 있는 곳이기에 비현실적이다.

이 텍스트에서 흥미로운 사실은 인유를 사용한 텍스트 속 인명들 속에 시인 자신의 이름이 현실 그대로의 모습으로 묘사되어 있는 것이다. 김종삼은 「詩人學校」를 통해 자신이 하고자 하는 말을 한 셈이며 독자들에게 자신의 시인으로서의 존재감을 시사하고 있다. 결국 김종삼의 바람은 이 시에 거론 된 예술가들과 동등한 예술가가 되는 것이다. 또 자신은 현실에 부재한 것들 속에 홀로 남겨져 있음을 토로한다. 이 텍스트에 사용된 인유는 시적 의미의 풍부성과 문맥 확대에 기여하는 비유적 인유이다. 문맥의 확대란 문맥의 '이중화'를 가리키는 것으로 인유한 것들이 원래의 문맥과 인용된 시적 문맥이 의미론적 풍부성을 획득하는 경우를 말한다.

다음은 앞의 시와 마찬가지로 인명을 사용해서 문맥을 이중화한 텍스트이다. 제목 "샹뻥"은 김종삼이 의도적으로 사용한 외래어로 자신이 좋아하는 술의 프랑스식 이름이다. 「샹뼁」(전집1)은 "술을 먹지 않"은 상황을 묘사한 1연을 통해 전체적인 의미를 짐작할 수 있다. 김종삼은 두 개의 예시된 텍스트에서 이름만 들어도 알 만한 두 명의 외국 화가를 인용하여 자신이 하고자 하는 말을 대신한다.

술을 먹지 않았다.
가파른 산을 올라가고 있었다.
산과 하늘이 한 바퀴 쉬입게
뒤집히었다.

다른 등성이로 바뀌어졌다.
뒤집힌 산덩어린 구름을 품은 채 하늘 중턱에
있었다.

… (중략) …

좀 가노라니까
낭떠러지 쪽으로
큰 유리로 만든 자그만 스카이 라운지가 비탈지었다
言語에 지장을 일으키는
난쟁이 畵家 로트렉끄氏가
화를 내고 있었다

– 「샹뼁」(전집1) 부분

어느 산록 아래 평지에
널찍한 방갈로 한 채가 있었다

… (중략) …

세잔느인 듯한 노인네가
커피 칸타타를 즐기며
벙어리 아낙네와 손짓으로
대화를 나누고 있었다
가까이 가 말참견을 하려 해도
거리가 좁히어지지 않았다

– 「샹뼁」(전집2) 부분

「샹뼁」(전집1)은 1969년에 나온 시집 『십이음계』(삼애사)에 실린 것이고 「샹뼁」(전집2)는 1982년 『누군가 나에게 물었다』(민음사)에 실린 것으로 후에 '전집2'에 새롭게 수록된 것이다. 두 편의 「샹뼁」[178]에 사용된 인유는 불행한 삶을 살다간 유명한 미술가들의 이름이다. 그러나 제작한 지 13년이라는 시간적 차이가 있음에도 두 개의 「샹뼁」에 인유한 예술가들은 공통점을 가진다. 차용한 화가 두 명 모두 김종삼에게는 특별한 의미가 있다. 첫 번째 텍스트에서 인유한 로트레끄(Henri de Toulouse-Lautrec, 1864-1901)는 평생을 불구의 몸으로 살면서 신선한 감각과 표현으로 추상적이고도 경쾌하며 대담하게 특징을 포착해 독자적인 화풍을 개척한 화가이다. 로트렉은 불구의 몸이었으나 자유롭고 맑은 영혼을 지녔으며 사람들의 편견이나 시선에 아랑곳하지 않고 물랭루즈의 창녀, 광대, 무용수 등의 삶과 화려한 무대의 이면을 그려낸 화가였으며 37세에 알콜중독으로 요절했다. 두 번째 텍스트에 인유된 세잔느(Paul Cezanne, 1839-1906)는 프랑스의 화가로 인상파 작업을 했으나 구도와 형상을 단순화한 거친 터치로 독자적인 화풍을 개척해 후에 야수파와 입체파에 큰 영향을 주었으며, 이 작업으로 근대회화의 아버지로 불리는 동기가

178) 김종삼은 시의 제목으로 외국어를 많이 사용하고 있는데, 이 샹뼁 혹은 샹펭이라는 용어는 불어의 'champagne' 즉 샴페인을 불어식 발음으로 표기한 듯 하지만 확실치는 않다. 하지만 '아우슈뷔츠'와 '아우슈비치'를 함께 쓰고 있는 시인의 언어 습관으로 보아 이 두 편의 시 제목은 같은 용어를 표시하고 있음에 틀림없다(허금주, 앞의 논문, 109쪽).

되었다. 특히 세잔느는 같은 풍경을 수없이 스케치하며 새로운 그림이 될 때까지 연습했다고 한다. 자연을 단순화된 기본적인 형체로 집약하여 화면에 새로 구축해 나가는 자세로 일관했다. 20세기 회화의 참다운 발견자로 칭송되고 있으며, 입체파(cubisme)는 세잔느 예술의 직접적인 전개라고 볼 수 있다. 두 화가 모두 현실적으로 불행했지만 자신의 소신을 굽히지 않고 독자적이고 실험적인 畵風을 이루어낸 작가들이라는 점이 김종삼 텍스트의 소재가 되었다.

「샹뼁」(전집1)에서 인유된 화가 로트레끄의 삶은 김종삼의 처지와 비슷한 점이 많다. 이 텍스트에서 로트렉은 "언어에 지장을 일으키고" 있어 소통불능의 어려움을 겪으며 "화를 내는" 모습으로 표현된다. 그들은 자신만의 언어로 이야기하기 때문에 소통불능의 삶을 산다. 예술가의 전기적 사실을 참조해서 이 텍스트의 내용을 분석해보면 화자 자신이 느꼈던 현실의 고독한 무게감이 얼마나 컸는지 이해하게 된다. 그래서 그의 시에는 타자에게 가닿지 않는 난해한 '중얼거림'이 있다. 「샹뼁」(전집2)에서도 화자인 화가 세잔느는 소통불능의 "벙어리 아낙네"와 대화를 시도하려 하지만 결국 시적 자아와 "거리가 좁히어지지 않는다." 현실과 소통하지 못했던 화자는 자신의 처지를 세잔느와 등가의 위치에 놓고 있다. 두 예술가의 삶은 현실과 소통하지 못한 채 자신의 내면에 갇혀 지낸 김종삼의 삶과 닮았다. 그는 현실의 갑갑함을 환상의 세계로 대치한다. 그래서 그는 평소에 존경하는 진정한 예술가가 살고 있는 환상적 공간 혹은 시간으로 수시로 이동하여 살고 있다. 김종삼은 자신이 존경한 예술가들의 인명을 사용하여 자신의 삶이나 시인으로서의 상황에 대해 많은 말을 대신하며 현실에서 소통불가능을 겪고 있는 자신의 심리를 대변한다. 그는 인유적 수사법을 활용하여 환상적 세계를 제시하고 시적 메시지를 강조하여 문맥을 확대한다. 김종삼의 빈번한 외래어 사용에 대해 황동규는 "박인환이나 그 밖의 젊은 시인들이 사용하는 외래어와는 방향을 달리하는 것이다. 멋으로 썼다기보다는 환상으로 현실을 견디어 내려는 의지로 쓴 것으로 판단된다."고 언급했다.[179] 이 말은 현실과 소통불능의 삶을 산 김종삼의 삶을 잘 지적한 말이다. 오채운은 이 시를 "언어가 결손 상태에 있을 때 인간끼리 맺어가는 관계는 지장을 일으키기 마련"이라고 하면서 관계의 단절을 지적하였다.[180] 의사소통의 매개인 언어의 결손상태를 보여주는 "벙어리", "말을 할 줄 모르는", "언어의 지장을 일으키는", "입이 없는", "입을 봉한 채" 등의 표현을 통해 김종삼이 겪는 타인과의 의사소통 부재를 확인할 수 있다. 이런 시적 표현들은 김종삼을 현실 부재의 시인으로 평가하게 만드는 원인이 된다.

개인적 인유는 독자들이 이들에 대한 정보를 많이 알수록 텍스트에 사용한 시적 메시지를 풍부하게 읽어낼 수 있다. 예술가들을 좋아하는 것은 개인의 취향에 따라 매우 다르다. 김종삼의 텍스트에 자주 인유되는 예술가들은 그가 평소에 진정한 예술가라고 생각하던 화가나 음악가들 혹은 자신의 처지와 비슷하다고 느껴지는 예술가들의 이름이 주로 인용된다. 위의 시에 묘사된 풍경 역시 현실의 풍경이 아니라 환상의 세계를 그리고 있는데 그곳은 시인이 평소에 좋아했던 예술가들이 존재하는 공간인 '샹뻥'이다. 외래어 '샹뻥'의 의미가 무엇이든 시인만의 의도적인 언어이다.

이 밖에 인명 즉 예술가의 이름을 사용하여 시론을 유추하게 만드는 메타시를 볼 수 있다. 그는 詩作에 대한 다양한 메타시로 자신의 시론을 확고히 한다. 메타시는 현대시의 새로운 가능성으로 매우 현대적이고 문제적인 시 유형으로, 시인이 자신 안에 비평가를 두고 스스로 평하는 것이다. 문학을 삶의 반영으로 볼 때 원전의 풍자적 모방인 패러디 작품은 삶의 반영이 아니라 삶의 반영인 원전을 반영한 것, 곧 '반영의 반영'인 셈이다. 예컨대 시에 대한 시 쓰기가 다름 아닌 패러디의 자기반영성인 메타시(meta-poetry)다.

179) 장석주, 「잔상의 미학」, 『김종삼 전집』, 청하, 1988, 255쪽.
180) 오채운, 『현대시와 신체의 은유』, 도서출판 역락, 2006, 141쪽.

이것은 한 텍스트가 다른 텍스트와 맺고 있는 상호관련성으로 독자가 인식할 수 있는 다른 텍스트와의 연관 속에서 텍스트의 의미가 형성되는 상호텍스트성으로 볼 수 있다. 텍스트 유형과 관련된 요구 조건이나 기대는 텍스트의 맥락에 따라 다르게 해석될 수 있다. 특히 시 텍스트에서는 언술구조가 비습관적인 원리에 따라 재구성될 수 있으나 부적절한 배경에서 제시된다면 소통의 장애를 받을 수 있다. 그러나 시 텍스트는 현실 세계와의 불일치를 구성적 원리로 차용하여 의도적으로 사용하게 된다. 상호텍스트성(intertextuality)은 텍스트의 생산, 수용에 있어 다른 텍스트의 지식에 의존하는 모든 방식을 포괄하는 개념이다.[181] 즉 유명한 텍스트, 가령 유명한 연설이나 문학작품을 인용하거나 참조할 경우를 말하는 것으로 실현된 많은 사례들이 어떤 이상적인 유형의 완전하거나 정확한 특성을 명시적으로 드러내지 않는다. 본고는 기존의 상호텍스트성을 보다 폭넓은 의미로 사용하고자 한다. 상호텍스트성은 1960년대 후반 줄리아 크리스테바 J. Kristeva가 언어학자인 미하일 바흐친 Mikhail Bakhtin(1985-1975)을 소개한 예에서 비롯되었다. 크리스테바는 과거나 미래의 모든 담론들은 상호 의존하는 텍스트의 성질이 있기 때문에 어떠한 새로운 문학 텍스트[182]들도 곧 텍스트들의 교차(intersection)라는 생각을 표현하기 위하여 이 용어를 사용하였다. 그녀는 이 용어를 '하나의 기호체계가 또 다른 기호체계로 이동하는 것', 하나의 의미화 실천이

---

181) 상호텍스트(inter-texte) 또는 상호텍스트성(intertextuality)이라는 개념은 바흐친의 다성성이나 카니발 문학에 영향을 받아 축조된 것으로서, 후기구조주의 문학 실천의 주요 개념 중의 하나이다. 솔레르스는 "모든 텍스트는 여러 텍스트의 교차점에 위치하며, 그것의 재독서 · 강조 · 압축 · 깊이이다"라고 설명한다(M. Angenot, 『현대비평용어집』, 111쪽에서 재인용).

182) 프랑스의 기호학자 크리스테바는 텍스트를 산물이 아닌 생산으로 간주하고, 텍스트를 여러 개의 의미가 동시에 작업하는 실천적인 공간으로 부각시키기 위해 언표 · 소통 · 산물의 동의어라 할 수 있는 의미작용(signification)과 언술행위 · 상징화 · 생산의 동의어라 할 수 있는 시니피앙스(signifiance)를 대립시키고 있다. 즉 시니피앙스란 의미실천의 작업, 혹은 텍스트의 주체가 논리적인 자아에서 벗어나 의미와 싸우며 해체되는 그런 역동적인 과정을 가리킨다(롤랑 바르트, 『텍스트의 즐거움』, 김희영 역, 동문선, 1977, 59쪽)

또 다른 의미화 실천으로 전위183)되는 방식이라고 했다. 즉 상호텍스트성을 텍스트를 가능하게 해주는 지식의 집합으로 파악하여 한 문학 체계에서 다른 문학 체계로뿐 아니라 비문학 체계에서 다른 문학 체계로 전위되는 기호과정의 일부로 보려한다.

김종삼은 다양한 수사방법을 구사하여 시적 메시지를 전하고 있지만 그 중에서도 외래 인명을 사용하여 시 쓰기와 관련된 시론을 피력한 메타언술의 작품들을 적잖이 볼 수 있다. 그것들은 시 속에서 직접 시에 대해 언급하고 있는 것도 있지만 언급하고 있지 않아도 그 제목이나 문맥의 상황으로 유추할 수 있는 것들이다. 메타시는 모더니스트인 김종삼의 개성적인 시적 표현을 가장 잘 보여주고 있어 주목할 만하다. 다양한 詩論과 詩作의 메시지를 담고 있는 메타언술을 활용한 텍스트들은 이렇다 할 시론조차 남기지 않은 시인의 시세계를 살피고 조명하는 데 매우 중요한 자료다. 이 논문은 상호텍스트성을 텍스트에는 자신의 사고와 표현뿐만 아니라 다른 사람의 언어 표현을 무의식적으로 사용하며, 텍스트 속에는 자신의 언어와 타인의 언어가 동시에 들어있다는 개념으로 사용할 것이다.184) 즉 텍스트의 발생 원인과 텍스트가 나타나기 이전의 과정을 모두 포괄한다.

올페는 죽을 때
나의 직업은 시라고 하였다
後世 사람들이 만든 얘기다

---

183) 전위(transposition)는 하나의 의미체계의 다른 의미체계로의 이동이 정립, 곧 발화와 지시의 위치성의 새로운 표명을 요구한다. 모든 의미화 실천이 다양한 의미화 체계들의 전위영역(상호텍스트성)이라는 점을 인정한다면, 우리는 발화의 '장소'와 지시된 '대상'이 결코 유일하고 완전하며 그 자신과 일치하는 것이 아니라 항상 복수적이고 파열되어 있는 것이다(노엘 맥아피, 『경계에선 줄리아 크리스테바』, 이부순 역, 앨피, 60쪽).

184) 김인환, 『줄리아 크리스테바의 문학탐색』, 이화여자대학교출판부, 2003, 64-66쪽.

나는 죽어서도
나의 직업은 시가 못 된다

–「올페」 부분(전집2)

이 시는 '올페'라는 신화적 인물을 인유하여 의미의 이중화를 유도한다. 보편적으로 숭배 받는 신화적 가상인물은 정신의 사실을 재현하는 것이 틀림없다.[185] 이 시의 화자 "올페는 죽을 때/ 나의 직업은 시라고" 했는데 "후세 사람들이 만든 얘기"라고 한다. 1연에서는 "올페"와 "시"라는 단어를 직접적으로 진술하고 있어 이 텍스트의 메시지를 유추할 수 있다. 원래 시인은 시를 업으로 삼는 사람이지만 화자는 시를 쓴다고 다 시인은 아니라는 생각을 한다. 그래서 화자는 2연에서 "나는 죽어서도/ 나의 직업은 시가 못 된다"고 자책한다. 이 말은 진정한 시인이 되고 싶은 화자의 자기 반성적 표현이다. 이 시의 제목으로 쓰인 '올페'는 그리스로마신화에 나오는 대표적인 비극적 시인이며 음악의 달인이다. 김종삼은 비극의 시인 '올페'와 닮은 부분이 많다. 언어의 노래를 부르는 시인이라는 점과 음악에 조예가 깊었다는 것, 비극적인 현실을 살아간다는 것 등이다. 시인은 스스로 시인이라고 하기에는 늘 자신에게 떳떳하지 않다고 생각하지만[186] 오히려 뼛속까지 시인임을 깊이 자각하고 있다. 이 텍스트의 화자도 자신을 진짜 시인에는 못 미치는 사람이라고 생각한다. 왜냐하면 '올페'는 직접 만든 노래를 불러서 사람은 물론 짐승까지도 순하게 귀를 기울이게 하는 재주를 가졌던 시인이었기 때문이다. 그러므로 화자는 시인이란 모름지기 '올페'처럼 자신의 일에 최선을 다하여 최고의 경지를 이룬 사람이며 후세에도 알아주는 사람이라야 한

185) 죠지프 캠벨, 『신화와 함께하는 삶』, 이은희 옮김, 한숲, 2001, 24쪽.

186) "나는 詩論이라는 것을 못쓴다. 써봤자 客說이 되기 십상일 테니까. 또 나는 시인이라고 자처해본 적이 한 번도 없다. 굳이 꼬집어 말한다면 시론 나부랭이를 중얼댈 형편이 못 되는 '엉터리 시인'이라고나 할까. 스스로 반성할진대 '시인의 領域'에 도달하기엔 터무니없는 인간인 때문인지도 모른다."(김종삼, 「먼 시인의 영역」, 『김종삼 전집』, 나남출판, 2005, 303쪽)

다고 단정한다. 화자는 자신의 詩作에 만족한 적이 없었다. 이렇게 시인에 대한 정체성을 중요시한 김종삼이 진정한 시인이라고 생각한 사람은 누구였을까? 詩作기간 내내 시인으로 만족할 수 없었던 김종삼이었지만 그가 "동란 이후 최초이자 최후의 시인"이라고 인정한 시인은 전봉래다. 그는 전봉래를 "시인을 이마에 명함처럼 달고 다니는 反詩的 商人은 아니었다"고 산문에 쓰고 있다. 김종삼은 "오늘도 시인들은 상인처럼 먼지를 쓰고 돌아다니기에 바쁜 사람들이라고 비꼬며 그들은 진정한 시인이 아니라고" 말했다.[187] 김종삼에게 시인됨이란 모름지기 "올페"처럼 "후세 사람들"이 인정해 주는 자이며, 오히려 참된 시인들은 "엄청난 고생되어도/ 순하고 명랑하고 맘 좋고 인정이/ 있으므로 슬기롭게 사는 사람들이"(「누군가 나에게 말했다」) 다름 아닌 시인이라고 생각한다. 김종삼은 위와 같이 인명을 자유롭게 인유하여 시 내용의 이중화를 유도한다.

시인들은 텍스트의 메시지를 통해서 자신만의 시인의식과 시작을 은밀하게 보여준다. 그것은 독자들을 향한 소통의 손짓이다. 김종삼은 현실에서 말을 아끼듯 글쓰기를 통해서도 이렇다 할 자신의 시론을 발표한 적이 없다.[188] 그러나 여러 편의 메타시를 통해 자기반영성이 돋보이는 자신의 시론을 명백히 밝히고 있어 주목된다.

> 나의 無知는 어제 속에 잠든 亡骸 세자아르 프랑크가
> 살던 寺院 주변에 머물렀다.
>
> 나의 無知는 스테판 말라르메가 살던 本家에 머물렀다.
>
> 그가 태우던 곰방대를 훔쳐 내었다.
> 훔쳐낸 곰방댈 물고서

---

187) 김종삼, 「피란 때 年度 전봉래」, 위의 책, 293쪽.

188) 김종삼은 산문을 세 편밖에 남기지 않았다. 그 중에 「이 공백을」을 통해 산문쓰기에 대한 혐오감을 보여준 바 있다(김종삼, 위의 책, 111쪽).

나의 하잘 것 없는 無知는

반고호가 다니던 가을의 近郊 길바닥에 머물렀다.
그의 발바닥만한 낙엽이 흩어졌다. 어느 곳은 쌓이었다.

나의 하잘 것 없는 無知는
장 폴 싸르트르가 經營하는 煉炭工場의 職工이 되었다.
罷免되었다.

–「앙포르멜」 전문

「앙포르멜」은 텍스트의 구조가 반복해서 나타나는 병행구문(parallelism)의 언술구조와 김종삼의 개성적인 수사 기법인 병치 기법을 잘 보여준다. '머물렀다'의 반복 병행과 '~다'의 종결어미로 통일하고 있으며 병치를 보여주는 환언으로 "나의 無知"가 "세자르 프랑크가 잠든 사원 주변", "스테판 말라르메가 살던 본가", "반 고호가 다니던 가을의 근교 길바닥", "장 뽈 사르트르가 경영하는 연탄공장의 직공" 등으로 병치 확산된다. 이 텍스트는 김종삼의 수사기법 중 가장 특징적인 유려한 병치적 은유를 구사하고 있으며 외래인명을 차용한 인유적 수사법을 보여준다. 또 자신의 시론을 피력하고 있는 메타시로 상호텍스트성을 보여준다. 여기서도 화자 '나'는 자신의 지향적 모습인 "세자르 프랑크, 말라르메, 반 고호"의 주변을 머물고 있으며 사르트르의 정신까지 지향했으나 더 이상 나아가지 못하고 결국 파면된다. 이 시에 인유된 예술가들은 김종삼의 산문에 나오는 예술가로 모두 그의 詩作에 큰 영향을 준 인물들이며 동시에 현실에는 부재하는 인물들이다. 다음에 인용한 김종삼의 산문을 살펴보자.

내가 시작에 임할 때 뮤즈 구실을 해주는 네 요소가 있다. 명곡 '목신의 오후'의 작사자인 스테판 말라르메의 준엄한 채찍질, 화가 반

> 고흐의 광란 어린 열정, 불란서의 건달 장 폴 싸르트르의 풍자와 아이러니컬한 饒舌, 프랑스 악단의 세자르 프랑크의 고전적 체취-이들이 나를 도취시키고, 고무하고, 채찍질하고, 시를 사랑하게 하고, 쓰게 하는 힘이다.[189]

「앙포르멜」은 자기고백적 시에 속하는 것으로 화자 자신의 모습을 "차원을 넘지 못하는 독수리(「나의 본적」)"로 묘사했다. 그러나 그런 한계를 지녔을지라도 제목을 「앙포르멜」[190]로 붙이면서 텍스트 안에 많은 의미를 부여한다. '앙포르멜(informel)'은 추상화가인 파티에가 찾고자 했던 '의미하는 것'과 '의미하지 않은 것'을 등가로 놓고 비정형 속에서 새로운 의미를 찾고자 하던 추상화파의 한 경향으로, 자신의 실험적 노력을 보여주고 싶다는 김종삼의 열망이 강하게 드러나 있다. 그는 이 텍스트로 자신이 추구하는 이상적인 詩作이 어떤 것이며, 자신의 정신적 세계를 벼리고 단련하게 해준 정신적 멘토-세자아르 프랑크, 스테판 말라르메, 반고호, 장 폴 싸르트르-가 어떤 사람들인지 알려준다. 그들의 전기적, 예술적 삶을 통합해보면 김종삼이 추구하는 시는 '앙포르멜'처럼 변화하는 새로움에 도전하는 실험적인 언어를 사용하는 것이다.

다음의 텍스트도 제목의 인명을 사용하는 인유적 수사방법으로 시 의미의 이중화를 가져온다. 이 시는 김종삼이 추구하는 詩作의 자세를 보여주는 메타시로, 자신의 시론을 시화한 것이다. 메타시는 자기 반영적이고 자기 비평적인 상호텍스트성을 가진다.

---

189) 김종삼, 위의 책, 303쪽.

190) 앙포르멜(informel): 제2차 세계대전 후에 일어난 서정적 추상화가의 한 경향. 정형화되고 아카데미즘화된 추상, 특히 기하학적 추상에 대한 반동으로 생겨난 것으로 격정적이며 주관적인 것이 특징이다. 앙포르멜이란 말은 '비정형'이란 말로 넓은 의미의 추상표현주의의 범주에 들지만 특히 미국의 액션 페인팅에 대응하는 프랑스의 예술동향을 뜻한다. 앙포르멜의 이념은 미셸 타피에 의해서 구체화되었으며 그는 앙포르멜은 근원적인 생명의 징후는 구상·비구상을 부정하고 '생생한 포름'에 정착하는 것이라고 주장했다.

뿔과 뿔 사이의 처량한 박치기다 서로 몇 군데
명중되었다 명중될 때마다 산 속에서 아름드리
나무 밑둥에 박히는 도끼의 소리다.

도끼 소리가 날 때마다 구경꾼들이 하나씩
나자빠졌다.

연거푸 나무 밑둥에 박히는 도끼 소리

－「피카소의 落書」 전문

이 텍스트도 '피카소'라는 화가의 이름을 차용했다. 제목에서 우리는 '피카소'와 '낙서'라는 기이한 단어의 조합을 발견한다. 「피카소의 落書」는 메타시로 김종삼의 실험적이고 개성적인 詩作과정을 유추할 수 있다. 피카소는 사실주의 화풍으로부터 벗어나 새로운 미술기법인 기하학적 추상기법을 과감히 시도한 화가인데 이 시의 화자는 피카소처럼 실험적인 언어를 시도하고픈 열망을 드러낸다. 이 텍스트의 모티브는 피카소의 예술작품에서 얻었다. 하현식은 이 시를 "대상의 시각적 특성을 기틀로 청각적 방향이 상상력의 구축으로 비화되는 예"로 보았다. 즉 '박치기→명중→도끼소리→구경군의 나자빠짐→연거푸 박히는 도끼소리'의 전개방식에서 '긴장'이 야기하는 의식의 스크람 내지 제제의 연계성으로서 '시각→청각→시각'으로 상상력이 구체성을 띠게 된다는 것이다.[191] 피카소의 예술작품으로부터 영감을 얻은 그는 이 텍스트에서 피카소처럼 남들이 시도하지 않은 시 쓰기를 실험하고 싶어 한다. 그 시도는 일반에게는 의미 없는 낙서로 보일지 모른다. 그러나 피카소에게는 아무도 시도하지 않은 하나의 새로운 작품인 것처럼 김종삼도 새롭고 낯선 것을 시도하여 새로운 언어를 실험하고 싶어 한다. 이 시에서는 1~3연까

191) 하현식, 앞의 책, 196쪽.

지 지속적으로 묘사한 "도끼 소리"에 주목할 필요가 있다. 왜냐하면 "도끼소리"는 나무가 쓰러질 때까지 끊이지 않고 도끼질하는 시인 자신의 노력을 비유한 것이기 때문이다. 새로운 언어를 발견할 때까지 언어의 나무에 도끼질을 하는 모습은 "뿔과 뿔 사이의 처량한 박치기다." 이 시는 "도끼 소리가 날 때마다 구경꾼들이 하나씩/ 자빠"질 정도로 새로운 언어의 시를 쓰고 싶다는 욕망이 드러나 있다. 이 텍스트는 김종삼이 존경했던 릴케의 "도끼와 같은 언어"에 대한 자신의 산문을 다시 시화한 것이다.[192) 「피카소의 落書」처럼 난해한 메타시를 해독하는 방법은 제목으로부터 내용을 유추해보는 것이다. 제목을 힌트로 내용을 유추하도록 제작된 김종삼의 의도적인 창작방법은 텍스트의 전체적인 의미를 상징적으로 처리하고 그 의미를 다양하게 해석하도록 유도하는 효과를 가진다.

김종삼은 인명을 인유하여 다양한 의미를 만들어낸다. 실험적이고 개성적인 詩作을 위하여 그는 "뿔과 뿔 사이의 처량한 박치기"와 같이 위험하고 처량한 노동을 계속한다. 그는 언어를 찍는 소리에 놀라 언젠가는 "구경꾼들이 하나씩 나자빠"질 것을 기대한다. 언어를 찍는 도끼질이 그 누구도 알아주지 않는 무의미한 '낙서'일지라도 김종삼은 새로운 시 쓰기를 위하여 끊임없이 노력했다. 이런 노력의 결과물인 다양한 언술구조와 수사법들은 '앙포르멜'처럼 새로움을 시도하기 위한 방법이었다.

4.2. 지명

김종삼의 텍스트에는 인명과 더불어 지명의 인유적 표현도 많이 나온

192) "나는 리르케가 말한-새로운 언어개념에 대해서 겸허히 머리를 수그리는 기쁨을 오늘에 이르기까지도 잊어버리지는 않고 있다. 그는 말하기를 새로운 언어란 언어의 도끼가 아직도 들어가 보지 못한 깊은 樹林 속에서 홀로 숨쉬고 있다고 말했다. 말하자면 함부로 지껄이는 언어들은 대개가 아름다운 정신을 찍어서 불태워 버리는 이른바 언어의 도끼와 같은 수단에 지나지 않으므로 그와 같은 언어 속에는 새로운 말이라는 것이 없다는 게 우리들의 '라이나 마리아 리르케'의 持論이다."(김종삼, 「意味의 白書」, 『김종삼 전집』, 청하, 1988, 229쪽)

다. 김종삼은 인명과 더불어 지명을 인유하는 수사방법으로 텍스트의 구체성과 다의성을 획득한다. 여기서 구체성이란 시간성을 확고히 하여 역사적 사건을 재현하는 것이다. 김종삼은 텍스트에 나타난 지명만으로도 역사적 정보를 연상하게 만들어 문맥의 의미를 풍부하게 만든다.

> 미풍이 일고 있었다.
> 덜커덕거리며 선회하고 있었다
> 噴水의 石材 둘레를 間隔들의 두 발 묶인 검은 標本들이
>
> 옷을 벗은 여자들이 벤치에 앉아 있었다
> 한 여자의 눈은 擴大되고 있었다
>
> 입과 팔이 없는 검은 標本들이 기인 둘레를 덜커덕거리며 선회하고
> 있었다
> 半世紀가 지난 아우슈비치 收容所의 한 부분을 차지한
>
> －「地帶」 전문

「地帶」는 유태인 학살이라는 역사적 사건을 인유한 텍스트이다. 3연의 구체적인 지명 "아우슈비치 收容所"라는 진술이 없었다면 1, 2연의 묘사만으로는 무엇을 말하는지 난해하다. 김종삼은 "아우슈비치 수용소" 라는 구체적인 지명을 인유하여 인류의 비극과 생명의 소중함을 독자들에게 환기한다. 화자는 인간의 잔인성을 대표하는 유적지, '아우슈비치 수용소'의 풍경을 실감나게 소묘한다.[193] 희생자의 모습을 "標本"으로 묘사하여 그때의 상황이 얼마나 비인간적인 만행이었는지 새삼 일깨운

193) 아우슈비츠라는 지명이 인유된 텍스트는 이것 이외에 3편이 더 있다. 「아우슈뷔츠 · I」(1968), 「아우슈뷔츠 · II」(1969), 「아우슈뷔츠 라게르」(1977)이며, 위에 인용된 시 「지대」는 1966에 발표되었다.

다. 1연의 객관적 묘사는 "반세기가 지난" 사건이지만 죽음과 공포를 불러온다. 유태인 포로들은 "덜커덕거리며", "석재", "두 발 묶인 검은 표본" 등으로 묘사되어 비인간적인 학살의 현장을 실감나게 고발한다. 2연은 수용소의 구체적인 모습을 선명하게 보여준다. 그것은 "옷을 벗은 여자들이" 한낱 생물학적 표본으로 분류되어 있어 존엄성이 박탈된 모습이다. 이런 상황은 죽음에 대한 공포로 "눈이 확대"되는 모습으로 구체화된다. 3연에서는 "입과 팔이 없는 검은 표본"의 주검들이 "덜커덕거리며 선회하"며 "아우슈비치 수용소"의 공간을 울리고 있다. 이곳에서 유태인들은 생명을 가진 인간이 아니라 인형처럼 하나의 "검은 표본"으로 분류된다. 김종삼은 화자의 감정 개입이 없는 객관적 묘사로 유태인 학살이라는 역사적 사건을 고발한다. 그는 비유적 인유를 활용하여 인간의 존엄성과 생명성, 평화를 갈구하는 메시지를 강조하고 시의 문맥을 풍부하게 한다. 이처럼 역사적인 사실을 차용하는 시사적 인유는 최근의 사건들을 언급하고 참조하는 유형이다. 시사적 인유는 수사적 방법에서 우리 문화의 원형과 가치, 과거를 탐구하고 형상화하는 데 기여한다.

밀레의 고장 바르비죵과
그 뒷장을 넘기면
黯然의 邊方과 連山
멀리는
내 영혼의
城郭

–「最後의 音樂」 부분

이 텍스트는 "세자아르 프랑크의 음악 <바리아숑>"을 묘사한 것이다. 그 음악은 화자에게 "夜間 波長"이며 "新의 電源"으로 비유될 만큼 위력적이다. 이 대단한 음악은 "밀레의 고장 바르비죵"을 연상시키는 것으로 지상에서 화자가 들을 "最後의 音樂"이다. 김종삼이 "세자아르 프랑크"의 음악을 얼마나 위대하게 생각하는지 알 수 있다. 여기서 "최후의 음악"은 "내 영혼의/ 성곽"이며 그것은 파장이 엄청나서 화자의 영혼을 파고든다. 화자가 편히 쉴 수 있는 영혼의 세계로 인도하는 이 음악은 시인이 마땅히 기거할 곳인 "黯然의 邊方과 連山"이기도 하다. 화자는 위와 같은 장소를 소박하고 변방에 위치한 "바르비종"[194]과 같은 곳이라고 인유한다. "바르비종"은 표층적으로는 전원풍경이 아름다운 프랑스의 마을을 표상하지만 그 안에는 새로움을 추구한 근대 풍경화가 그룹을 의미하는 또 하나의 '바르비종'이라는 이중적 문맥을 가진다. 이 텍스트는 "바르비종"이라는 지명을 인유하여 고결한 음악, 시인이 기거할 곳, 새로운 시작법 실험 등을 연상하게 만드는 다의적 효과를 내는데 성공한다.

김종삼에게 "최후의 음악"은 최후의 작품과 같다. 즉 "세자르 프랑크의 바리아숑"은 텍스트의 "바르비종"과 등가성을 지닌다. 김종삼은 한 가지 지명을 이용하여 문맥의 뜻을 이중화하고 확대하는 데 성공한다. 김종삼은 다양한 지식을 활용한 인유적 수사법으로 시의 의미를 풍부하게 만든다. 그의 개인적 인유는 의미의 이중화를 유도하고 시 내용을 풍부하게 한다.

누군가 나에게 물었다 시가 뭐냐고
나는 시인이 못됨으로 잘 모른다고 대답하였다.
무교동과 종로와 명동과 남산과
서울역 앞을 걸었다.
저녁녘 남대문 시장 안에서

194) 바르비종은 프랑스의 지역 이름들이며 근대 풍경화가 그룹을 말하기도 한다. 1830년경부터 파리 근교 바르비종을 중심으로 활약하였다. 종래의 아틀리에 내에서의 그림 제작을 지양하고 직접 자연 속에 캔버스를 놓고 풍경이나 동물의 상태를 파악하여 그렸다. 밀레 등이 유명하다.

빈대떡을 먹을 때 생각나고 있었다.
그런 사람들이
엄청난 고생 되어도
순하고 명랑하고 맘 좋고 인정이
있으므로 슬기롭게 사는 사람들이
그런 사람들이
이 세상에서 알파이고
고귀한 인류이고
영원한 광명이고
다름 아닌 시인이라고

-「누군가 나에게 물었다」 전문

이 텍스트의 3, 4, 5행에 인유한 지명(무교동, 종로, 명동, 남산, 남대문 시장)은 서울의 다양한 장소를 망라하지만 3, 4행의 장소와 5행의 장소는 다른 의미를 내포한다. 이곳은 구체적인 지명으로 3, 4행과 5행은 대조적으로 사용됐다. 3, 4행에서 인유한 지명은 일반적인 사람들의 통행이 빈번한 곳으로, 5행에서 인유한 지명은 실제로 어렵지만 열심히 일하는 시장 사람들이 활동하는 곳이다. 1, 2행에서 "누군가 나에게" 시가 뭐냐고 물어도 화자인 "나는 시인이 못됨으로 잘 모른다고 대답"한다. 그만큼 화자는 자신의 시인됨을 늘 부끄럽게 생각하며 시인될 자격이 없다고 생각한다. 그러나 화자는 "남대문 시장"에서 우연히 만난 사람들이 진정한 시인임을 발견한다. 화자는 이 시 8행 이하의 진술처럼 "엄청난 고생 되어도/ 순하고 명랑하고 맘 좋고 인정이/ 있으므로 슬기롭게 사는 사람들이" 다름 아닌 시인이라고 정의한다. 자신이 진정한 시인이 못됨에 대한 김종삼의 죄의식은 그의 무의식에 깊이 잠재된 것으로, 그에 대한 기사나 시에서도 자주 발견할 수 있다. 그는 늘 시인됨에 대해 깊이 사고했으며 진정한 시인이 되고자 끊임없이 노력했다. 진정한 시인됨에 대한 근원적인 죄의식은 그가 말로만 떠드는 시인이 아니라 진짜 시인이었음을 알려주는 지표이다. 이와 같은 주제의 텍스트들은 시인의식을 보여주는 것으로 자신의 시에서 스스로 비평가가 되어 자신을 비평하는 태도를 보여준다. 이처럼 시 속에 시 쓰기를 통해서 시인 의식을 극명하게 보여주는 김종삼의 시들은 그가 진정한 시인이 되기 위해 끝없이 노력했다는 사실을 뒷받침해 준다. 그는 이것을 실천하기 위해서 "非詩"일지라도 평생을 장인처럼 열심히 시를 "制作"했다.

> 金素月 詞兄
> 생각나는 곳은
> 미개발 往十里
> 蘭草두어서넛 풍기던 삼간초옥 下宿에다 해질무렵 탁배기 집이외다
> 또는 흥정은 드물었으나 손때가 묻어 정다웠던 대들보가 있던 雜貨商이외다
>
> – 「掌篇」[195] 전문(전집1)

「掌篇」(전집1) 에서는 "往十里"라는 구체적 지명이 인유되었다. 김종삼은 이 텍스트에서 인유한 "왕십리"[196]를 제목으로 발표한 작품도 있 있다. "왕십리"라는 지명은 서울에서도 가장 가난한 동네를 대표하는 곳이면서 또한 그가 평소에 좋아하던 "김소월"을 떠올리게 만드는 곳이다. 이 텍스트는 편지 형식으로 김소월 사형에게 보내는 글이다. 그것은 '김소월'의 「왕십리」라는 작품을 지시하는 상호텍스트성의 성격을 가진다. 김종삼은 "왕십리"라는 지명을 인유해서 김소월의 시와 김소월의 삶 그

195) 「掌篇」이라는 제목의 시는 9개가 있으며 위에 인용한 시(1976)와 「掌篇 · 1-4」(1977)의 연작을 제외한 나머지 3편(1972, 1982)은 전집2에 수록되었으며 나머지 1편은 미상이다.

196) 새로 도배한/ 산간초옥 한칸 方에 묵고 있었다/ 時計가 없었다/ 人力거가 잘 다니지 않았다.// 하루는/ 도드라진 電車길 옆으로 챠리 채플린氏와/ 羅雲奎氏의 마라돈이 다가오고 있었다./ 金素月氏도 나와서 求景하고 있었다// 며칠 뒤/ 누가 찾아왔다고 했다./ 나가본즉 앉은방이 좁은/ 굴뚝길밖에 없었다(「往十里」, 『십이음계』, 삼애사, 1969).

리고 자신의 빈한한 삶을 동시에 떠올리게 하여 텍스트의 의미를 풍성하게 한다. 상호텍스트성을 구체화시킨 롤랑 바르트Roland Barthes는 작품이란 독자에 의해 재생산되고 작가와는 별개로 존재하는 언어적 유기체로서 텍스트는 수많은 문화의 원천에서 끌어낸 인용문들로 짜여지는 피륙과도 같은 것이고, 작가는 몸짓만 모방할 수 있을 따름이고, 그 몸짓이란 절대로 독창적일 수 없다고 했다. 저자의 글쓰기 공간이란 자료를 조작하고 재구성하는 공간이며, 작가의 유일한 행위는 글이 뒤섞이는 것을 조절하는 편집자 노릇뿐이다. 그러므로 저자의 책은 절대 독창적인 것이 아니며, 독창적인 창조란 없는 것이다.[197] 詩作 역시 개인의 독창적인 창조이기보다 시인이 체험한 모든 것을 재구성하는 일이다. 김종삼은 미개발지인 왕십리를 인유하여 가장 낮은 곳과 김소월의 전기적인 사실을 동시에 환기하게 만든다. 인유적 표현은 이처럼 단형의 작품 안에 많은 의미를 담을 수 있다. 김종삼의 수사적 특이성인 지명을 인유한 텍스트들은 작품에 구체성을 부여함과 동시에 상호텍스트성을 지니며 텍스트에 담긴 다의적 사실을 환기시켜 그 의미를 풍성하게 한다.

> 몇 나절이나 달구지 길이 덜커덕 거렸다. 더위를 먹지 않고 지났다.
> 北으로 서너 마일 그런 표딱지와 같이 사람들은 길 가운데
> 그리스도 像을 세웠다.
> 달구지 길을 休戰線以北에서 죽었거나 시베리아 方面
> 다른 方面으로 유배당해 重勞動에서 埋沒된 벗들의 소리다.
> 귓전을 울리는 육중해가는 목숨의 소리다.
> 북으로 서너 마일을 움직이고 있었다.
> 벌거숭이 흙더미로 변질되어가고 있었다.
> 지금도 흔들리는 달구지 길.
>
> –「달구지 길」 전문

197) 롤랑 바르트, 『텍스트의 즐거움』, 김희영 역, 동문선, 1977, 59쪽.

이 텍스트는 지명을 사용한 시사적 인유의 예이다. 남북이 분단된 우리나라에서 '北'이라는 단어는 개인적인 영역에 속하는 것이 아니다. 첫 번째 시의 '北'이라는 단어는 전쟁을 인유하고 있다. 화자에게 달구지 길의 덜거덕거리는 소리는 "埋沒된 벗들의 소리"이며 곧 "목숨의 소리"이다. 2행의 "사람들은 길 가운데 그리스도像을 세웠다"는 것은 '죽음'을 암시한다. "그리스도像"은 전쟁 중에 살아있는 자들이 제대로 된 무덤을 마련하기 어려운 상황에서 죽은 자들을 위해 할 수 있었던 유일한 애도의 표시다. 지금 화자의 눈에 보이는 달구지 길은 "벌거숭이 흙더미"로 변질되어 있지만 전쟁의 상처를 가슴 깊이 가지고 있는 화자에겐 "지금도 흔들리는 길"로 그때의 사건을 회상시킨다. 이런 인유는 우리 민족이 공동으로 인지하고 있는 시사적 인유로 우리가 공동으로 인지하고 있는 사건을 불러내어 그때의 참상을 잊지 않도록 일깨운다.

역사적 사실에 근거를 둔 시사적 인유는 우리 주변에서 일어난 역사적 또는 사회적 사건들을 언급 또는 참조하는 것이다. 이것은 화자가 개인적 성격을 가지고 있지 않다는 것을 의미한다. 선언적 언술은 다수의 청자를 상정하는 언술이어서 개인적인 전언의 영역에는 어울리지 않는다.[198] 시사적 은유를 통해 현실의 사건을 패러디하거나 과거의 사건을 유추하고자할 때 사용한다. 특히 우리의 시사에서 자주 쓰이는 시사적 인유의 예는 1960년대의 4·19 민주화운동을 상징하는 '사월'이나 1980년대의 5·18을 상징하는 '광주'를 들 수 있다. 이 같은 시사적 인유의 시들은 특히 정치시라는 이름으로 1980년대의 한 유형으로 분류되었는데 김종삼의 시에서 자주 언급되는 시사적 인유는 한국전쟁과 유태인 학살 사건이다.

198) 권혁웅, 앞의 책, 225쪽.

4.3. 음악 용어

김종삼의 텍스트는 다양한 병치와 인명, 지명, 외래어 등을 사용하여 작품의 난해성을 배가하는 수사적 특이성을 보여주었다. 한동안 동아방송국에서 음향을 담당했던 그는 남보다 예민한 귀를 가졌으며 유달리 클래식 음악을 좋아했다. 김종삼에 대한 전기적 사실은 그의 무수한 음악관련 작품에서 확인할 수 있으며 그가 인유한 음악 관련 용어로 확인할 수 있다. 다음은 음악명 혹은 음악용어를 인유한 작품들이다. 음악용어의 인유는 그 음악에 대해 얼마나 아느냐하는 개인적 지식에 의존하게 된다. 개인적 지식이 풍부할수록 텍스트에 인유된 음악 관련어에서 다양한 의미를 추론할 수 있다.

> 토방 한 곁에 말리다 남은
> 반디 그을 끝에 밥알 같기도 한
> 알맹이가 붙었다
>
> 밖으로는
> 당나귀의 귀 같기도 한
> 입사귀가 따 우에 많이들
> 대이어 있기도 하였다
>
> －「베루카 · 마스크」 전문(전집2)
>
> 그 부근엔,
> 당나귀 귀 같기도 한 잎사귀가
> 따위에 많이들 대이어 있기도 하였다.
> 처마 밑에 달린 줄거리가 대롱거렸던
> 어느 날엔
>
> 개울 밑창 파아란 해감을 드려다 본 것이다. 내가 먹이어 주었던
> 강아지 밥그릇 생각이 났기 때문이다.

몇 해가 지난 어느 날에도
이 앞을 지나게 되었다.

–「베루가마스크」 전문(전집2)

위 두 편의 시 제목으로 쓰인 “베루가마스크”는 ‘전집2’에 새롭게 수록된 것이다. 「베루카 · 마스크」 원전은 1955년 『전시한국문학선』(국방부 정훈국)에 수록된 것이고 「베루가마스크」는 1959년 『신풍토』에 수록된 것이다. 같은 제목의 두 편의 시가 보여주는 이미지나 의미가 비슷한 것으로 보아 첫째 시는 두 번째 시를 위한 습작으로 보인다. 여기서는 시적 의미가 구체적으로 확대되어 나타난 두 번째 텍스트를 중심으로 살펴보겠다. 김종삼이 평소에 좋아했던 드빗시의 음악제목인 “베루가마스크”199)는 이탈리아 지방의 춤곡 양식이다. 김종삼은 드빗시가 작곡한 네 개의 모음곡인 이 곡을 들으며 아름답고 평화로운 고향의 정경을 떠올리고 힘겨운 삶에 개인적 위안을 얻는다. 이처럼 개인적인 체험을 드러낸 것들은 개인적 인유이다. “베루가마스크”는 음악용어이며 음악명을 이용하여 자신이 나타내고자 하는 메시지를 강조하고 문맥을 이중화한다. 드빗시의 고전적 선율에 드러난 감각적인 이미지를 구체적으로 묘사하고 있어 음악에 대해 모르는 사람들도 시적 의도를 쉽게 느낄 수 있다. 김종삼은 18세기 음악의 동경을 보여주는 “베루가마스크”를 재해석하여 화자의 심상으로 묘사한다. 이 시는 음악을 모르는 사람들도 평화로운 자연의 이미지를 통해 의미론적 풍부성과 구체성을 느낄 수 있다.

1연에서는 “당나귀 귀 같기도 한 잎사귀가” 땅 위에 “많이들” 들어차 있어 생명성이 생생한 지상의 이미지를 보여준다. 2연은 “개울 밑창 파

---

199) 베루가마스크는 프랑스의 인상파 음악가인 드빗시(1862-1918)의 음악으로 네 개의 모음곡으로 되어있다. ‘베루가마스크’는 이탈리아 베르가모 지방의 무도곡의 한 양식이다. 이 곡은 「프렐뤼드 prelude」, 「메뉴엣 menuet」, 「달빛 clair de lune」, 「파스피에 passepied」의 4부분으로 되어 있으며 드뷧시의 음악 중 가장 유명한 곡이다. 특히 「달빛」은 피아노가 가진 매혹적인 분위기를 가장 잘 나타낸 곡으로 평가되고 있으며 후에 관현악, 재즈로도 편곡되었다.

아란 해감"을 통해 화자의 유년시절에 느꼈던 풋풋하고 평화로운 이미지를 그린다. 앞의 연에 대한 자동적 연상으로 "내가 먹이어 주었던 강아지의 밥그릇"이 떠오르고 그 공간은 화자가 늘 그리던 평화롭던 고향으로 유년 시절을 회상하게 한다. 마지막 연을 통해서는 화자가 현실에서 비슷한 풍경을 볼 때나 시원의 푸르름이 느껴지는 평화로움을 느낄 때 "베루가마스크"를 떠올린다는 것을 알 수 있다. 이 텍스트는 푸르스트의 기억의 회상처럼 마드렌느 과자를 통해서 자신의 과거로 떠나는 여행을 하는 것과 다르지 않다. 화자는 "베루가마스크"를 들을 때마다 자신의 행복했던 유년과 평화로운 풍경 앞에 서게 되며 행복함과 그리움을 맛보게 되는 것이다. 김종삼은 춤곡의 양식이며 음악의 제목인 "베루가마스크"를 인유하여 문맥의 확대와 새로운 창조적 의미를 획득하는 수사적 방법을 활용한다. 이런 비유적 인유는 현대시에 나타나는 인유의 대표적 유형이다.

> 아지 못할 灼泉의 소리. 의례히 오래 간다는, 물끓듯 끓어나는 나지막하여 가기 시작한.
>
> -「드빗시」 전문

이 텍스트도 '드빗시'라는 알려진 음악가를 통하여 문맥적인 확대를 꾀한다. 이 텍스트는 미완결 시로 정보가 생략되어 있어 드빗시의 어떤 음악을 듣고 제작한 것인지 알 수 없다. 이런 개인적 인유는 시인만의 해석적 감각을 표현한 것으로 독자들은 그 제목을 통하여 김종삼이 평소에 좋아하던 작곡가의 음악에 대한 나름의 상상력을 펼칠 수밖에 없다. 한 행으로 되어있는 단형의 이 텍스트는 "아지 못할 작천의 소리"라는 진술을 통해 자글거리며 흘러가는 샘물처럼 속삭이는 듯한 느낌을 주는 빠른 템포의 선율을 상상할 수 있으며, "물끓듯 끌어나는 나지막하여 가기 시작한"이라는 묘사를 통해서는 낮고 잔잔한 선율이 이어지는 음악이라는 것을 상상할 수 있다. 이 텍스트는 시인 자신이 표현한 드빗시의 어떤 음악에 대한 선율을 비유적 인유로 사용하여 독자들이 상상하여 재해석할 수 있도록 유도한다. 이처럼 개인적 인유는 독자들에게 다양한 상상력을 유발시키는 효과가 있어 시적 감동이 오래 간다.

충무로 쪽을 걷고 있을 때
한 평 남짓한 자그만 카세트 점포에서
핏셔 디스카우가 부른
슈베르트의 보리수가
찬란하게 흘러 나오고 있었다
한 동안 그 점포가
다정스럽게 보이고 있었다

-「그럭저럭」 부분

남루를 입고 가도 차별이 없던 시절
슈벨트의 歌曲이 어울리던 다방이 그립다

눈내리면 추위가
계속되었고
아름다운 햇볕이
놀고 있었다

-「따뜻한 곳」 전문

이 텍스트들은 인유된 음악에 대한 정보를 구체적으로 진술하고 있어 독자들이 작품의 내용을 짐작하기 쉽다. 제목도 직접적인 것이어서 이 텍스트의 메시지를 쉽게 알 수 있다. 개인적 인유는 시인이 제시한 인유에 대한 정보를 독자들이 얼마나 알고 있느냐에 따라 시인의 의도가 감지된다. 위의 시들은 김종삼의 삶 속에서 클래식 음악이 어떤 역할을 하고 있는지 잘 보여준다. 「그럭저럭」의 1연의 묘사에 의하면 화자는 "車

波”와 “人波”가 넘실대는 “公害”의 거리를 걸어 다니고 있다. 화자가 여기서 “公害”라고 표현한 것은 거리의 공해를 넘어서 거대한 자본주의 문명 전체를 의미한다. 2연에서는 화자가 그 삶에 적응하지 못하고 “속이 메식거”리는 상황이 구체적으로 묘사된다. 그러나 3연에서는 화자가 좋아하는 클래식 음악인 “핏셔 디스카우가 부른/ 슈베르트의 보리수가/ 찬란하게 흘러 나오”자 거대한 공해 속에서 느끼던 메슥거림이 사라지고 세상이 즉시 다정스러워 보인다. 이 시에서도 음악에 대한 수식어로 최고의 찬사인 “찬란하게”가 쓰였다. 이처럼 화자는 음악을 듣는 그 순간만큼은 메슥거리던 힘겨운 삶이 “그럭저럭” 살만하게 느껴진다. 이 시에서 인유한 “핏셔 디스카우”는 독일의 바리톤 음악가다. ‘제랄드 무어’의 반주로 취입한 음반인 슈베르트의 연가곡 「겨울 나그네」는 그의 가장 뛰어난 것으로 평가받고 있는데, 이 연가곡은 뮬러의 시에 곡을 붙인 것으로도 유명하다.

> 음악은 사실 화려한 것이 아니에요. 나의 시에 자주 음악이 나온다면 음악이 가지고 있는 화려하지 않은 분위기와 종교적이라 할 만한 淨化力 때문이겠지요. 다른 인생들도 그렇겠지만, 특히 나처럼 덕지덕지 살아온 인생으로서는 음악에서 감정을 정화시킬 수가 있지요. 나 같이 어지럽게 사는 사람에겐 음악은 地上의 良識 같은 거지요.200)

김종삼에게 클래식 음악은 세상의 “공해” 속에서도 가장 정화력이 있는 것으로 그에게 큰 위안이 되어준 것이라는 것을 다시 한 번 확인할 수 있다. 「그럭저럭」에서 인유한 ‘핏셔 디스카우’는 일반적으로 널리 알려진 예술가가 아니고 김종삼 자신이 좋아하는 성악가이므로 개인적 인유이다. 그의 텍스트에 나오는 음악이나 음악가에 대한 인유들은 특히 개인적 인유가 많은데 그것은 김종삼이 다른 사람에 비해 음악에 심취

200) 김종삼, 앞의 책, 권명옥 편, 313쪽.

했으며 음악적 지식이 해박했기 때문이다. 화자의 궁핍하고 어려운 삶은 음악과 함께 있을 때 즉시 평화롭고 다정한 세계로 변한다. 화자는 음악을 통해 현실의 불우함을 잊고자 했다. 「따뜻한 곳」도 "슈벨트의 가곡"이라는 구체적인 음악명을 인유하여 "남루를 입고 가도 차별이 없던 시절"의 "따뜻한 곳"이었던 다방을 회상한다. 음악이 있는 곳은 눈 내리고 추위가 있는 곳이어도 "아름다운 햇볕이/ 놀고 있"는 모습을 느낄 만큼 세상이 다정하고 평화롭게 느껴진다. 김종삼은 그는 사랑하는 클래식 음악이 있었기에 어려운 현실을 버티며 살아왔다. 「그럭저럭」, 「따뜻한 곳」이라는 제목에서도 음악이 힘겨운 시인의 삶을 어떻게 변화시켜주었는지, 구체적으로 어떤 영향을 미치고 있는지 쉽게 발견할 수 있다.

이 地上의
聖堂
나는 잘 모른다
높은 石山
밤하늘
헨델의 메시아를 듣고 있었다.

– 「聖堂」 부분

오라토리오 떠 오를 때면 遼遠한 동안 된다
木草를 뜯는
몇 마리 羊과
天空의
最高의 城
바라보는 동안 된다

– 「헨쎌라 그레텔」 전문

「聖堂」에서는 화자가 지상에서는 "성당"마저 "나는 잘 모른다"고 부정하지만 "헨델의 메시아"를 들을 때면 태도가 바뀌어 신성한 세계를 떠올린다. 화자는 "헨델의 메시아"를 들으며 하늘의 소리를 상상하고 자신의 영혼이 정죄되는 느낌을 가진다. 현실의 부정적인 세계는 고전 음악을 들으면서 "높은 석산// 밤하늘"을 떠올리게 되고 불화와의 대립까지 극복하게 된다. 이처럼 음악은 시인을 절대적인 순결함의 세계로 인도한다. 특히 "헨델의 메시아"는 종교적인 음악으로 그를 초월적인 세계로 인도한다. 두 번째 텍스트 「헨쎌라 그레텔」에서는 성스럽고 종교적인 음악인 "오라토리오"를 들으며 "遼遠"하게 느껴지는 천상의 세계를 감지한다. 화자는 천상세계를 "목초를 뜯는/ 몇 마리의 양"이 노니는 아름답고 한가로운 곳, "천공의/ 최고의 성"이 있는 곳으로 상상한다. 이 텍스트에서도 김종삼이 추구하는 평화로운 초월적 세계를 잠시 만날 수 있는데, 이런 세계를 만날 수 있는 경우는 현실에서는 고전 음악을 들을 때라는 것을 다시 확인할 수 있다. 김종삼에게 음악이란 '여인', '연인', '어머니', '어린이' 등과 등가의 가치를 지닌 것으로 평화와 안정을 주는 것이며 '라산스카'처럼 그가 추구하는 세계로 인도하는 지상의 매개물이다. 이처럼 개인적 인유는 시인의 삶에 관계된 것들로 텍스트에 시적 메시지를 풍부하게 해주는 역할을 한다. 다음 시도 세자르 프랑크의 음악을 표현한 것이다.

> 세자아르 프랑크의 音樂 <바리아숑>은
> 夜間 波長
> 神의 電源
> 深淵의 大谿谷으로 울려 퍼진다
>
> -「最後의 音樂」 부분

이 시의 1연을 보면 화자는 "세자아르 프랑크의 音樂 <바리아숑>"을 "夜間 波長", "新의 電源"이라고 묘사한다. 이것만으로도 화자가 얼마나 이 음악을 성스럽고 고매한 것으로 생각하는지 알 수 있다. 「最後의 音樂」이라는 제목으로도 시인이 지향하는 음악이 어떤 것인지 강하게 느낄 수 있다. 이 음악은 "신의 원전"이라는 신성한 언어로 은유되며 그 파장이 엄청나서 "심연의 대계곡으로 울려 퍼"진다. 여기서 "심연의 대계곡"은 다음 연에서 인유한 소박한 변방에 위치한 바르비종과 등가성을 가진다. 이 텍스트에 인유된 "바리아숑"[201]은 확대·축소·혼합 등 변주되는 음악 형식이다. 김종삼이 시적 변화의 다양성을 시도한 것처럼 "바리아숑"은 화자 내면의 변화를 은유한다. 김종삼은 "바리아숑"을 그가 평소에 추구하던 초월적 세계로 편입하게 해주는 "최후의 음악"으로, 나아가서는 시적 변화를 꿈꾸는 매개로 인식한다. 그래서 음악에 최고의 경의를 표명한다.

김종삼은 음악의 대한 다양한 지식을 활용하여 개인적 인유의 시를 만들어 자신의 메시지를 피력한다. 현실과 소통불능의 삶을 산 김종삼에게 음악은 시를 제작하는 것만큼 커다란 은신처였기에 텍스트에 나타난 음악에 대해 살펴보는 것은 의미가 크다. 특히 음악에 대한 지식이 풍부했기에 김종삼은 텍스트에 음악에 대한 인유를 사용하여 다양한 의미를 만들어 내는데 성공할 수 있었다. 그는 인명이나 지명, 음악 용어의 인유적 수사법을 사용하여 의미를 이중화하여 시의 문맥을 풍성하게 만든다. 또 다양한 외래어와 개인조어를 사용하여 실험성과 개성을 지닌 시를 제작한다. 인유적 수사에서 다룬 것 외에도 김종삼의 텍스트에는 개인 조어와 외래어 등도 많다. 다음은 김종삼 시 '전집 2'에 수록된 모든 시에 나타난 인명, 지명, 음악 관련 용어, 외래어 등을 추출하여 도표로 만든 것이다.

201) 바리아숑(Variation)은 변주곡을 뜻하는 프랑스어로써 어떤 주제 또는 악구가 변화를 받아 나타나는 것을 말하며 자곡에 있어서의 기본적 범주의 하나이다. 광의로 해석할 경우 변주란 음악의 가장 중요한 요소라 할 수 있는데 확대, 축소, 혼합, 세분, 생략과 가미, 반진행 등의 변형에 관계되는 여러 기술이 개발되어 있다.

어휘로 본 인유		인유한 단어
인명(예술가명)	국내	김관식, 김소월, 김수영, 전봉래, 정규, 임긍재, 전창근, 이중섭, 나도향, 한하운, 나운규, 조지훈, 박목월, 장만영, 김병익, 오규원, 최하림, 정현종, 박제천, 김종해, 김종문, 전봉건, 심청, 윤용하, 방인근, 황동규 등
	국외	라벨, 에즈라 파운드, 베토벤, 포스터, 드빗시, 모자르트, 챠리 채플린, 올페, 아우구스트 로당, 요한, 아인슈타인, PABLO CSSALS, 쉔베르크, 라산스카, 세잘 프랑크, 스티븐 포스터, 예수, 피카소, 미켈란젤로, 엘리자베스 슈만, 이베르, 팟사 갈리아, 프리드리히 쇼팡, 핏셔 디스카우, 헨델, 다빈치, 헨셀라 그레텔, 루벤스, 밀레, 구스타프 말러, 멘델스존, 마라, 요한 바오르2세, 그리스도, 장 폴 사르트르, 빅톨 위고, 스테판 말라르메, 로트렉, 세잔느, J S BACH, 샤갈, 이베르 등
지명	국내	용당포, 대동강, 평양, 소공동, 왕십리, 무교동, 종로, 명동, 남산, 서울역, 남대문시장, 덕수궁, 배재학당, 정동교회, 호수돈여고, 조선총독부, 충무로, 숭실전문, 숭위여고, 관악산, 뉴서울 컨트리골프장, 형무소, 가막소, 관청, 양로원, 노천극장, 청계천변, 전당포, 자혜병원, 황해도 해주, 아리랑고개, 성관고보, 정의여고, 주암산, 야간단조공창 등
	국외	스와니강, 요단강, 와이오밍, 클라우드산, 베들레헴, 그라나드, 노트르담 사원, 부다페스트, 아우슈뷔츠, 아우슈뷔츠 라게르, 바르비종, 베데스다 연못가, 바티칸 시스틴성당, 레바논 골짜기, 두이노성, 다비드상 등
음악 관련용어		베르가 마스크, G 마이나, 둔주곡, 전주곡, 대위법, 드빗시, 트럼펫, 첼로, 칸타타, 희유곡, 메시아, 바로크음악, 팔레스트리나, 오라토리오, 크라비 코드, 연주회, 바리아숑, 아데라이데, 로렐라이, 아베마리아, 전원교향곡, 롯테레만, 하모니카, 앤니로리, 스와니강, 라산스카, 봐레이슌, 피아노, 플루트, 보리수, 하아프, 전원교향곡, 파르티타 등 음악가명과 겹침
외래어		코오딩, 유니폼, 앙포르멜, 미숀, 슈샤인, 스콥, 헬리콥터, 아뜨리에, 디젤, 샹뼁, 호치카, 샤이안족, 마카로니 웨스턴, 마스크, 아담, 유카리나무, 카셋트, 다비드상, 피크닉, 메가폰, 볼륨, 팝송, 아뜨리에, 쉬르레알리즘, 버호니, 아스팔트, 안테나, 스테인레스, 포플라, 크리스마스, 드럼통, 코카콜라, 쇼윈도우, 텐트, 야쿠르트, 마네킹, 스파크, 루부시안느 외에 인명, 지명과 겹침

위의 도표를 통해 알 수 있듯 김종삼은 텍스트에 다양한 인명, 지명, 음악 용어, 외래어를 함께 사용했다. 이밖에도 김종삼은 텍스트에 자신

만의 개인조어(聖河, 欠谷, 神恙, 杳然, 遼然, 샹뼁, 라산스카, 유카리나무 등)를 사용하여 그만의 시적 개성을 추구했다. 그의 시의 실험성과 난해성은 언술구조와 수사적 특이성뿐만 아니라 다양한 개인적 조어들을 사용한 의도적인 시적 방법이었다.

지금까지 김종삼의 텍스트에 나타난 인유적 표현을 어휘적 특성으로 나누어 살펴보았다. 텍스트에 나타나는 인유적 표현은 인명, 지명, 음악 관련용어, 외래어 등이며, 이것은 시적 의미를 이중화한다. 인명의 인유는 주로 김종삼이 평소에 존경하거나 좋아하는 예술가들의 이름을 차용하여 자신의 시적 메시지를 강화하고 문맥 간의 의미를 풍부하게 만들었다. 지명의 인유적 표현은 "아우슈비츠"나 "용당포" 등의 역사적 장소를 차용하여 인간의 잔학성을 고발하고 평화의 메시지를 강조했다. 마지막으로 김종삼의 인유적 표현 중에 가장 자주 나타나는 음악 관련 용어들은 자신이 갈구하는 초월적 세계로 진입하기 위한 객관적 상관물로 사용했다. 김종삼은 인유적 표현을 사용하여 의미의 이중화를 의도하고 텍스트의 내용을 풍성하게 만든다.

Ⅳ 결론

이 논문에서는 김종삼의 시에 나타난 시적 언술과 수사적 특이성에 대해 살펴보았다. 이는 김종삼의 텍스트에 구조화된 시적 언술들을 통해 그의 시에 나타난 난해성을 해명하고 그의 경험 세계가 구체적으로 표현된 수사법을 통해 그의 실험적이고 개성적인 시의 특징을 알아보기 위함이다. 김종삼의 언술구조와 수사법에 나타난 특이한 구조와 의미 변용의 비유는 김종삼의 실험적인 시작법에 의한 것으로 입증된다.

2장 '언술구조의 특이성'에서는 김종삼의 텍스트에 지배적으로 나타나는 언술구조인 회기법, 생략법, 불연속적 시제와 의도적인 행갈이, 서술적 성향을 살펴보았다.

'회기법'(recurrence)에는 어휘적 회기와 하나의 구조를 반복하되 새로운 요소를 넣어서 사용하는 병행구문(parallelism), 또 같은 내용을 반복해서 다른 표현을 사용하는 환언(paraphrase)이 있었다. 김종삼은 어휘적 회기를 사용하여 문장의 리듬감을 살리고 시의 표층적 도상성을 부여했다. 또 반복되는 어휘로 정보성을 높여 시적 메시지를 강조했다. 병행구문과 환언의 사용은 텍스트의 내용을 구체화하고 시적 이미지를 확산하는 효과가 있었다. 결과적으로 김종삼은 회기법을 사용하여 시적 메시지의 강조, 주제의 구체성, 시의 리듬감과 도상성을 의도했다. 이는 김종삼의 텍스트에 일정한 패턴을 이루는 효율적인 언술구조로 그의 텍스트에 독특한 개성을 부여한다.

'생략법'에서는 주어와 서술어의 생략, 원관념 생략, 대용형(pro-form)의 양상을 살펴보았다. 김종삼은 문장성분인 주어와 서술어를 생략하여 시 해독의 난해성과 시 해석의 다의성을 동시에 유치한다. 특히 문장성분의 생략이 가져온 표층적 문법의 일탈은 그의 시의 개성인 난해성을 가져온다. 이와 같은 생략법의 사용은 문장에 공백을 만들어 독자들의 상상력을 유도해 시 해석에 참여할 틈을 마련해 준다. 이런 점이 그의 시를 반복하여 오래 읽도록 유도한다. 또 원관념을 생략하는 것은 비유의 원관념이 생략되는 것으로 의도적으로 정보를 차단하여 시적 호기심을 유발하기 위한 것이다. 김종삼은 원관념을 생략하여 독자들에게 다의적인 상상을 유도한다. 또 그는 독립된 의미 내용은 없으면서 자리만 차지하는 짧은 요소가 의미 내용을 전달하는 요소를 대치하는 대용형을 사용하여 시의 압축을 꾀하고 의미의 풍부성을 가져온다.

'불연속적 시제와 의도적인 행갈이'에서는 시제를 혼용하여 시간성을 조절하고 시적 긴장감을 높인다. 의도적인 행갈이는 텍스트의 상황성을 높이고 이미지나 메시지 강조 효과를 유도했다. 김종삼은 하나의 텍스트에 과거와 현재를 동시에 사용하여 과거의 시간이나 사건을 현재화한다. 이 방법은 시제의 불연속으로 독자들을 텍스트에 몰입하게 하여 시의 내용을 더욱 실감나게 만든다. 김종삼이 불연속적 시제를 사용하는 것은 그가 현재보다 과거를 중요시한다는 것을 의미한다. 또 그는 연과 행을 의도적으로 행갈이 하여 시의 리듬감과 주제를 강조함은 물론이고 텍스트의 정보성이나 상황성을 조절하여 시적 긴장을 유지한다.

'서술적 성향'으로는 묘사의 과거체를 사용한 서사적 기법과 정체성을 탐구하는 자기 고백적 서술, 내용을 강조하는 접속어 표현이 있다. 김종삼은 자신의 직접 체험을 보여주는 에피소드적 기억(episodic memory)을 효율적으로 나타내기 위해 묘사의 과거체를 사용하여 객관적인 서사구조의 이야기 시를 만든다. 경험의 원래 맥락과 긴밀히 관련되어 있어 많은 우연적 특징을 나타내고 있는 에피소드적 기억들은 김종삼의 텍스트에서 동화적인 느낌을 준다. 또 김종삼은 세상사 전반에 걸쳐 무엇이 타당하며, 그 모든 것들이 어떻게 적합하게 되는가를 기록하는 의미론적 기억(semantic memory)을 효율적으로 나타내기 위해서 자기 고백적 서술을 이용하여 자아탐구의 진정성을 획득한다. 김종삼은 전체적으로 대부분의 개별사례가 공통으로 지니는 특징의 관점에서 압도적으로 체계화하는 경우가 많은 의미론적 기억의 자기 고백적 서술을 통해 시적 정체성을 확고히 한다. 그는 서술적 경향을 통해 작고 소외된 것들까지 사랑하는 휴머니즘적 세계관을 효과적으로 보여준다. 또 그의 다양한 접속어 표현은 텍스트가 구성하는 세계의 사상(event)과 상황 간의 관계를 명확히 하고 내용에 대한 정보성을 확고히 한다.

3장 '수사적 특이성'에서는 앞에서 논의된 텍스트 '언술구조의 특이성'에서 다루지 못한 김종삼의 개성적인 시작 방법론을 보충하기 위해 그의 시세계를 구체적으로 표현한 수사법을 살펴보았다. 수사체계에 나타난 표현의 특이성은 한 시인의 구조화된 경험세계를 살펴보는 일이다. 그의 텍스트에 나타난 수사적 특성을 정치하게 분석하기 위해 은유, 환유, 상징, 인유적 표현의 수사법으로 나누어 살펴보았다.

'은유적 의미변용의 세계'에서는 김종삼 시에 개성을 부여하는 은유의 양상을 살펴보기 위해 존재론적 은유, 구조적 은유, 차이성의 은유로 나누었다. 존재론적 은유는 사물에 생명성을 부여하여 이미지의 구체성을 획득하며 그의 물활론적 사유를 표현한다. 존재론적 은유가 단어에 한정된 은유라면 구조적인 은유는 시의 문장에 관련된다. 구조적 은유는 표층적으로 나타난 문법의 일탈을 통하여 시적 문장을 만들고 시 의미의 난해함과 긴장감을 유지한다. 김종삼은 구조적인 은유로 시의 이미지를 낯설게 만들어 텍스트의 긴장감을 유도한다. 차이성의 은유는 비유된 것들 사이의 거리가 너무 멀어서 제3의 새로운 의미인 변성어가 된 것이다. 그는 은유적 수사법을 유려하게 구사하여 시인의 절대적 심상과 상대적 심상을 구축한다. 상대적 심상은 대상을 가진 시의 이미지로 윤리 도덕이나 진리를 비롯한 삶의 모든 의미를 비유하기 위한 수단이거나 객관적 대상을 재현한 모방론적 심상이며, 절대적 심상은 시에서 나타난 이미지들이 결코 실재 대상의 재현이 아닌 것들로 시인의 상상 속에서만 존재하는 '라산스카'와 같은 것이다. 김종삼의 '은유적 의미변용의 세계'는 치환은유와 병치은유를 동시에 사용하여 새로운 의미를 만들며,

시적 이미지의 모호성과 긴장감을 높이는 데 기여한다.

'환유적 인접성의 세계'에서는 시간과 공간의 인접성으로 나누어 살펴보았다. 여기서 환유적이라는 표현은 엄밀하게 말해서 수사법인 환유라기보다는 하나의 행이 다음 행을 불러오는 자동 연상성의 기법을 뜻하는 것이다. 김종삼의 환유적 기법의 텍스트들은 시선의 공간적 이동과 자연적인 흐름이 특징이라 매우 주관적이어서 시 해석이 난해하다. 김종삼의 시에서 시간적 인접성을 보여주는 환유적 기법의 텍스트들은 시간을 인접으로 하여 소멸되는 풍경을 객관적으로 묘사하여 텍스트에 환상성을 부여한다. 또 공간적 인접성을 지닌 환유적 기법의 텍스트는 하나의 공간을 따라 이동하는 시선의 풍경을 객관적으로 묘사하여 해독의 난해함을 배가한다. 김종삼의 텍스트에 나타난 이러한 난해성을 해명하는 데 도움이 되는 것은 그가 붙인 텍스트의 제목을 통해서 유추가 가능하다. 김종삼의 텍스트에 나타난 환유적 표현들은 각 행의 연상을 불러오는 이미지들의 연속적인 배치를 통하여 자동적인 연상성을 가진다. 환유적 기법의 텍스트에 나타난 환상성은 텍스트 이해에 난해함을 초래하지만 제목이나 시적 언어의 유추를 통해 내용을 해독할 수 있다.

'상징적 다의성의 세계'에서는 개인 상징과 원형상징으로 나누어 살펴보았다. 상징적 표현들은 김종삼이 반복적으로 사용한 은유가 상징으로 변한 단어가 많았다. 김종삼은 상징의 수사법으로 자신의 욕망을 표현하고 영원의 세계를 추구했다. 개인 상징에서는 '여인', '연인', '엄마', '라산스카' 시편을 살펴보았다. 특히 김종삼이 추구하는 궁극적 세계를 살펴보기 위해 21년간 제작된 6편의 '라산스카'를 분석해 보았다. '라산스카'는 김종삼에게는 채워지지 않는 욕망으로, 이 관념적인 대상을 구체화하기 위한 개인 상징어였다. '라산스카'는 김종삼에게는 이루어질 수 없는 대상이었다. 또 원형 상징으로는 '빛'이나 '올페' '스와니강', '요단강' 등이 나타났으며 이들 역시 그의 정신세계를 나타내거나 시인의식을 투철하게 보여주는 상징어로 사용되었다. 김종삼은 '상징적 다의성의 세계'에서 사용한 긴장 상징어를 통해 다의적인 의미를 만들고 시적 메시지를 확고히 하여 그가 추구하는 시세계를 명확하게 보여준다. 김종삼의 텍스트를 난해하게 만드는 원인 중의 하나인 개인 조어나 개인 상징어들은 그의 시세계를 개성적으로 만들고 시적 긴장감을 유지하는 긴장 상징어였다.

'인유적 이중화의 세계'에서는 어휘적 특성을 중심으로 하여 인명(예술가명), 지명, 음악 용어 사용으로 나누어 보았다. 인명(예술가명)의 인유는 김종삼이 평소에 좋아하거나 존경하는 예술가들의 이름을 텍스트에 차용하여 그들의 예술세계까지 유추하게 만드는 의미의 이중화 효과가 있었다. 이런 텍스트들은 예술가들의 업적을 통해 자신의 시론이나 시작법을 공고히 하여 의미론적 풍부성을 유도했다. 특히 자의식적이고 자기비판적인 '비평가로서의 시인'을 보여주는 메타시(meta-poetry)는 자신의 시를 스스로 비평하는 역할을 수행하여 상호텍스트성을 가진다. 지명을 사용한 인유적 표현에서는 구체적인 지명을 언급하여 과거의 역사를 재현하고 텍스트의 시의성과 구체성을 얻는다. 마지막으로 음악 용어가 인유된 텍스트들은 사적인 경험적 인유에 근거한 것들로 김종삼이 평소에 좋아하던 음악에 관련된 것을 인유하여 시적 화자의 말을 대신한다. 사적인 인유인 만큼 음악에 대한 지식이 없으면 시 해석이 어렵다. 인유는 짧은 시 형식 안에서 시인이 말하고자 하는 요점을 강화하고 예증하는 기능을 가진다. 특히 시의 문맥을 넓혀주는 김종삼의 비유적 은유는 과거의 문맥에서 가지는 의미와 시 속에 새로 도입된 문맥에서 가지는 새로운 의미와의 '병치적 융합'이라는 의미론적 이중화를 획득한다.

김종삼의 텍스트는 다른 시인들에게서는 보기 드문 변성의 형태를 보여주어 의미해독이 어렵다. 이와 같은 시 해석의 난해성은 그가 구사하는 텍스트의 언술구조나 수사 방법이 다른 시인들과 차별화된 특성을 지닌다는 것이다. 그것은 김종삼의 텍스트에 제시된 문맥이 변성의 형태가 되어 새로운 의미를 형성하며, 의미의 다의성을 유도하기 때문이다.

그래서 독자들은 의도적인 공백에 자신의 상상력을 채워 시 해석에 참여하게 된다. 김종삼은 선구적인 기법과 개성적인 창조성으로 세계를 새롭게 인식하게 만든다. "내용 없는 아름다움"을 추구하는 심미주의자, 김종삼은 배고픔이나 외로움, 죽음, 방황 등 비극적 현실세계를 이겨내는 방법으로 시 안에서 현실부재의 세계와 환상적인 세계를 택하였으며, 그 특유의 세계를 묘사하기 위해서 의도적인 언술구조와 수사적 특이성으로 예술적인 언어를 생산하고, 독자들에게 폭넓은 이미지를 전달한다.

시의 행간에 다 하지 못 할 말을 품고 있는 김종삼의 시어들은 평자들에게 난해하다는 평가를 받지만 이것은 그가 즐겨 사용하는 의도적인 언술구조와 수사기법 때문이었다. 그는 개성적인 언술구조로 시에 긴장감을 유지하고 유려한 수사방법으로 의미 변용의 이미지를 생성해서 시적 파장을 넓힌다. 난해하면서도 아름다운 그의 작품들은 미적 거리를 일정하게 유지하여 시를 객관적으로 바라보게 해주며 그 속에 깃든 진정성을 느끼게 한다. 감정을 잘 드러내지 않는 모더니스트 김종삼의 텍스트들은 "개인적 표현으로 심리적 감염을 하고 느낌을 강요"하는 낭만파 음악을 싫어했던 시인의 절제된 고전음악취향과 같다. 그래서 그의 시에서 개인적 감정을 그대로 드러낸 시나 독자에게 느낌을 강요하는 감정적 언어는 찾아보기 힘들다. 각각의 시편은 언어의 새로운 실험을 원했던 모더니스트답게 회화적이고 냉정하여 독자들에게 시적 상상력을 촉발하고 자발적 참여를 유도하여 텍스트의 문맥을 풍부하게 한다.

'시인의 영역'은 '라산스카'처럼 아주 먼 곳에 있다고 생각한 김종삼은 할 말을 시 속에 구현함으로써 비극적 삶으로부터 구원을 희구했다. 이런 극복할 길 없는 비애와 허무감이 그의 시세계를 무한정 비극적으로만 보이게 하는 원인이 될 수 있다. 그러나 그는 일정한 시적 거리를 유지하고 관념적 소재를 객관적으로 묘사하여 시적 언어의 이미지화에 성공하고 있다. 그의 시는 시적 형상화 방법과 미학적 원리, 세계인식이 긴밀히 교직하여 전체를 이룬다. 김종삼은 관습이 우리에게 강제하는 거짓된 '친숙함'에 맞서 '낯선 것'을 말하여 주변 사물과 진정으로 화해하고 그들과 더불어 평화롭게 살 수 있는 세계를 꿈꾼다. 평자들에게 난해하다는 평을 듣는 것은 은유와 환유의 다양한 병치적 수사방법과 그만의 일탈된 개인조어, 언술구조의 특이성에서 비롯되는 것으로 그의 의도적인 창작방법이라고 할 수 있다. 김종삼은 자신만의 특징적인 언술구조와 뛰어난 비유, 세련된 병치를 사용하여 자신의 정신세계를 표현했다. 활동 당시부터 시 해독의 난해성이 거론된 은유의 병치와 환유부분의 개성적인 수사방법, 다양한 개인조어, 인유적 표현들은 현재의 시인들에게도 익숙하게 사용될 만큼 개성적이고 선구적이다. 김종삼의 시에 나타난 실험적인 언술구조와 수사적 특이성은 전쟁이 지나간 상황에서 모든 것을 잃어버린 그에게 매우 중요한 시도였다. 어느 시대나 새로운 시도는 중요한 것이다. 그러나 그 시도를 뒷받침할만한 자신만의 확신이나 객관적 이론이 있어야만 하나의 새로운 개성으로 자리 잡을 수 있다. 김종삼은 자신만의 시작법을 견지하여 하나의 새로운 개성을 이룩한 시인이다.

김종삼은 1950년대를 대표하는 모더니스트로 평가되어 왔지만 그의 개성적이고 실험적인 시세계는 1950년대를 넘어서 현재까지도 이어져 독자들에게 다양한 상상력을 일깨운다. 그것은 그의 시세계가 지닌 정신적인 감동의 깊이와 실험적인 언술구조, 개성적인 수사 기법 그리고 그의 진정성에 기인한다. 그는 시에서 자신만의 정서를 고집스럽게 지켜왔다. 이러한 그의 자세는 탁월한 감동의 깊이를 가져온다. 모더니스트 김종삼의 실험적 시도는 1950년대의 모더니즘에 국한되지 않는다. 김종삼 시의 개성을 이루는 일상적인 용법으로부터 벗어난 불완전한 구문, 논리적 유추를 거부하는 생략과 비약, 알 수 없는 여백 등을 지닌 언술구조의 특이성이나 수사적 특이성들은 1950년대 모더니즘의 계승은 물론 그 한계를 극복하고 현재의 포스트모더니즘까지 확대되었다. 그는 지속적으로 독자들의 관심을 불러일으키고 있는 현재성의 시인이다. 그의 투철한 시정신은 지금까지도 다수의 독자들에게 관심의 대상이 되고 있다. 김종삼의 창조적이고 개성적인 시작법은 지금 시기의 창작자들에게 큰 시사점을 던져준다.

참고문헌

Ⅰ. 기본 자료

김종삼, 『十二音階』, 삼애사, 1969.
______, 『詩人學校』, 신현실사, 1977.
______, 『누군가 나에게 물었다』, 민음사, 1982.
______, 『金宗三 全集』, 장석주 편, 청하, 1988.
______, 『金宗三 全集』, 권명옥 편, 나남출판, 2005.

Ⅱ. 국내논저

1. 학위논문

강계숙, 「김종삼 시 연구」, 연세대 석사학위논문, 1999.
권정순, 「김종삼 시의 심미주의적 특징」, 연세대 석사학위논문, 1984.
고경림, 「김종삼의 시의식 연구」, 제주대 교육대학원 석사학위논문, 1996.
김기택, 「김종삼 시 연구」, 경희대 교육대학원 석사학위논문, 2004.
김소연, 「1950년대 시 연구」, 연세대 교육대학원 석사학위논문, 1985.
김문영, 「김종삼 시 연구」, 경북대 석사학위논문, 1990.
김미희, 「김종삼 시의 의미구조 연구: 상승과 하강의 이미지를 중심으로」, 수원대 교육대학원 석사학위논문.
김성춘, 「김종삼 시 연구-이미지 유형을 중심으로」, 부산대 석사학위논문, 1987.
김은희, 「김종삼 시의 불연속성 연구: 불연속적 세계관과 병치기법의 상관관계를 중심으로」, 중앙대 석사학위논문, 2008.
김은영, 「1950년대 시의 유형과 특성에 관한 연구」, 아주대 석사학위논문, 1995.
김정란, 「김종삼 시 연구: 소리 이미지와 환상성을 중심으로」, 한양대 석사학위논문, 2006.

김점숙, 「김춘수 시의 '꽃'과 관련된 상호텍스트성 연구」, 한양대 석사학위논문, 2010.
김지홍, 「김종삼 시의 현상학적 연구」, 국민대 석사학위논문, 1993.
정한용, 「한국 현대시의 초월지향성 연구: 김종삼 · 박용래 · 천상병을 중심으로」, 경희대 박사학위논문, 1996.
김태민, 「김종삼 시 연구」, 경희대 석사학위논문, 1994.
김태상, 「김종삼 시 연구」, 중앙대 석사학위논문, 1992.
남진우, 「미적 근대성과 순간의 시학: 김수영 · 김종삼 시의 시간의식」, 중앙대 박사학위논문, 2000.
노미진, 「김종삼 시의 음악적 상상력 연구」, 동국대 문화예술대학원 석사학위논문, 2003.
류명심, 「김종삼 시 연구: 담화체계 및 은유를 중심으로」, 동아대 박사학위논문, 1999.
박민규, 「김종삼 시의 병치적 특성 연구」, 고려대 석사학위논문, 2005.
박성현, 「한국 전후시의 죽음의식 연구: 김종삼 · 박인환 · 전봉건을 중심으로」, 건국대 석사학위논문, 1998.
박은희, 「김종삼 시 연구」, 성신여대 석사학위논문, 1997.
______, 「김종삼, 김춘수 시의 모더니티 연구」, 성신여대, 박사학위논문, 2006.
박혜진, 「김종삼 시 연구: 공간 · 시간 연구를 중심으로」, 강원대 석사학위논문, 2000.
백은주, 「김종삼 시 연구: 환상의 구조와 의미를 중심으로」, 고려대 석사학위논문, 1995.
송경호, 「김종삼 시 연구: 죄의식과 죽음의식을 중심으로」, 서울시립대 박사학위논문, 2007.
신지연, 「김종삼 시 연구: 언술 주체를 중심으로」, 고려대 석사학위논문, 2000.
신현락, 「김종삼 시의 공간 구조에 관한 연구」, 한국교원대 석사학위논문, 1992.
유애숙, 「김종삼 시 연구: 시와 음악의 상호작용을 중심으로」, 중앙대 예술대학원 석사학위논문, 2005.
이민호, 「김종삼 시의 담화론적 연구」, 서강대 석사학위논문, 1998.
______, 「현대시의 담화론적 연구: 김수영 · 김춘수 · 김종삼의 시를 중심으로」, 서강대 박사학위논문, 2001.
이성민, 「김종삼 시의 기독교적 상상력」, 조선대 석사학위논문, 2007.
이지영, 「김종삼 시의 상상력 연구」, 이화여대 석사학위논문, 1993.
이영희, 「김종삼 시 연구: 구조의 특징과 내면의 지향성을 중심으로」, 경희대 교육대학원 학위논문, 1992.

이한열, 「김종삼 시의 죽음의식에 관한 연구」, 한국교원대 석사학위논문, 1997.
이혜주, 「김종삼 시의 이미지 연구」, 숭실대 석사학위논문, 1998.
정한용, 「한국현대시의 초월지향성 연구: 김종삼 박용래 천상병을 중심으로」, 경희대 박사학위논문, 1996.
장승아, 「김종삼 시 연구」, 동덕여대 석사학위논문, 1991.
진경희, 「김종삼 시 연구-물의 이미지를 중심으로」, 동아대 석사학위논문, 1992.
최미정, 「김종삼 시에 나타난 願望空間 연구」, 숭실대 석사학위논문, 1998.
최종환, 「현대시에 나타난 기독교 죄의식의 심리학적 연구: 윤동주・김종삼・마종기의 시를 중심으로」, 경희대 박사학위논문, 2004.
최민성, 「김종삼 시 연구: 방황의 정서를 중심으로」, 한양대 석사학위논문, 1996.
최수연, 「김종삼 시의 동・식물 이미지 연구」, 대진대 교육대학원 석사학위논문, 2006.
최창현, 「1850년대 존재탐구 시 연구」, 세종대 석사학위논문, 2002.
하희정, 「1950년대 시에 나타난 '부재의식'의 형상화 양상 연구: 김춘수와 김종삼을 중심으로」, 서울대 석사학위논문, 1995.
한이각, 「김종삼 시 연구」, 서울여대 박사학위논문, 1996.
허금주, 「김종삼 시 연구」, 한양대 박사학위논문, 2002.

2. 평론 및 논문

강석경, 「문명의 배에 침몰하는 토끼」, 『김종삼 전집』, 청하, 1988.
강연호, 「김종삼 시의 대립공간 연구」, 『현대문학이론 연구』 제31집, 2007.
권명옥, 「적막과 환영-끼인 시간대의 노래」, 『김종삼 전집』, 2005.
_____, 「추상성 시학-김종삼론」, 『한양어문』 제17집, 1999.
_____, 「김종삼의 단시3편에 관한 연구<1>-<걷자>와 <성하>, <라산스카>」, 『한국언어문화』 제25집, 2000.
_____, 「적막의 미학-김종삼의 <북치는 소년>, <돌각담>, <라산스카>」, 『한국현대 문예비평연구』 제15집, 2004.
_____, 「은폐성의 정서와 시학」, 『한국시학연구』 제11집, 2004.
김광림, 「김종삼 시집 "십이음계"」, 『월간문학』, 1969. 9.
김시태, 「50년대 시와 60년대 시의 차이」, 『상황문학론』, 동아출판공사, 1974.
김상환, 「데리다와 은유」, 『은유와 환유』, 한국기호학회, 문학과지성사, 1999.

김영태 · 이승훈, 「비상회귀 칸타타」, ≪문학사상≫, 1985. 3.
김종삼, 「피란 때 年度 전봉래」, 『김종삼 전집』, 나남출판, 2005.
김종삼, 「意味의 白書」, 『김종삼 전집』, 청하, 1988.
김주연, 「비세속적 시」, 『김종삼 전집』, 청하, 1988.
김준오, 「완전주의 그 절제의 미학」, 『스와니 강이랑 요단강이랑』, 미래사, 1991.
김춘수, 「김종삼 시의 비애」, 『김춘수 전집 · 2 시론』, 문장사, 1980.
김　현, 「김종삼을 찾아서」, 『김종삼 전집』, 청하, 1988.
민　영, 「안으로 닫힌 시정신」, 『김종삼 전집』, 청하, 1988.
박이도, 「투시와 관조의 세계」, 『심상』, 1980, 6월호.
반경환, 「폐허 속의 시학」, 『시와 의식』, 문학과지성사, 1992.
신규호, 「무의미의 의미」, 『시문학』, 1983, 3-4월호.
오규원, 「타프니스 시인론: 김종삼과 박용래를 중심으로」, 『현실과 극기』, 문학과지성사, 1976.
오형엽, 「풍경의 배음과 존재의 감춤」, 『1950년대 시인들』, 송하춘 · 이남호 편, 나남신서 · 314. 1994.
이경수, 「부정의 시학」, 『김종삼 전집』, 청하, 1988.
이기철, 「말과 조형」, 『현대시학』, 1978. 11.
이봉래, 「한국의 모던이즘(상)」, 『현대문학』 4월호.
______, 「한국의 모던이즘(하)」, 『현대문학』 5월호.
이승훈, 「평화의 시학」, 『김종삼 전집』, 청하, 1988.
이숭원, 「김종삼 시에 나타난 죽음과 삶」, 『현대시』, 1991, 1월호.
______, 「김종삼 시의 내면구조」, 『근대시의 내면구조』, 새문사, 1988.
______, 「폐허 속의 축복」, 『폐허 속의 축복』, 천년의 시작, 2004.
장석주, 「한 미학주의자의 상상세계」, 『김종삼 전집』, 청하, 1988.
최동호, 「1950년대의 시적 흐름과 정신사적 의의」, 『한국현대詩사』, 한국시인협회 편, 민음사, 2007.
김윤식 외, 『한국현대문학』, 현대문학, 1989.
홍신선, 「50년대의 세 시인」, 『현대시학』, 1980. 2.
황동규, 「殘像의 美學」, 김종삼, 『김종삼 전집』, 청하, 1988.

3. 단행본

권택영, 『소설을 어떻게 볼 것인가』, 문예출판사, 2004.
권명옥, 『김종삼 전집』, 나남 출판, 2005.
권영민, 『한국현대문학사』, 민음사, 1996.
권혁웅, 『한국 현대시의 시작방법 연구』, 깊은샘, 2001.
길희성, 『인도철학사』, 민음사, 1984.
김규동, 『지성과 고독의 문학』, 한알출판사, 1962.
김명인, 『시어의 풍경』, 고려대학교출판부, 2000.
______, 『한국 근대시의 구조연구』, 도서출판 한샘, 1988.
김윤식 · 김현, 『한국문학사』, 민음사, 1996.
김욱동, 『은유와 환유』, 민음사, 2007.
______, 『은유와 환유』, 한국기호학회, 문학과지성사, 1999.
김인환, 『줄리아 크리스테바의 문학탐색』, 이화여자대학교출판부, 2003.
______, 『상상력과 원근법』, 문학과지성사, 1993.
김종철, 『시적 인간과 생태적 인간』, 삼인, 1999.
김준오, 『시론』, 삼지원, 1982.
김 현, 『수사학』, 문학과 지성사, 1985.
김형효, 『구조주의의 사유체계와 사상』, 인간사랑, 2000.
남경태, 『한 눈에 읽는 현대철학』, 광개토, 2001.
남기혁, 『한국현대시사』, 민음사, 2007.
문혜원, 『한국 현대시와 모더니즘』, 신구문화사, 1996.
박성창, 『수사학』, 문학과 지성사, 1985.
박현수, 『한국모더니즘 시학』, 신구문화사, 2007.
오규원, 『현대시작법』, 문학과지성사, 1990.
오세영 외, 『한국현대詩사』, 한국시인협회 편, 민음사, 2007.
오형엽, 『한국 근대시와 시론의 구조적 연구』, 태학사, 1999.
여홍상, 『바흐친과 문학이론』, 문학과지성사, 1997.
유종호, 『시란 무엇인가』, 민음사, 1995.
______, 『문학이란 무엇인가』, 민음사, 1990.
오채운, 『현대시와 신체의 은유』, 도서출판 역락, 2006.

이상섭, 『문학비평 용어사전』, 민음사, 1976.
이승원, 『근대시의 내면구조』, 새문사, 1988.
이윤기, 『그리스 로마신화』, 웅진닷컴, 2001.
이철범, 『이데올로기의 시대, 문학과 자유』, 동아문화사, 1979.
이형권, 『타자들 에움길에 서다』, 천년의 시작, 2006.
이혜원, 『현대시의 욕망과 이미지』, 시와 시학사, 1998.
_____, 『현대시 깊이 읽기』, 도서출판 월인, 2002.
장석주, 『김종삼 전집』, 청하, 1988.
정기철, 『상징, 은유 그리고 이야기』, 문예출판사, 2002.
최유찬, 『문예사조의 이해』, 이룸, 2006.
하현식, 『한국시인론』, 백산출판사, 1990.

4. 국외논저

앨런 테이트, 『현대문학의 영역』, 김수영 · 이상옥 공역, 대문출판사, 1970.
아니카 르메르, 『자크 라캉』, 이미선 옮김, 문예출판사, 1998.
E. H. 곰브리치, 『예술과 환영 Art and Illusion』, 차미례 역, 열화당, 1989.
에릭 프롬, 『상징』, 김용직 편, 문학과지성사, 1988.
질 들뢰즈, 『프루스트와 기호들』, 서동욱 · 이충민 옮김, 민음사, 2004.
G. 레이코프 · M. 존슨, 『삶으로서의 은유』, 박이정 역, 2006.
Gaston Bachelard, 『바슐라르』, 곽광수 역, 민음사, 1995.
게오르크 루카치, 『루카치 미학 1-4』, 이주영 옮김, 미술문화, 2000.
H. 마르쿠제, 『에로스와 문명』, 김인환 역, 나남출판, 2004.
I. A. 리차즈, 『수사학의 철학』, 박우수 역, 고려대학교 출판부, 2001.
Jacque Dubois 외, 『일반수사학』, 용경식 역, 한길사, 1989.
J. P. 사르트르, 『문학이란 무엇인가』, 배기열 역, 경희대학교출판국, 1994.
죠지프 캠벨, 『신화와 함께하는 삶』, 이은희 역, 한숲, 2001.
뤼시앙 골드만, 『숨은 신』, 송기형 · 정과리 역, 인동, 1979.
Magliola. Robert R, 『현상학과 문학』, 최상규 역, 대방출판사, 1986.
M. Angenot, 『현대비평용어집』.
노엘 맥아피, 『경계에 선 줄리아 크리스테바』, 이부순 역, 앨피, 2007.

노엄 촘스키, 『통사이론의 양상』, 1965.
옥타비오 파스, 『활과 리라』, 김홍근 · 김은중 역, 솔, 1998.
__________, 『흙의 자식들』, 김은중 역, 솔, 1999.
필립 휠라이트, 『은유와 實在』, 김태옥 역, 문학과지성사, 1983.
Beaugrande · Dressler, 『텍스트 언어학 입문』, 김태옥 · 이현호 공역, 한신문화사, 1995.
리차드 쿤, 『문학과 철학』, Routledge & Kegan Paul, 1971.
롤랑 바르트, 『텍스트의 즐거움』, 김희영 역, 동문선, 1977.
로널드 보그, 『들뢰즈와 문학』, 김승숙 역, 동문선, 2006.
로만 야콥슨, 『문학 속의 언어학』, 신문수 역, 문학과 지성사, 1989.
__________, 『언어과학이란 무엇인가』, 김태옥 역, 문학과지성사, 1977.
슬라보이 지젝, 『How to Read 라캉』, 박정수 역, 웅진지식하우스, 2007.
수전 손택, 『해석에 반대한다』, 이민하 역, 이후, 2003.
테어도오 W. 아도르노, 『미학이론』, 홍승용 역, 문학과 지성사, 1984.
발터 벤야민, 『발터 벤야민의 문예이론』, 반성완 역, 민음사, 1983.
__________, 『일반통행로 · 사유이미지』, 김명옥 · 윤미애 · 최성만 역, 도서출판 길, 2007.
월터 J. 옹, 『구술문자와 문자문화』, 이기우 · 임명진 옮김, 1995.
윌프레드 게린 외 3인, 『문학의 이해와 비평』, 정재완 역, 청록출판사, 1983.

김종삼 시 연구

초판 1쇄 인쇄 · 2011년 2월 23일
초판 1쇄 발행 · 2011년 2월 28일

저　자 · 김화순
발행인 · 박성복
발행처 · 도서출판 월인
서울특별시 강북구 수유2동 252-9
등　록 · 제6-0364호
등록일 · 1998년 5월 4일
전　화 · (02) 912-5000
팩　스 · (02) 900-5036
www.worin.net

ISBN 978-89-8477-488-9 93810

값 10,000원